famílias e casais

Autores

Salvador Minuchin – Foi diretor do Philadelphia Child Guidance Center, dirigiu também o Family Studies Inc., e lecionou na Universidade de Nova York. É autor de *Dominando a terapia familiar* (2.ed.), 2008, com Wai-Yung Lee e George M. Simon; *Técnicas de terapia familiar*, 1990, com Charles Fishman, publicados pela Artmed.

Michael P. Nichols – Virginia Consortium Program in Clinical Psychology College of William and Mary. É autor de *Terapia familiar: conceitos e métodos*, 2007, com Richard C. Schwartz, publicado pela Artmed.

Way-Yung Lee – Dirige o HKY Family Institute. Professora Associada do Departamento de Serviço e Administração Social da Universidade de Hong Kong. Docente na Faculdade do Centro Minuchin.

M668f   Minuchin, Salvador.
            Famílias e casais : do sintoma ao sistema / Salvador Minuchin, Michael P. Nichols, Wai-Yung Lee; tradução Jorge Dellamora Mello. – Porto Alegre : Artmed, 2009.
            240 p. ; 23 cm.

            ISBN 978-85-363-1925-4

            1. Terapia familiar. I. Nichols, Michael P. II. Lee, Wai-Yung. III. Título.

                                                                  CDU 615.851

Catalogação na publicação : Renata de Souza Borges – CRB10/1922

salvador minuchin
michael p. nichols
wai-yung lee

famílias e casais
do sintoma ao sistema

Tradução:
Jorge Dellamora Mello

Consultoria, supervisão e revisão técnica desta edição:
Olga Garcia Falceto
Professora do Instituto da Família de Porto Alegre.
Professora do Departamento de Psiquiatria da Faculdade de Medicina da UFRGS.
Doutora em Clínica Médica pela UFRGS.

artmed®

2009

Obra originalmente publicada sob o título:
Assessing families and couples – from symptom to system
© Pearson Education, Inc
All rights reserved. This translation published under license
ISBN 0-205-47012-2

Design de capa: *Tatiana Sperhacke – TAT Studio*

Foto capa: © iStockphoto.com/adl21

Preparação de originais: *Kátia Michelle Lopes Aires*

Leitura final: *Edna Calil*

Supervisão editorial: *Mônica Ballejo Canto*

Editoração eletrônica: *Formato Artes Gráficas*

Reservados todos os direitos de publicação, em língua portuguesa, à
ARTMED® EDITORA S.A.
Av. Jerônimo de Ornelas, 670 - Santana
90040-340 Porto Alegre RS
Fone (51) 3027-7000 Fax (51) 3027-7070

É proibida a duplicação ou reprodução deste volume, no todo ou em parte,
sob quaisquer formas ou por quaisquer meios (eletrônico, mecânico, gravação,
fotocópia, distribuição na Web e outros), sem permissão expressa da Editora.

SÃO PAULO
Av. Angélica, 1091 - Higienópolis
01227-100 São Paulo SP
Fone (11) 3665-1100 Fax (11) 3667-1333

SAC 0800 703-3444

IMPRESSO NO BRASIL
PRINTED IN BRAZIL

Para Pat, que tem sido minha companheira em todas as minhas jornadas, e para Colleen, que, com seus bolsos cheios de pontos de interrogação, explora o futuro. S.M.

Sumário

Apresentação 11

Prefácio 13

1 Introdução: um modelo de quatro etapas para acessar famílias e casais 15
   Breve revisão do desenvolvimento da terapia familiar 15
   Uma igualmente breve revisão da evolução da terapia
   de família estrutural 18
   O estilo do terapeuta 50 anos depois 20
   Intervenções não-verbais 21
   Uso de metáforas 22
   Um mapa para acessar famílias e direcionar a terapia 24
   Um modelo de quatro etapas para acessar a família 25
   Um último momento de reflexão 29
   Uma palavra sobre o terapeuta 30

PARTE I – Crianças problemáticas e seus pais 33

2 A criança parentalizada 38
   Segunda sessão 44
   CODA 51
   Estrutura terapêutica 51
      Organização da família 51
      Perspectivas individuais 52
      Estratégias de intervenção 52
      Técnicas 53

3 Casal em conflito/filhos triangulados 54
   Segunda sessão 60
   CODA 66
   Estrutura terapêutica 66
      Organização da família 66
      Perspectivas individuais 67
      Estratégias de intervenção 68
      Técnicas 68

PARTE II – Famílias reconstituídas 71

4 A adolescente mentirosa 76
   Segunda sessão 82
   Estrutura terapêutica 88
      Organização da família 88
      Perspectivas individuais 88
      Estratégias de intervenção 89
      Técnicas 89

5 Três díades são menos que uma família 90
   Segunda sessão 98
   CODA 106
   Estrutura terapêutica 106
      Organização da família 106
      Perspectivas individuais 107
      Estratégias de intervenção 107
      Técnicas 108

PARTE III – Casais complementares 109

6 Depressão agitada em uma mulher madura 114
   Notas sobre a sessão 125
   Segunda sessão 125
      Reflexões 129
   Estrutura terapêutica 130
      Organização da família 130
      Perspectivas individuais 130
      Estratégias de intervenção 130
      Técnicas 131

7 A mulher cujas mãos estavam sempre sujas 133
   Segunda sessão 138
      Reflexões 139
   Estrutura terapêutica 140
      Organização da família 140
      Perspectivas individuais 140

Estratégias de intervenção 140
Técnicas 141

PARTE IV – Famílias psicossomáticas 143

8 Édipo com dor de estômago 148
Segunda sessão 156
Estrutura terapêutica 162
    Organização da família 162
    Perspectivas individuais 162
    Estratégias de intervenção 163
    Técnicas 163

9 Um jovem chinês com anorexia nervosa – mesmo mapa, terapeuta diferente 164
Segunda sessão 173
Reflexões 182
Estrutura terapêutica 183
    Organização da família 183
    Perspectivas individuais 183
    Estratégias de intervenção 184
    Técnicas 184

PARTE V – A família e os serviços sociais 185

10 Três gerações de mulheres 192
Segunda sessão 198
CODA 207
Estrutura terapêutica 207
    Organização da família 207
    Perspectivas individuais 208
    Estratégias de intervenção 209
    Técnicas 209

11 A família e o tratamento residencial da dependência de drogas 211
Segunda sessão 221
CODA 227
Estrutura terapêutica 227
    Organização da família 227
    Perspectivas individuais 228
    Estratégias de intervenção 229
    Técnicas 229

Epílogo 231
Índice 237

Apresentação

A genialidade de Minuchin neste livro é nos ensinar também por meio do que não dá certo. Isso não era habitual nele quando mais moço. Comporta-se como um mestre zen quando, no Capítulo 11, nos mostra a perfeição da imperfeição. No seu início, a Terapia Familiar pecou por querer dar a entender que resolveria todos os problemas. Pois é, cresceu e constatou que a realidade é bem mais complexa que a grande complexidade de suas abordagens. Minuchin demonstra neste livro como acessar (sim, entrar no íntimo do sistema para entendê-lo) e ajudar famílias em situações muito graves. Não esgota os temas, escolhe alguns e os aprofunda.

Não por acaso, aventurei-me nesta tradução ao lado de um mestre do aikido e do zen (atualmente estudioso da Terapia Familiar). Aceitei o desafio de dar vida em português ao texto magistral de Minuchin ao lado de Jorge Mello porque sabia que o processo seria criativo. Decidi assumir essa tarefa também por ter a sensação de que este pode ser o último livro de Minuchin e por querer homenageá-lo em vida. Além disso, este é um livro especial, em que Minuchin integra aspectos psicodinâmicos que deixara para trás há décadas, quando a Terapia Familiar necessitava se firmar em seus aspectos únicos no campo das psicoterapias. Respeito tremendamente essa capacidade de integrar, trabalhar com aquilo que conecta, recuperar pedaços deixados no passado. Outra razão foi que, por ser sua ex-aluna, clínica experiente e professora de terapeutas, sabia que poderia melhor interpretar alguns aspectos de seu pensamento. De fato, houve a necessidade de reinterpretar trechos que pareciam obscuros ou mal escritos à luz do entendimento de que era a transcrição da fala de um austríaco falando inglês, ou de uma mãe ansiosa tentando fazer-se entender.

Neste livro, a riqueza transcultural (em especial o Capítulo 9, de sua coautora Lee) se alia à clínica para demonstrar a universalidade dos princípios da terapia enunciados por Minuchin. Ele tem a coragem de mudar aos 84 anos.

Inclui o entendimento das motivações transgeracionais dos comportamentos, sempre conseguindo dar-lhes um enfoque prático para facilitar a mudança das interações atuais. Também suaviza suas críticas ao construtivismo, explicitando a importância da narrativa que a família faz de suas experiências. Eu que o vi trabalhar muitas vezes na Philadelphia Child Guidance Clinic (de saudosa memória, posto que perdeu sua identidade e configuração) na década de 1970, e depois em outros lugares do mundo, sei que suavizou seu estilo. O psicanalista esteve mudo, ainda que a meu ver sempre se fizesse presente, por meio da tremenda habilidade de compreender cada ser humano em seu momento especial – até as mulheres, apesar das críticas feitas a ele pelas feministas. Creio que sempre sublinhou a dupla jornada e a sobrecarga da mulher ao fazer-se responsável pela vida emocional da família. Assinalou com clareza o empobrecimento da participação do homem e da relação do casal nesse tipo de configuração familiar.

Creio que trabalhar a parceria dos adultos na liderança da família, transformar as alianças disfuncionais e a dificuldade em resolver conflitos continua sendo o básico em Terapia Familiar. As técnicas para estimular a demonstração das interações conflituosas ao vivo nas sessões, para mudar a estrutura do espaço fazendo troca de cadeiras e o uso de muitas metáforas, frequentemente poéticas, são a marca registrada da criatividade de Minuchin. Suas intervenções têm o mérito de serem evidentes, palpáveis e aparentemente simples, oferecendo um bom mapa para guiar outros terapeutas.

Para mim, a Terapia Familiar Estrutural de Minuchin continua sendo a base das intervenções terapêuticas no sistema familiar. Parte-se delas no ensino de Terapia Familiar, ainda que a complexidade crescente das organizações familiares e sociais exijam do terapeuta cada vez mais recursos técnicos e pessoais.

Foi um privilégio fazer esta tradução. Entrar no universo de Minuchin, procurando entender as particularidades de seu pensamento, os meandros de cada personagem, a trama de cada família, ao lado de Jorge, foi uma tarefa árdua, mas muito prazerosa. Um grande aprendizado. Creio que também o será para quem ler este livro com profundidade.

Olga Garcia Falceto
Professora do Instituto da Família de Porto Alegre
Professora do Departamento de Psiquiatria
da Faculdade de Medicina da UFRGS
Doutora em Clínica Médica pela UFRGS

Prefácio

Qualquer livro escrito por mais de um autor tem uma história sobre como foi realizado. Neste caso, há três histórias, as quais, esperamos, tenham se entretecido de maneira bem-sucedida na forma do produto final. Salvador Minuchin, após uma longa vida como clínico, desejava escrever um livro que fosse um resumo e um ponto de exclamação – uma destilação de sua experiência clínica em uma embalagem elegante, algo a ver com conhecimento e estética. Michael Nichols, o qual dentre nós mais investe tempo no ato de ensinar jovens, queria escrever algo útil para os confusos e esperançosos que estão apenas iniciando suas jornadas como clínicos. Wai-Yung Lee, cuja prática terapêutica é muito influenciada por suas raízes na cultura chinesa, almejava escrever sobre a sabedoria da incerteza.

A colaboração dos autores consistiu-se, naturalmente, em um processo interessante e complexo. A introdução resulta em uma criação compartilhada pelos três autores, ainda que os casos tenham sido escritos em primeira pessoa, e sejam o produto dos terapeutas, todos os autores participam dos comentários. Michael Nichols escreveu a introdução para as cinco seções, e Wai-Yung Lee escreveu o epílogo.

Os autores desejam agradecer a Chrystal Barranti, da Universidade do Estado da Califórnia-Sacramento, e a Kathleen Briggs, da Universidade do Estado de Oklahoma, por suas inspiradas revisões.

Introdução: um modelo de quatro etapas para acessar famílias e casais | 1

BREVE REVISÃO DO DESENVOLVIMENTO DA TERAPIA FAMILIAR

Os pioneiros da terapia familiar nos ensinaram a ver além das personalidades individuais, percebendo os padrões que fazem delas uma família – uma organização de vidas interconectadas por regras definidas, mas não verbalizadas.

Desde os tempos de Bateson, Bowen e Ackerman, porém, a área vem passando da ênfase original nas interações familiares ao foco na construção narrativa da experiência ou, resumindo, das relações interpessoais à cognição individual. Esta progressão parece intrigante se considerarmos que a grande inovação da teoria dos sistemas familiares foi a descoberta de que as vidas das pessoas são inextricavelmente entrelaçadas e que o comportamento dos membros da família é, em grande medida, uma função da forma como uns interagem com os outros.

As várias terapias baseadas nessa premissa se direcionam a mudar a organização da família. Pensava-se, então, que, quando a organização da família era transformada, a vida de cada membro da família também era alterada de forma correspondente. A terapia familiar floresceu não apenas por sua efetividade, mas também porque nos ajudou a redescobrir a interconectividade fundamental da condição humana: o que a terapia dos sistemas familiares nos ensinou foi que a família é mais do que uma coleção de indivíduos; é um sistema, uma totalidade organizada cujas partes funcionam de maneira que transcende suas características isoladas.

Aprendemos a ver a unidade do sistema ao expandir nosso foco das personalidades, de modo a conseguir ver o todo. Lamentavelmente, no processo de voltar a enxergar o sistema, os terapeutas familiares às vezes perdem a visão dos seres humanos individuais que formam uma família. Ainda que não seja possível compreender as pessoas sem levar em conta seus contextos sociais, notavelmente a família, isso causa o equívoco de limitar o foco à superfície das interações – ao comportamento social dissociado da experiência interna.

A ponte da terapia familiar para o século XXI está no construcionismo social: a ideia de que nossa experiência é uma função da forma como articulamos os eventos, isto é, as histórias com as quais descrevemos nossa experiência. A troca de foco do comportamento para a cognição descortina um novo mundo de possibilidades.

A abordagem narrativa agora dominante na terapia familiar é uma expressão perfeita da revolução pós-modernista. Quando se considera todo conhecimento como construído em vez de descoberto, é apropriado que a abordagem principal na terapia familiar se relacione ao modo pelo qual as pessoas constroem sentido, em vez de ao modo como se comportam. Lamentavelmente, no processo de redescobrir os indivíduos e suas experiências interiores, a abordagem pós-modernista tende a perder a visão das famílias e suas relações.

Um dos motivos de a área ter gravitado da interação familiar para a cognição individual foi havermos deixado de estudar as famílias a fim de nos concentrarmos nas técnicas para transformá-las. Inspirados pelo compromisso científico de Bateson de observação e estudo, os primeiros terapeutas familiares utilizavam uma boa parte do tempo observando e ouvindo. Eles desejavam observar e aprender sobre as famílias porque andavam em território desconhecido. Infelizmente, à medida que ficavam mais preocupados com técnicas terapêuticas do que com a compreensão das famílias, os terapeutas familiares afastavam-se desta abertura receptiva. A mudança, a dinâmica das mudanças e a expansão das vozes e do sentido tornaram-se o foco, enquanto a organização psicológica, a interconexão das pessoas que criaram o sentido e as conversações passaram a ser tomadas como ponto pacífico, quando não foram totalmente ignoradas.

Outra razão, menos benigna, para a negligência contemporânea das famílias é que sempre houve na terapia familiar uma corrente veladamente invejosa, com uma visão antifamília. Os terapeutas primeiro encontraram na família um adversário. O advento da terapia familiar pode ser um avanço científico, mas também tinha subcomponentes morais e políticos. Anteriormente, a loucura era ignorada, marginalizada ou aprisionada. Depois, localizava-se na família, onde a responsabilidade ou a culpa podiam ser compartilhadas. Os terapeutas familiares resgataram os esquizofrênicos da invalidação psiquiátrica pela demonstração de que seu comportamento enlouquecido fazia sentido se visto como uma solução desesperada para uma situação familiar transtornada. Não era o paciente que estava desorganizado, e sim a família.

Em seus esforços para tornar os membros da família agentes autônomos de seus próprios direitos, os terapeutas defrontaram-se com uma poderosa oposição da família ao crescimento. O indivíduo poder querer melhorar, mas, como dito, a família necessitava de alguém para desempenhar o papel de "doente". Os pacientes tornavam-se "pacientes identificados" – bodes expiatórios da família, sacrificados para manter o precário equilíbrio familiar. Os terapeutas familiares viam a si mesmos como anjos vingadores determinados a resgatar vítimas inocentes dos dragões familiares assassinos. O ataque à família teve suas vozes mais estridentes nos anos 1960. De acordo com R. D. Laing,[1] a criança natural era uma prisioneira das forças repressivas da família e da cultura. Ainda que o retrato feito por Laing da família como vilã fosse dramatizado a níveis extremos – "o campo de concentração da sociedade moderna" –, era consistente com o modo como muitas pessoas olhavam as famílias.

As observações de grupo de Bateson tencionavam ser científicas, ainda que sua linguagem na descrição das famílias fosse combativa, com frequência sugerindo não apenas resistência, mas oposição deliberada às mudanças. O conceito de *duplo vínculo* levou a uma visão da terapia como a liberação do indivíduo das regras patológicas familiares. A ideia de que as famílias eram opositoras colocava os terapeutas em uma instância de adversários. Em virtude de as famílias então serem vistas como sistemas anômicos,* ao mesmo tempo rígidos (fortemente apegados aos seus hábitos) e escorregadios (de difícil adesão), entrevistá-las tornava-se uma disputa. Mesmo os terapeutas familiares que abandonaram a ideia de que os pacientes eram vítimas inocentes de parentes malévolos com frequência se sentiam em oposição às famílias que resistiam obstinadamente aos esforços para levá-las a se transformarem. Essa qualidade opositora das famílias foi assimilada no conceito de Bowen de *massa indiferenciada de ego da família*,[2] que ameaçava afogar a individualidade do *self*. Mesmo o trabalho de Minuchin com *famílias aglutinadas*,[3] concebido para liberar a criança triangulada, assim como o conceito de *jogos sujos*[4] desenvolvido pela escola de Milão, com frequência assumiam o aspecto de um esforço de combate.

Quando os terapeutas familiares contemporâneos buscam uma abordagem colaborativa para as famílias, o que têm em mente é libertarem-se da agressividade percebida nas abordagens iniciais. Os pioneiros primeiro viam a família como adversária – "homeostática", "resistente" – em parte porque a abordavam com preconceitos intrínsecos. Dedicados a resgatar os "bodes expiatórios", viam as mães como inimigas a suplantar, e os pais como figuras periféricas a ignorar. Quando Harlene Anderson e Harry Goolishian[5] defenderam uma abordagem colaborativa, renunciavam ao modelo autoritário, no qual os clínicos desempenhavam o papel de especialistas que tudo sabiam e em quem os pacientes buscavam respostas. Ao rejeitar o modelo cibernético – famílias aprisionadas em ciclos recursivos disfuncionais –, os terapeutas pós-modernistas repudiaram a ideia de que as famílias tinham algo errado em si mesmas. Lamentavelmente,

---

* N de T. No original *midless*: sem regras próprias de funcionamento do sistema.

também viraram as costas para três descobertas decisivas da terapia familiar: (1) reconhecer que os sintomas psicológicos com frequência se relacionam com conflitos familiares; (2) pensar os problemas humanos como de natureza interacional; (3) tratar a família como uma unidade.

Versões iniciais da terapia familiar *de fato* olharam eventualmente as famílias com maus olhos e as culparam por seus próprios problemas. O movimento narrativo ajudou a trocar o enfoque para a parceria com as famílias. No processo de rejeitar a visão dominante do período inicial, porém, os terapeutas narrativos também rejeitaram o pensamento sistêmico, enfatizando seus elementos mecanicistas, enquanto ignoravam suas implicações mais humanistas.

UMA IGUALMENTE BREVE REVISÃO DA EVOLUÇÃO DA TERAPIA DE FAMÍLIA ESTRUTURAL

Families and Family Therapy [*Famílias e Terapia de Família*][6] foi tão bem recebido trinta anos atrás porque oferecia um modelo simples mas abrangente para a compreensão não apenas da dinâmica dos intercâmbios entre duas pessoas (*duplo vínculo, perseguidor-repulsor,*[*] e assim por diante), mas da organização da família inteira. Uma das dificuldades da terapia familiar é que famílias com frequência assemelham-se a coleções de indivíduos que afetam uns aos outros de forma muito relevante, mas não facilmente compreensível. A terapia familiar estrutural ofereceu uma estrutura que proporcionou ordem e sentido para aquelas transações, ainda que no processo tenha se equivocado ao ignorar a dinâmica individual – isto é, rejeitando a influência da história pessoal na construção da experiência familiar e negligenciando o sentido em favor do processo. Também, como é verdadeiro para a área em termos gerais, a terapia de família estrutural seguiu, ao longo dos anos, uma trajetória no sentido de tentar entender as famílias para criar estratégias de como transformá-las.

No primeiro livro sobre nosso trabalho, *Families of the Slums* [*Famílias das Favelas*][7], focava-se a organização familiar: a descrição dos subsistemas, alianças e coalizões, fronteiras diferenciando funções e o modo como os membros da família comportavam-se de forma diferente em subsistemas diversos. Todas essas questões eram vistas como relativas à percepção de pertencimento ou seu insucesso, desenvolvidas em famílias com organização aglutinada ou distanciada. A terapia baseava-se no entendimento da organização familiar. O objetivo da investigação terapêutica era a descoberta da organização da família que facilitasse certos tipos de experiência e compor-

---

[*] N de T. No original "pursuer-distancer".

tamento – em particular, quais tipos de relações familiares encorajavam comportamentos atuadores em adolescentes. Dessa forma, a avaliação precisa era uma precondição para intervenção.

Em *Psychosomatic Families* [*Famílias Psicossomáticas*],⁸ indagava-se sobre quais tipos de relações familiares encorajavam somatizações. Somente após entendermos a dinâmica, desenvolvíamos técnicas que desafiavam a rigidez patológica e encorajavam novas formas de relação e de funcionamento. De novo, acessar a família era a primeira prioridade.

Em *Families of the Slums*, apontamos um tipo de organização familiar *distanciado* no qual os pais não davam atenção ao comportamento de seus filhos ou respondiam de forma autoritária. As ações oscilavam da negligência à violência. As respostas parentais dependiam mais do próprio humor dos pais do que do comportamento dos filhos. A falta de previsibilidade das respostas parentais prejudicava a compreensão dos filhos com relação às regras e ao desenvolvimento do seu autocontrole. O controle permanecia como uma área de domínio dos pais e era de natureza imprevisível. Não sei se hoje aderiríamos a todas essas premissas que aceitamos nos anos de 1960 quando escrevemos *Families of the Slums*, mas está claro que a ênfase de nossa exploração estava em compreender os problemas antes de tentar transformá-los.

Em *Psychosomatic Families*, tentamos descrever a organização de famílias que produziam sintomatologia somática. Assinalamos que aquelas famílias eram *aglutinadas*, com evitação de conflitos, superprotetoras, e os conflitos parentais eram deslocados via triangulação do paciente identificado. Pesquisas adicionais feitas por investigadores posteriores questionaram algumas de nossas descrições e sugeriram outras. O poder de nossas intervenções baseava-se em nossa capacidade de acessar a dinâmica familiar entrincheirada e em nossa consciência, nos casos de famílias com filhos anoréxicos, por exemplo, da urgência da inanição. A sessão-almoço que desenvolvemos para desafiar o padrão de inanição fundamentou-se no nosso entendimento da organização familiar e direcionava-se a eliciar* o conflito entre os pais e paciente identificado, no sentido de desafiar o deslocamento do conflito conjugal via paciente identificado.

Como em nosso trabalho com crianças atuadoras**, o trabalho com anoréxicos começou pela observação do funcionamento da família, pela formulação de hipóteses sobre a organização familiar, seguida pelo desenvolvimento de técnicas que introduzissem inovação nas relações entre os membros da família. A ênfase em compreender a família foi suplantada mais tarde

---

* N. de T. Termo propositalmente traduzido de forma literal para enfatizar o procedimento de proporcionar ao indivíduo uma experiência que não está sendo vivenciada.

** N. de T. No original, *acting* ou, traduzido literalmente, referindo-se a transtornos de conduta.

pelo desenvolvimento de intervenções e pela exploração do estilo de atuação do terapeuta, do contexto familiar e da organização das instituições onde se oferecia a terapia. A área da terapia familiar moveu-se na direção de abandonar a observação das famílias para dedicar seu foco a técnicas (*questionamento circular, hipótese, prescrição invariável*), a questões de autoridade do terapeuta, à autoria e, mais recentemente, ao poder das histórias para conferir sentido ao comportamento.

O ESTILO DO TERAPEUTA 50 ANOS DEPOIS[*]

O estilo do terapeuta muda com seu desenvolvimento como pessoa e como profissional e de acordo com a época. Ser um octogenário permite-me olhar para o passado, onde vejo não uma trajetória ininterrupta, mas uma jornada com pausas, e na qual recomeço, às vezes, após parar para reconhecer que estava andando com segurança em uma direção equivocada. É um caminho caracterizado por desapegar-se e começar de novo.

Mara Selvini-Palazzoli,[9] uma pioneira extraordinária, teve a coragem de tornar públicos seus equívocos e recomeços. Cada novo início carregava uma certeza que era necessária, aparentemente, a fim de prover energia suficiente para percorrer novas estradas. Então, para desânimo de seus alunos e seguidores, havia outro recomeço com a mesma dose de certeza. Paradoxos eram substituídos por questionamentos circulares, jogos familiares eram suplantados por prescrições invariáveis, enquanto seus colegas Boscolo e Cecchin[10] reposicionavam sua abordagem com um foco pós-modernista na construção do sentido.

De forma similar, ao longo de mais de 50 anos como terapeuta, continuei a refinar meu estilo de intervenção, ao tempo em que conservava em maior ou menor grau uma base de continuidade em meu modo de pensar. Permitam-me declarar, primeiramente, que sou um inveterado tomador de empréstimos. Leio o trabalho de meus colegas, usualmente com opiniões, raramente com indiferença, e eu copio. Copiei de Virginia Satir e Nathan Ackerman, de Bateson e Haley, de Whitaker, Bowen, Watzlawick, Peggy Papp e Cloe Madanes, e então dos pós-modernistas, o grupo de Milão, Harlene Anderson e Harry Goolishian, Michael White e David Epston, Steve deShazer, e de muitos outros.

Nunca senti que qualquer um de nós tem direitos exclusivos sobre nossas ideias. Se as ideias de um terapeuta são boas, elas são uma dádiva sua para a área, e aí estão para serem utilizadas. Eu sabia, não obstante, que, quando copiei Carl Whitaker – perguntando a um dos cônjuges quando haviam se "divorciado" do parceiro e casado com os filhos ou com o golfe –, não

---

[*] N de T. Esta seção refere-se especificamente à experiência de Salvador Minuchin.

estava fingindo ser Carl: eu o estava incorporando, com um sotaque hispânico e sutilezas que eram minhas, e não dele.

A experiência de vida afina o estilo da terapia: Jorge Luis Borges ensinou-me o valor do mistério e da incerteza; minha mãe, o significado da ordem na vida; meu pai, as distorções da justiça; minha ascendência, a importância da etnicidade; o fato de ser imigrante, a angústia do não-pertencimento. Experiências quase esquecidas podem ser reavivadas por um encontro com uma nova família. Uma vez que você aceite que um terapeuta é um instrumento parcial e tendencioso, você pode reconhecer a importância do autoconhecimento e tomar emprestado livremente da vida. Essa é uma parte do uso do *self* na qual os terapeutas de família são treinados a colocar seu foco.

Claro que também copiei a mim mesmo. Continuamente trabalhei sobre meu repertório de respostas. Selecionei uma frase ou conceito que me parecia efetivo em certas situações com certos tipos de famílias e os repeti em circunstâncias similares. Experimentei apresentar diferentes nuances, introduzir humor e tonalidades emocionais. Tais ensaios ocorriam espontaneamente, e então, para minha surpresa, emergiram como técnicas. Finalmente, tornaram-se parte de meu repertório, até que, como a espada de um samurai, que se torna parte de seu braço, eu já não tinha consciência de a estar utilizando. Um leitor de meus livros pode achar interessante acompanhar o quão frequentemente repito a mim mesmo, ainda que sempre como se estivesse inovando de maneira espontânea.

Ao longo de décadas de prática terapêutica, passei de um desafiador ativo – confrontando, direcionando e controlando – adotando um estilo mais suave, no qual utilizo humor, aceitação, apoio, sugestão e sedução na busca dos mesmos objetivos que almejava ao utilizar um estilo mais contundente. Evoluí do ponto de ser diretivo para ser mais colaborativo, sem abandonar meu papel de especialista; de ver famílias e casais incrustados em seus contextos sociais, para observar sistemas familiares e psiques individuais, sem perder a consciência de suas mútuas influências, e de focar exclusivamente no presente para explorar a influência do passado, ainda que sempre com o objetivo de facilitar as mudanças no presente. Tais mudanças tornaram meu estilo ao mesmo tempo mais complexo e diferenciado.

Ao longo dessa evolução, algumas ações e frases tornaram-se minha marca registrada. Vou compartilhá-las com vocês agora, esperando que possam tomá-las emprestado quando for o momento apropriado.

INTERVENÇÕES NÃO-VERBAIS

Utilizo o espaço como indicador de proximidade emocional. Por exemplo, como vocês verão mais tarde, peço a Sara, a jovem "filha parentalizada" que vi na Espanha, para que mova sua cadeira para longe da família, como uma forma de sugerir independência. Faço isso com frequência. Pedi à mãe de uma família austríaca que fizesse a mesma coisa, e às vezes peço a um membro de uma família desengajada para chegar mais perto de alguém. É uma intervenção simples, fácil de compreender tanto para adultos quanto para crianças. Como pedir para as pessoas moverem suas cadeiras oferece uma sugestão sem palavras, os membros da família agregam à ação os seus próprios significados.

Quando trabalho com crianças pequenas, muitas vezes lhes peço para ficarem de pé próximo a seus pais, e às vezes peço aos pais para que peguem as crianças no colo. Se estou trabalhando com crianças pequenas consideradas "impossíveis", peço-lhes que batam em minha mão aberta até que cansem, enquanto insisto que devem se esforçar de verdade. Essas são formas gráficas de recordar as pessoas que crianças não são "pesos pesados"; elas não são fortes e, comparadas com os pais, na verdade não têm poder.

Às vezes, dou um aperto de mãos a membros da família como forma de indicar aprovação a algo que tenham dito ou feito. Quando estou trabalhando com uma família da área rural, aprecio selar um contrato de mudanças com um aperto de mãos, espelhando minha experiência do que era obrigatório fazer na pequena cidade onde cresci.

USO DE METÁFORAS

As metáforas tornam possível desafiar os membros da família sem colocá-los na defensiva. É mais fácil, por exemplo, para um pai ouvir que ele deve ser mais suave com sua filha porque "sua voz é forte, enquanto a dela é suave", em vez de que seus modos dominadores a intimidam. Uma metáfora bem escolhida pode cortar através das ficções educadas de uma família. Em famílias nas quais as crianças são aprisionadas no conflito entre seus pais, perguntar "Quem é o xerife nessa família?" torna algumas coisas muito claras, rapidamente. Seguindo com "E seu parceiro é um xerife adjunto ou seu advogado de defesa?" ajuda a completar o quadro.

Tento disfarçar minhas diretivas para mudanças por meio de desafios dispostos em duas partes que denomino "um carinho e um pontapé". Eis alguns exemplos: "Você é muito esperto, mas não é sábio", "Já que você é tão amável e protetor, como não consegue ver o mal que causa o que você está dizendo (ou o que você está fazendo)?", "É estranho que famílias tão respeitosas tendam a ser cegas às vezes", e assim por diante.

Como você verá, em mais de um caso nesse livro, eu digo "Amor é uma gaiola dourada. As pessoas não percebem que é uma gaiola porque é dourada, mas é uma gaiola. Você não pode voar para longe". Este tipo de intervenção substituiu os meus antigos desafios à aglutinação, os quais às vezes eram ouvidos como uma acusação ou uma demanda por mudanças.

Sobre o efeito circular de filhos e pais, uns sobre os outros, eu digo: "Pais são carcereiros que são prisioneiros – e filhos são prisioneiros que são carcereiros", "Filhos lançam a isca, e pais mordem como peixes fisgados por seus filhos. Há um ciclo de pescador e peixe, e vocês flutuam entre um e outro".

Sobre pessoas que extrapolaram sua disponibilidade e se sobrecarregam, como a mãe da família Martinez, posso dizer: "Há uma deusa hindu (ou mexicana, ou grega, ou cristã) que tem oito braços. Você tem apenas dois, mas pensa que tem oito... Você não sabe como pedir ajuda. Você não delega".

A dinâmica pais aglutinados/casal distanciado pode ser trazida para o foco por meio da pergunta: "Quando você se divorciou de seu parceiro e casou com seus filhos?". Uma variação dessa metáfora, quando não há filhos, pode ser similar a esta: "Quando você se divorciou de seu parceiro e casou com sua carreira (ou com a raquete de tênis)?".

Desafios efetivos descrevem o que as pessoas estão fazendo e suas consequências. Todavia, para que ouçam o que se indica, não devem se sentir repreendidas. Dessa forma, usualmente digo "Que interessante..." antes de assinalar algo, de modo a fazer do fato um objeto de curiosidade em vez de uma razão para uma atitude defensiva.

Além disso, mesmo que seja tentador dizer às pessoas o que *devem* fazer, se assim procedermos reduziremos a possibilidade de que aprendam a ver o que *estão* fazendo e suas consequências.

Se estou trabalhando com um casal, sou propenso a dizer: "Você não pode mudar a si mesmo, mas pode mudar seu parceiro. Quais mudanças você deseja que ele vivencie de modo que sua vida seja mais fácil?". Então, ofereço uma "varinha mágica" (na forma de uma caneta ou algo parecido) e peço que um deles olhe para seu par como um escultor olha para sua peça de mármore, pensando e falando sobre as mudanças necessárias. Posso comentar que, de acordo com o Yin-Yang, você pode transformar o outro ao mudar o contexto do todo.

Essas intervenções convidam os membros da família a olhar para si mesmos como parte de uma fábula contada por um contador de histórias travesso. Por favor, usem-nas e façam modificações como julgarem necessário; não é preciso uma prescrição.

Neste ponto, um leitor pode questionar: com todos esses empréstimos de técnicas de outros terapeutas, com a evolução do estilo e com a influência das experiências de vida que colocam certas convicções em dúvida, onde está o núcleo da terapia familiar estrutural e onde está a "dramatização", que tem sido uma técnica diferenciada na caixa de ferramentas dos terapeutas estruturais? Deixem-me responder a última questão em primeiro lugar. A dramatização desenvolveu-se a partir da desconfiança a respeito das histórias familiares contadas aos terapeutas e das distorções inerentes à forma pela qual os terapeutas ouvem e respondem.

Consideramos a possibilidade de os membros da família contarem histórias ensaiadas e de as novidades surgirem com mais facilidade em conversações e transações entre eles, as quais o terapeuta pode acompanhar e manter por tempo suficiente. Em certo ponto desse processo, as respostas emocionais interferem na coerência; os membros da família e o terapeuta encontram-se em novos territórios, onde podem explorar novos comportamentos e novos sentidos.

Parece-nos que essa técnica pode ser abraçada por terapeutas preocupados com a construção colaborativa do sentido. A verdade é que, na terapia familiar estrutural, a dramatização mudou; é menos uma técnica que uma atitude difusa.

Sobre o núcleo da terapia familiar estrutural, posso dizer que, embora tenha mudado meu estilo de entrevista, permaneço leal aos conceitos teóricos que desenvolvi nos anos 1960; que as famílias são organismos sociais estruturados em subsistemas separados por fronteiras; que os subsistemas definem as funções de seus membros; que os membros da família organizam-se em alianças, afiliações e coalizões; que as famílias se desenvolvem e passam por períodos de transição à medida que mudam, e assim por diante.

Focar a família como o contexto para compreender a forma pela qual seus membros desenvolvem e modificam sua concepção de si mesmos e dos outros e observar o poder que a família tem para influenciar a experiência e o comportamento de seus membros permanece sendo o núcleo da terapia familiar sistêmica.

Como o campo da terapia familiar mudou ao longo do tempo e corrigiu seus pontos cegos, a terapia familiar estrutural também desenvolveu uma lente nova e mais ampla que abrange o indivíduo como uma unidade psicológica e incluiu a exploração do passado como uma forma de entender o presente. As quatro etapas descritas neste livro são minha forma de crescer junto com a área, representando os panoramas mais amplos que surgiram com o tempo, reflexão e experiência.

UM MAPA PARA ACESSAR FAMÍLIAS E DIRECIONAR A TERAPIA

O mapa que desenvolvemos para acessar famílias pode parecer simples, mas é o produto de exame minucioso de 50 anos de conceitos e técnicas em terapia de família.

Na última década, tenho conduzido *workshops* de dois dias de duração para grandes grupos nos Estados Unidos e no exterior. Nesses *workshops*, tenho seguido um formato regular que parece funcionar bem para as famílias, para a audiência e para mim mesmo.

Chego alguns dias antes do *workshop* e entrevisto duas famílias. Edito fitas em que apresento o primeiro e segundo dias em que vi ambas as famílias ao vivo em um estúdio, onde se projetam as sessões para a audiência. Em geral, nós (a família e eu) buscamos apresentar uma narrativa coerente que leve em consideração o contexto cultural familiar. Venho seguindo esse formato em 26 países, da Nova Zelândia ao Japão, da Espanha à Alemanha, do México à Argentina, trabalhando com tradutor na maior parte dos casos.

Tenho questionado a natureza do ajuste entre mim e essas famílias de culturas tão diversas. O entendimento mútuo não deveria ser possível, porque com frequência me vejo perdendo as nuances verbais tão importantes em terapia, e tenho trabalhado em países dos quais ignorava por completo as regras culturais. Cheguei à conclusão de que há duas formas de explicar esse fenômeno. Uma seria que sou um mestre no hipnotismo, capaz de convencer famílias de diferentes culturas de que minha forma de ver as suas experiências é superior à sua própria forma. A outra explicação, mais aceitável, é de que todos nós, eu próprio incluso, somos sujeitos a formas comuns de ver e entender as relações familiares, e que eu ofereço às famílias uma estrutura organizadora que parece explicar seus dilemas, e então elas utilizam esse modelo e nele fazem inovações, colocando-o sob maneiras individuais.

UM MODELO DE QUATRO ETAPAS PARA ACESSAR A FAMÍLIA

No trabalho com famílias, a arte de acessá-las consiste em descobrir o que impede a família de atingir seus objetivos e unir-se a ela para conceber uma visão de como passar de onde ela está para onde ela quer estar. Abordamos essa tarefa em quatro etapas: (1) ampliar a queixa apresentada; (2) destacar o problema – interações mantenedoras; (3) investigar o passado com foco na estrutura; (4) descobrir/cocriar formas alternativas das relações.

Etapa 1: ampliar a queixa apresentada

A primeira etapa consiste em desafiar a convicção da família de que o problema primário se localiza no mecanismo interno do paciente individual. Esta é a etapa que transforma a terapia em terapia familiar. As técnicas usuais incluem:
- Focar as áreas de competência do paciente identificado.
- Dar um sentido diverso do proposto pela família para encarar o problema (reenquadramento).
- Explorar as formas de apresentação dos sintomas e dedicar atenção aos detalhes.
- Observar o problema sob diferentes perspectivas até que os sintomas percam sua toxicidade.
- Explorar o contexto no qual os sintomas se manifestam.

- Pesquisar dificuldades de outros membros da família, similares ou diferentes daquelas apresentadas pelo paciente identificado.
- Encorajar o paciente identificado a descrever o sintoma e o significado que atribui ao mesmo, a descrever outros aspectos de si, a descrever a família, e dar a ele um espaço respeitoso enquanto os demais membros da família tornam-se espectadores.

Etapa 2: destacar o problema – interações mantenedoras

A segunda etapa consiste em explorar o que os membros da família podem estar fazendo para perpetuar o problema. A chave é auxiliar os clientes a ver como suas ações podem estar mantendo o problema, sem provocar resistência.

Esta etapa é básica para toda intervenção no sistema de crenças. Com efeito, a natureza complementar da influência mútua entre os membros da família é senso comum, e, desse modo, isso nunca constitui uma surpresa genuína para os membros da família, os quais já devem ter se questionado, aberta ou silenciosamente, "O que nós fizemos?", "O que devemos fazer de forma diferente?", antes de cristalizar sua formulação inicial: "Isto está nele". Paul Watzlawick descreveu este processo no seu paradoxo: "O problema é a forma como a família tenta resolver o problema". Quase sempre o terapeuta encontrará uma parte, a parte curadora dos membros da família, pronta a aliar-se com o processo de ajuda. Como um fato positivo, esta segunda etapa conta com a premissa de que os membros da família mudarão seu padrão de relação se conseguirem ver a si mesmos como capazes de ajudar o paciente identificado.

As técnicas nesta etapa variam conforme o terapeuta, mas são descritas em todos os livros sobre terapia familiar, e o leitor vai encontrá-las salpicadas repetidas vezes ao longo dos casos relatados neste livro.

Etapa 3: investigar o passado com foco na estrutura

A terceira etapa consiste em uma exploração breve e focada do passado dos membros adultos da família, com o objetivo de auxiliá-los a entender como chegaram à sua visão restrita do presente, de si mesmos e dos outros. Esta etapa é nova para nós, ainda que sempre tenha sido parte da terapia com abordagem psicodinâmica. Pensamos que a rejeição das experiências do passado na formação básica do *self* foi uma resposta ideológica da terapia familiar em sua polêmica com os pensadores psicodinâmicos, e que a área agora já está madura o suficiente para corrigir seu partidarismo inicial.

Sendo agora um octogenário, tenho consciência dos fragmentos da minha infância flutuando e influenciando minhas respostas no presente. Sei que isso é verdade para vocês, os leitores deste livro. A questão então reside na forma como intervimos nesta etapa. Como podemos utilizar esta exploração do passado de maneira a facilitar a expansão dos padrões de relacionamento no presente?

Vemos esta etapa como a continuação das explorações do estilo de relacionamento que o terapeuta e a família desvelaram na etapa anterior. Assim, está direcionada para áreas específicas que tenham sido reveladas como geradoras de dificuldades. O terapeuta pode começar com uma pergunta a um membro da família: "Vi na última sessão que você não desafiará seu parceiro mesmo em situações onde fica claro que ele está errado e que você discorda dele. Que experiências em sua infância lhe organizam no sentido de evitar discordâncias?", "Como seus pais selecionaram para você este par de lentes em particular?", "Este par de lentes que seus pais lhe ajudaram a escolher parece reduzir sua capacidade de envolver-se com seu parceiro. Poderia falar sobre como isto foi escolhido para você em sua infância?", "Vimos anteriormente que você parece agir como se tivesse oito braços, quando de fato sabe que seus dois braços estão cansados e gostariam de não ser sobrecarregados dessa forma. Como na sua infância você escolheu essa orientação específica para suas relações com as outras pessoas? Você pode falar a respeito disso?". Alguém poderia pensar sobre essa forma de questionamento como originada não apenas do pensamento psicodinâmico, mas também da tradição narrativa de encontrar novos sentidos em velhas histórias.

Na terceira etapa, os filhos permanecem como audiência das histórias de seus pais. Na quarta etapa eles vão se unir a seus pais como participantes ativos. A quarta etapa é que torna uma avaliação não apenas precisa, mas também útil.

Etapa 4: descobrir/cocriar formas alternativas das relações

Após desenvolver um quadro inicial dos motivos que mantêm a família bloqueada e de como esse caminho foi tomado, os membros da família e o terapeuta falam sobre quem precisa mudar o que – e quem tem a disposição de fazê-lo ou não. Sem essa etapa, que transforma o processo de avaliação de uma operação realizada nas famílias em uma operação realizada com a família, a terapia frequentemente torna-se um processo de empurrar as pessoas para onde elas não veem razão para ir. Não é surpreendente que resistam.

Ainda que muito tenha sido escrito na área sobre as técnicas de terapia, ainda não exploramos suficientemente o processo da dança terapêutica, os movimentos necessários para gerar mudanças. As técnicas terapêuticas são apenas ferramentas utilizadas para realizar uma tarefa específica. Normalmente, os terapeutas possuem uma caixa de ferramentas com as peças corretas, mas carecem de um mapa. Ainda que seja necessário o terapeuta estar equipado com algumas ferramentas para entrar no sistema familiar, estas tornam-se contraproducentes se não existe uma orientação conceitual subjacente à sua aplicação.

No novo milênio, a necessidade não está em mais e melhores técnicas – pois já temos um grande estoque delas. Ao contrário, nosso objetivo reside em provermos uma visão conceitual ampla o suficiente para organizar a multiplicidade de formas de conceitualizar e intervir nos problemas da família. Nos dez casos que apresentaremos adiante, tentaremos focar as técnicas como uma parte do processo de gerar algo novo.

Nosso modelo de quatro etapas é concebido para ser útil a terapeutas de várias correntes, na medida em que operam por meio dos estágios de abertura da terapia famíliar (ver Tabela 1.1).

Tabela 1.1 O modelo de quatro etapas

Etapa 1	Etapa 2	Etapa 3	Etapa 4
Descentralizar o problema apresentado e o portador do sintoma	Investigar os padrões familiares que mantêm o problema	Investigar o que os membros da família trazem do passado que ainda influencia o presente	Redefinir o problema e testar opções

As etapas nesta tabela estão muito simplificadas. Ao transitar pelas mesmas, faz-se necessário deter algum entendimento sobre como as famílias se organizam, e não impor seus próprios conceitos sobre elas. O objetivo do processo de "acessar" as famílias deve ser descobrir com elas uma forma nova e útil de compreensão de seus dilemas e explorar seus próprios recursos de cura.

Tabela 1.2 Expansão do processo de quatro etapas

Entendendo a organização familiar	Técnicas
Estrutura	União
Fronteiras	Dramatização
Alianças	Escuta
Coalizões	Mapeamento
Triangulação	Reenquadramento
Ciclo de vida da família	Intensidade
	Competência
	Definição de fronteiras
	Desequilíbrio

Quando tentamos acessar a utilidade de nosso instrumento com terapeutas iniciantes, alunos graduados em um curso de terapia familiar, eles entenderam o conceito inerente à primeira etapa, e sabiam que precisavam descentralizar o paciente identificado e o problema, movendo-se em direção das relações interpessoais. Entretanto, não sabiam como fazer isso acontecer. Percebiam que precisavam encontrar uma linguagem que convidasse os membros da família a explorar tal território. Para preencher essa lacuna, ensinamos sobre organização familiar e sobre como os membros da família fazem parte de um sistema familiar. O mapa, então, perde sua simplicidade porque questões sobre como unir-se à família, como entender as histórias dos membros da família no contexto do sistema familiar, como manter a curiosidade e apoiar os membros da família ao mesmo tempo em que desafiamos a rigidez familiar, como ouvir os conteúdos e ver os comportamentos – em suma, como fazer terapia – estavam faltando no processo.

UM ÚLTIMO MOMENTO DE REFLEXÃO

Antes de iniciarmos uma aplicação caso a caso de nosso modelo, pode ser bom considerar algumas questões sobre a ideia geral de avaliar famílias. A terapia familiar é a melhor forma de aliviar a dor de um membro individual da família? Pode a terapia familiar ter consequências imprevisíveis para o paciente identificado, ou para outros membros da família? As mudanças benéficas na família podem ser consideradas inadequadas no seu contexto social? Em outras palavras, a mudança pode ser vista como algo errado do ponto de vista moral, político ou ideológico?

Gregory Bateson fazia questionamentos desse tipo e desconfiava da ideia de tentar mudar as pessoas. Como antropólogo, era pouco inclinado a fazer julgamentos. Terapeutas, pensava ele, eram taxonomistas: criavam etiquetas diagnósticas e, então, acreditavam que eram reais.[11] Bateson preocupava-se com o enviesamento cultural das pressuposições dos terapeutas e com as pressões que estes colocavam sobre as pessoas de modo a acomodá-las à sua versão de como as coisas deveriam ser. Tais preocupações foram ampliadas nos últimos anos pela crítica pós-modernista, que desafia até mesmo a noção de que a verdade possa mesmo ser conhecida. O que passa por verdade, dizem os pós-modernistas, é apenas uma forma de contar a história.

Na era do ceticismo pós-modernista, os terapeutas familiares encontram-se em uma encruzilhada. Podem eles, como um personagem das histórias de Jorge Luis Borges, caminhar em duas estradas ao mesmo tempo? Podem aceitar a história de uma família como válida e ainda assim pensar que uma nova história possa ser útil? E se assim é, podem escolher entre ver famílias perturbadas como paralisadas em padrões de comportamento autodestrutivos ou cognições autodestrutivas?

Hoje nos vemos em um paradoxo similar àquele em que os físicos encontravam-se quando perguntaram se a luz era transmitida por partículas ou por ondas. Concluíram que: sim, mas depende da natureza da observação. Em vez de perceber que há mais de uma maneira de descrever as pessoas, os terapeutas familiares tendem a dividir-se em campos teóricos. A escola narrativa, seguindo o pós-modernismo, acolhe o contar histórias. São as histórias que as pessoas contam a si mesmas que organizam suas experiências e modelam seus comportamentos. A terapia, então, deveria ajudar as famílias a reexaminar seus pressupostos. Os terapeutas sistêmicos, por outro lado, veem famílias perturbadas agindo de formas autodestrutivas. Ações e crenças podem reforçar-se mutuamente, mas as mudanças costumam ocorrer melhor de fora para dentro. Pensamos que, ainda que as famílias possam permanecer bloqueadas em padrões destrutivos de interação, são suas perspectivas que tanto restringem quanto facilitam a forma como pensam e se comportam – e que, para ser efetivos, devemos encontrar os membros da família tanto como atores quanto como autores de suas próprias histórias.

Ação e cognição não existem de forma separada. Os membros da família precisam explicar quem são para criar histórias. As histórias podem sustentar ou modificar a forma como se relacionam, facilitando o surgimento de novas organizações que requisitam novas histórias, e assim por diante. Depende da natureza do experimento e da experimentação qual via se enfatiza, mas sempre se caminhará em ambas as trilhas.

UMA PALAVRA SOBRE O TERAPEUTA

Parece ser mais fácil definir o que um terapeuta não é: um terapeuta não é alguém justo ou imparcial, ou um profissional politicamente correto; não é alguém ético, lógico, que tudo sabe. O terapeuta é um profissional da mudança, mas a mudança sempre encontra resistência: pela familiaridade com os caminhos já conhecidos, pela convicção da família sobre como as coisas são, pela tensão competitiva entre os *"selfs* em relação" que forma uma família, e pelas demandas de mudança que os membros da família exercem uns sobre os outros.

Dessa forma, o terapeuta é um agente de mudança com um número limitado de opções, que somente será efetivo se puder romper as normas familiares que mantêm seus pressupostos. Para fazer isso, o terapeuta precisará relacionar-se com os membros da família, de forma a oferecer a esperança de que modos alternativos de estar em uma relação tragam benefícios: diminuição da dor, aumento da satisfação e conhecimento.

Tudo isso significa que o terapeuta é um agente de mudança limitado. São os membros da família que determinam os limites e as possibilidades das formas alternativas de relacionar-se. As mudanças, dessa forma, são um empreendimento colaborativo, no qual, para ser efetivo, o terapeuta precisa ajustar-se aos membros da família, unindo-se a eles, e expandir tanto o uso de si mesmo na relação com eles, quanto o uso deles mesmos na relação uns com os outros. A imagem do terapeuta todo-poderoso e sabe-tudo, que impõe suas pressuposições a famílias crédulas que nele confiam, não pode coexistir com a descrição anterior do processo terapêutico. Claro que temos terapeutas sabe-tudo que assumem uma postura autoritária na terapia, mas a maioria deles acaba falhando, e a experiência é dolorosa para eles e com frequência danosa para os membros da família. Assim, um terapeuta é um especialista que abraça a incerteza, une-se às famílias em seus processos de expandir e enriquecer suas formas de relacionar-se, e desafia suas convicções ao ajudá-las a ver formas alternativas de relação.

Nos casos que você lerá, teremos dois terapeutas, Salvador Minuchin e Wai-Yung Lee, demonstrando suas formas de expandir o repertório das famílias. Como todo terapeuta, ambos têm seu próprio estilo, mas, nas palavras de Harry Stack Sullivan, ambos são "mais simplesmente humanos que qualquer outra coisa." Assim, eles compartilham seu repertório sabendo que suas técnicas podem ser tomadas de empréstimo e transformadas por você de modo a ajustar-se à sua abordagem única.

Apresentaremos dez casos, cada um composto por duas entrevistas que seguem nosso modelo de quatro etapas. Tentamos selecionar famílias com questões que os terapeutas encontram com frequência e as apresentamos em cinco blocos:

1) famílias com crianças problemáticas;
2) famílias de recasamentos;
3) complementaridade nos casais;
4) famílias psicossomáticas;
5) a família e os serviços sociais.

Cada bloco será apresentado com comentários sobre as generalidades ao se lidar com o tema apresentado. Não nos consideramos totalmente satisfeitos com nosso agrupamento das questões: é arbitrário, e poderíamos ter selecionado outros grupos. Ainda assim, convidamos você a unir-se a nós em nossa jornada do processo de terapia.

NOTAS

1 Laing, R. D. 1965. Mystification, confusion and conflict. In I. Boszormenyi-Nagy & J.L. Framo (Eds.), *Intensive Family Therapy*. New York: Harper & Row.
2 Bowen, M. 1961. Family psychotherapy. *American Journal of Orthopsychiatry*. 31:40-60.
3 Minuchin, S. 1974. *Families and family therapy*. Cambridge, MA: Harvard University Press.
4 Selvini Palazzoli, M. 1986. Toward a general model of psychotic games. *Journal of Marital and Family Therapy*. 12: 339-349.
5 Anderson, H., and Goolishian, H. 1988. Human systems as linguistic systems: Preliminary and evolving ideas about the implications for clinical theory. *Family Process*. 27: 371-394.

6. Minuchin, S. 1974. *Families and family therapy.* Cambridge, MA: Harvard University Press.
7. Minuchin, S., Montalvo, B., Guerney, B., Rosman, B., and Schumer, F. 1967. Families of the slums. New York: Basic Books.
8. Minuchin, S., Rosman, B., and Baker, L. 1978. Psichosomatic families: anorexia nervosa in context. cambridge, MA: Harvard University Press.
9. Selvini-Palazzoli, M., Boscolo, L., Cecchin, G., and Prata, G. 1978. *Paradox and counterparadox.* New York: Jason Aronson.
10. Cecchin, G. 1987. Hypothesizing, circularity and neutrality revisited: An invitation to curiosity. *Family Process.* 26: 405-413.
11. Bateson, G. 1971. *Steps to an ecology of mind.* New York: Ballantine.

Parte I

Crianças problemáticas e seus pais

Na Idade Média, não existiam crianças. Elas eram vistas como pequenos adultos e tratadas de acordo com tal visão. Os retratos de família daquela época mostram pais e mães vestidos em sedas e brocados. Parados ao lado deles, todavia, você poderá ver estranhas réplicas em miniatura daqueles pais e mães, vestidos tal qual eles, em uma evidência gráfica de que as crianças são construídas sob a ótica da mente dos adultos. Daquela época até nossos dias, as crianças foram elevadas a um *status* tão exaltado que na família atual os pais orbitam em torno dos filhos como planetas girando em torno do sol. Uma breve retrospectiva histórica do tratamento psiquiátrico das crianças mostrará que nossa visão sobre os problemas da infância também evolui – refletindo nossa progressiva ambivalência sobre a família, assim como nossos avanços em entendimento.

Freud nos ensinou que as desordens psicológicas eram consequência de problemas não resolvidos da infância. As descobertas de Freud acusavam a família, primeiro de sedução da inocência e depois de repressão cultural. Se as crianças cresciam como pequenos neuróticos – temerosas ante seus próprios instintos saudáveis –, quem também culparíamos senão seus pais? Dado que os problemas emocionais eram gerados na família, parecia natural considerar que a melhor maneira de desfazer a influência familiar consistia em isolar os parentes do tratamento do paciente, de modo a barrar a influência contaminante para fora da sala de tratamento psiquiátrico.

Alfred Adler foi o primeiro dos seguidores de Freud a considerar a implicação de que tratar as crianças pode ser a forma mais efetiva de prevenir as neuroses adultas. Para isso, Adler persuadiu o sistema escolar de Viena a estabelecer 32 centros de atendimento infantil, no período entre o final da I Guerra Mundial e o início dos anos 1930 (Mosak, 1995). A abordagem de Adler (1927) consistia em oferecer apoio e encorajamento para ajudar no alívio de sentimentos de inferioridade das crianças, de modo que essas pudessem agir em um estilo de vida saudável e atingir sucesso por meio de utilidade social. Implícito na "Psicologia Individual" de Adler, porém, estava a noção de que as famílias faziam mais subverter do que desenvolver o potencial saudável inato das crianças. Quando os clínicos pensam sobre as famílias, fazem-no com mais frequência com a visão de forças destrutivas na vida de seus pacientes. O que capta nossa atenção são diferenças e discordâncias. As harmonias da vida familiar – lealdade, tolerâncias, apoio mútuo e assistência – usualmente passam despercebidas, como parte de um fundo comum da vida. Adler (1929) delineou três aspectos da ação dos pais que privava as crianças de sua coragem e resultava no famoso *complexo de inferioridade*. Estes três aspectos eram: (1) sentir pena da criança, (2) superproteger ou mimar a criança, (3) negligenciar ou abusar da criança.

Em 1909, o psiquiatra William Healy fundou o *Juvenile Psychopathic Institute* (mais tarde *Institute for Juvenile Research)* em Chicago, precursor entre as clínicas de assistência infantil. Em 1917, Healy mudou-se para Boston e estabeleceu o *Judge Baker Guidance Center*, dedicado à avaliação e ao tratamento de crianças delinquentes. Ainda que permanecesse pequeno o seu número até depois da II Guerra Mundial, as clínicas foram aos poucos criadas em todas as cidades dos Estados Unidos, oferecendo avaliação e tratamento de problemas infantis e das forças complexas que para eles contribuíam, provenientes da família e da sociedade. O tratamento era conduzido por equipes clínicas que dedicavam grande parte de sua atenção ao ambiente familiar. Gradualmente, os trabalhadores na assistência à infância concluíram que o problema real não era o que parecia óbvio, os sintomas da criança, mas sim as tensões familiares que davam origem àqueles sintomas. A princípio, houve a tendência de culpar os pais, especialmente as mães.

A principal causa dos problemas psicológicos infantis, de acordo com David Levy (1943), era a superproteção materna. Mães que haviam sido privadas de amor tornavam-se superprotetoras com seus filhos. Algumas eram dominadoras, outras indulgentes em demasia. Filhos de mães dominadoras tornavam-se submissos, mas tinham dificuldade em fazer amigos; crianças com mães indulgentes tornavam-se impertinentes em casa, mas bem-comportadas na escola. Não muito depois, Frieda Fromm-Reichmann (1948) cunhou uma das expressões mais danosas da história da psiquiatria: a *mãe esquizofrenogênica*. Essas mulheres dominadoras e agressivas, especialmente quando casadas com homens passivos ou indiferentes, eram consideradas causadoras da forma mais virulenta de maternidade patológica. Ainda que aqueles estudos atentassem para a importância da família, a tendência de culpar os pais, sobretudo as mães, pelos problemas familiares, era um exemplo infeliz de bode expiatório que continuava a perseguir essa área da terapia.

Mesmo após ter sido reconhecida a importância da família, mães e filhos continuavam sendo tratados em separado, e a discussão entre terapeutas era desencorajada nas áreas que pudessem comprometer as relações terapêuticas individuais. O método usual era um psiquiatra tratar a criança enquanto um agente social acompanhava a mãe. O aconselhamento da mãe era secundário em relação à missão primária de tratar a criança. Às vezes, como uma reflexão posterior, os pais participavam de grupos, à noite. Nesse modelo, a família era vista como uma extensão da criança, em vez de outra forma possível.

Em seguida, a ênfase do movimento de assistência à infância mudou. Deixou ver os pais como cruéis e inadequados e percebeu que os problemas derivavam das relações entre os pacientes, seus pais e outras relações significativas. Essa mudança teve consequências profundas. Não havia mais uma psicopatologia localizada no íntimo de indivíduos; não havia mais pais vilões e crianças vítimas. Agora, a interação era o problema.

O trabalho de John Bowlby na *Tavistock Clinic* incluiu-se na transição para uma abordagem focada na família. Bowlby (1949) tratava uma criança com lentos progressos. Sentindo-se frustrado, decidiu ver a criança e seus pais, juntos em uma sessão. Durante a primeira metade da sessão, a criança e os pais trocaram de papéis, reclamando uns dos outros. Na segunda parte do encontro, Bowlby explicou a eles sobre o que pensava ser a contribuição de cada um para a dinâmica do problema. Eventualmente, ao trabalharem juntos, todos os três membros da família desenvolveram simpatia pelo ponto de vista do outro.

Ainda que Bowlby houvesse ficado intrigado pelas possibilidades dessas entrevistas compartilhadas, ele permaneceu atado ao formato da psicoterapia tradicional. Os encontros com a família podiam ser úteis para coletar informações, mas somente como um elemento adicional ao tratamento real, à terapia psicanalítica individual.

O que Bowlby tentou como um experimento, Nathan Ackerman viu como um fruto – a terapia familiar como forma primária no tratamento em clínicas de assistência às crianças. Ainda em 1938, Ackerman manifestava-se publicamente sugerindo o valor de se considerar a família como unidade, ao lidar com desequilíbrios em qualquer um de seus membros (Ackerman, 1938). Depois, ele recomendou estudar-se a família como uma forma de entender a criança, em vez da outra forma utilizada (Ackerman e Sobel, 1950). Tendo percebido a necessidade de entender a família para diagnosticar os problemas, Ackerman deu então o passo seguinte: tratamento da família.

À medida que começamos a ver as crianças no contexto de suas famílias, abre-se um novo mundo de possibilidades. Deslocar a atenção para a família é como acender a luz em uma sala escura: algumas coisas tornam-se claras rapidamente. Você não apenas vê como os membros da família podem estar mantendo os problemas da criança, mas também percebe como eles podem trabalhar juntos para resolver esses problemas. Por isso, é surpreendente que, 50 anos depois, já no século XXI, a maioria dos esforços no tratamento de crianças ainda coloque o foco na psicopatologia da criança. Isso nos leva a refletir sobre a extraordinária capacidade dos profissionais da saúde mental de seguir seus mapas ideológicos, ainda que frente às evidências de que as crianças estão, sem dúvida, imbricadas em suas dinâmicas familiares.

* * *

Quando famílias procuram tratamento para seus filhos, a tentação é ficar preso aos detalhes dos problemas das crianças, como se fosse o trabalho dos terapeutas resolver aqueles problemas. À medida que você vê os problemas psicológicos como incrustados nos indivíduos, faz sentido focar a atenção em motivações ocultas, desvios de personalidade e neurotransmissores disfuncionais. Eis o tipo de perguntas que você faz: O que a criança está fazendo? O que motiva a criança a fazer tais coisas? E o que aconteceu no seu passado que a fez se comportar dessa forma?

A primeira e talvez a mais importante pergunta que um terapeuta sistêmico faz é a seguinte: o que os membros da família estão fazendo que colabora para manter os sintomas do paciente identificado? Essa pergunta troca o foco para uma perspectiva transacional. Então, por que as interações mais complicadas são triangulares, Quão efetivos são os pais ao lidar juntos com os problemas de seus filhos?[1] Este ponto não trata de trocar o foco da culpa da criança para os pais, mas de considerar com qual nível de efetividade, ou de ineficácia, a família se organiza para lidar com seus problemas.

Um dos fatores que torna os conflitos entre os pais quase inevitáveis é o fato de que as pessoas veem o exercício da paternidade e da maternidade sob diferentes perspectivas. Uma pessoa pode ser menos paciente. Outra pode ser mais preocupada. Uma pode ver as crianças como passíveis de proteção, enquanto a outra pode vê-las como capazes de caminhar com suas próprias pernas[2]. Em famílias felizes, tais diferenças tornam os pais capazes de lidar com uma abordagem equilibrada com a crianças. Entretanto, infelizmente, os pais via de regra polarizam entre si, empurrando-se para posições extremas e, então, minando os esforços de uma outra parte. Casais em situação de conflito são ainda mais propensos a entrar em desavenças sobre as questões dos filhos.

Padrão comum em casais com conflitos maritais é a existência de excessiva proximidade de um dos pais com relação aos filhos e distanciamento do outro, situado em uma posição crítica, abertamente ou não. Uma esposa que seja uma perseguidora emocional, frustrada com o distanciamento de seu marido, passa a perseguir os filhos. Uma criança, sensível à perturbação da mãe, fica capturada na triangulação e começa a atuar de alguma forma. O problema da criança aproxima os pais pela sua preocupação, ou permite que eles briguem sobre o tema de como lidar com o filho.

Dessa forma, uma das apresentações estruturais mais comuns em uma triangulação entre pais e filhos é vermos a mãe e os filhos aglutinados, e o pai afastado. Um terapeuta sistêmico pode abordar essa estrutura problemática ao unir-se com o genitor afastado, de modo a trazê-lo de volta para o círculo familiar e então ter o casal agindo juntos, restabelecendo a fronteira geracional adequada na família. Contudo, como veremos nos dois casos expostos a seguir, é importante lembrar que o mapa não é o território. Essa metáfora estrutural não nos deve fazer esquecer que as famílias se constituem por seres humanos de carne e osso, e que a terapia somente funciona quando configura um empreendimento colaborativo. Pais são também um casal, e é um equívoco pensar que se pode simplesmente colocar juntas duas pessoas infelizes. De modo a tocar no âmago da questão, o terapeuta deve desvelar e abordar a infelicidade do casal e o conflito existente entre eles.

NOTAS

1 Nem todos os pais comparecem em pares, obviamente. Pais solteiros ou separados que têm problemas com seus filhos frequentemente estão em conflito com seus namorados, ex-esposos ou professores dos filhos.
2 Raspe a superfície e descobrirá que muitas das presunções são projeções da experiência pessoal dos pais, é fator para o qual o terceiro passo de nosso modelo de avaliação é concebido para explorar.

REFERÊNCIAS

Ackerman, N. W. 1938. The unity of the family. *Archives of Pediatrics*. 55: 51-62.
Ackerman, N. W. & Sobel, R. 1950. Family diagnosis: An approach to the preschool child. *American Journal of Ortopsychiatry*. 20: 744-753.
Adler, A. 1927. *Understanding human nature*. New York: Fawcett.
Adler, A. 1929. *The science of living*. New York: Greenberg.
Bowlby, J. P. 1949. The study and reduction of group tensions in the family. *Human relations*. 2: 123-138
Fromm-Reichmann, F. 1948. Notes on the development of treatment of schizophrenics by psychoanalytic psychotherapy. *Psychiatry*. 11: 263-274.
Levy, D. 1943. *Maternal overprotection*. New York: Columbia University Press
Mosak, H. H. 1995. Adlerian psychotherapy. In R. J. Corsini & D. Wedding (Eds.), *Current psychotherapies* (5th ed.). Itasca, IL: F. E. Peacock.

2 | A criança parentalizada

O seguinte estudo de caso envolveu uma família espanhola, e a consultoria teve lugar na cidade onde moravam. O terapeuta acompanhara a família por um mês, encontrando-se primeiro, em duas sessões, com a paciente identificada – uma jovem mulher diagnosticada como depressiva com ideação suicida e depois –, por quatro sessões, com os demais membros da família em diferentes agrupamentos. Ao requisitar a consultoria, o objetivo do terapeuta era ajudar Sara, a paciente de 22 anos a renunciar à responsabilidade de tomar conta de seus dois irmãos mais jovens, de 18 e 16 anos, e encorajar os membros da família a apreciarem e apoiarem Sara, que se sentia desvalorizada. Sara tomava pequenas doses de antidepressivos e respondia bem à medicação.

A família Martinez compunha-se dos dois pais, Pedro (51 anos) e Josefa (50 anos); uma filha casada, Juana (28 anos), que vive na mesma cidade; Sara (22 anos); Alberto (18 anos) e Javier (16 anos), ambos frequentando uma escola técnica de ensino médio para aprender uma profissão. Uma família extensa também vive na mesma área, incluindo-se as duas avós. Esses familiares os visitam com frequência.

Trata-se de uma família da classe trabalhadora, e todos, com exceção da mãe, trabalham fora. Eles chegam à sessão vestindo roupas casuais e mostram-se amistosos e relaxados. Sinto-me imediatamente conectado, como se fosse eu próprio um parente distante. A família senta-se em três pequenos grupos: pai e mãe em um lado do semicírculo, a filha mais velha sozinha no outro extremo, e Sara, Alberto e Javier no meio. O terapeuta e eu fechamos o círculo.

Eu começo perguntando o que os levou a procurar um terapeuta.

PAI (*respondendo*): A criança teve problemas e viemos ver se ela pode ser ajudada.

(*Pergunto a Sara se ela é a criança, e o que significava o que o pai havia dito.*)

SARA: Eu estava triste.

Dr. MINUCHIN: Mas por que a família veio junto?

MÃE: Nós estávamos muito preocupados com ela.

Dr. MINUCHIN (*para Sara*): Você é o único problema da família?

PAI: Ela não é um problema. Ela tem um problema, talvez. Ela é responsável demais, e tinha vontade de chorar. Ela não queria sair com a família e permanecia em seu quarto.

Dr. MINUCHIN (*para a irmã mais velha*): O que você acha que está acontecendo com Sara?

JUANA: Penso que ela está trabalhando demais. Além dos estudos – ela está na faculdade estudando Administração –, ela ensina ping-pong e toma conta das crianças.

Dr. MINUCHIN: Eu estou confuso. Nada do que você descreveu pode causar ideias suicidas. Poderia haver algo ou alguém na família que a deixa triste?

Estou desafiando a atmosfera leve da sessão e o foco exclusivo nas dificuldades de Sara. Também estou respondendo ao senso de proximidade que a família transmite. Sinto que uma pergunta sobre a influência que os membros da família exercem uns sobre os outros será aceita por eles.

MÃE: Alberto e Javier são irresponsáveis. Eu trabalho muito, e ela sente que precisa me ajudar. Sara se preocupa com a ordem, e eles não cuidam de nada. Se eles não arrumam seus quartos, eu arrumo, e se ela me vê fazendo isto, ela arruma.

Dr. MINUCHIN: Ela é sua substituta? (*Para o pai*) Sua esposa trabalha por todos?

PAI: Não. Eu trabalho fora e ela me ajuda em casa, mas os garotos acham que não precisam fazer nada, e Sara toma a responsabilidade de fazer o que eles não fazem.

A organização dessa família está em sintonia com o grupo social a que pertence, no qual espera-se que as mulheres trabalhem em casa e os homens não. Contudo, a posição de Sara como "filha parental" torna-se um ponto de entrada para explorar áreas de estresse na família.

PAI: Nós não somos machistas. Ela apenas escolheu fazer esse trabalho por sua conta.

JUANA: Quando eu estava em casa, eu também ajudava, mas nunca tanto quanto Sara.

A família retoma o foco no aspecto individual de Sara como a razão de sua responsabilidade excessiva e depressão.

Dr. MINUCHIN (*para Sara*): Por que você faz esse trabalho? Está protegendo seu pai, sua mãe, ou seus irmãos?

SARA: Estou protegendo mamãe.

Etapa 1: ampliar a queixa apresentada

O primeiro passo em cada caso é direcionado a liberar o paciente identificado da tirania de uma visão de mundo singular como a estrutura para definir a si mesmo e aos outros. Para Sara, isto significa descartar o diagnóstico psiquiátrico de "depressiva com ideação suicida", bem como a diagnose familiar de "responsável e prestativa".

Minha intervenção será direcionada, paradoxalmente, a multiplicar os rótulos. Não vou explorar suas autodefinições, mas farei adições a elas. Sara irá se tornar, alternadamente, substituta da mãe, mãe dos irmãos, "bengala" do terapeuta, gêmea da mãe, xerife adjunta, e assim por diante. Esses rótulos irão se tornar uma mistura de autodefinições e respostas às transações com os membros da família e desafiarão a rigidez da perspectiva original.

O processo ocorre na presença dos outros membros da família; mas não é evidente para eles a princípio. Mais tarde, irá se tornar humorístico, depois confuso, até que, ao final, pela multiplicidade de perspectivas e definições, o diagnóstico original deixa de ser a única certeza.

O primeiro passo – ampliar a queixa apresentada – começa no início da sessão, mas perpassa toda ela, reemergindo em diferentes formas.

SARA: Se eu não fizer as tarefas deles, mamãe fará. Ela já está sobrecarregada.

Eu troco de lugar com Sara, pedindo a ela que sente próximo de sua mãe e fale com ela. Neste ponto, o foco da exploração passa a ser a díade mãe/filha, que é uma preparação para a exploração posterior da díade mãe/pai, e depois o triângulo entre os três membros do subsistema parental doentio. Ao trocar de lugar, encorajo a conversação entre os membros da família, permitindo-me algum distanciamento para poder observar.

Dr. MINUCHIN (*para Sara*): Você é a única pessoa que pode ajudar sua mãe?

MÃE: Ela sempre foi responsável. Ela começou a tomar conta deles quando tinha oito anos.

Dr. MINUCHIN (*para Sara*): Por que você não deixa sua mãe ser a mãe?

SARA: Eu a deixo, mas...

Dr. MINUCHIN: Não. Você se tornou a mãe de seus irmãos. Você pode perguntar à sua mãe quando você começou a trabalhar como sua auxiliar?

MÃE (*para Sara*): Você sempre cuidou deles, levando-os à escola quando eles eram pequenos. Talvez tenha sido minha culpa. Percebo agora que isso se tornou um problema. (*A mãe chora, e Juana providencia um lenço.*)

O foco da exploração, e da tensão, moveu-se da tristeza de Sara para a complementaridade entre Sara e sua mãe, e agora para a relação entre Javier, Pedro e a super-responsável e "explorada" Sara. Essas trocas confundem os membros da família, que são privados das explicações usuais e convidados pelo consultor a ver novidades.

Etapa 2: destacar o problema – interações mantenedoras

O segundo passo visa a descentralizar o paciente identificado da condição de foco do problema da família e encoraja os membros da família a observar a si mesmos interagindo com o "paciente" de formas que mantêm o comportamento sintomático. O que se percebia antes como uma "depressão intrapsíquica com ideação suicida", ou como "excesso de responsabilidade", é agora percebido como uma resposta interpessoal no contexto familiar: a resposta de Sara à sobrecarga da mãe, a mãe delegando autoridade para Sara, a mãe e Sara protegendo o pai, e assim por diante. O foco da sessão se move para outros membros da família. A "cadeira quente" é compartilhada. O pai é efetivo? A mãe é depressiva? Sara pode ser liberada de seu papel de heroína trágica?

Dr. MINUCHIN (*para a mãe*): Quais são as discussões em casa?

MÃE: São sempre com os pequenos.

Dr. MINUCHIN (*olhando para os adolescentes*): Vocês são os "pequenos"?

MÃE: (*chorando*): Sim.

Dr. MINUCHIN (*para Sara*): E eles aceitam a sua autoridade?

SARA: Não, eles riem de mim.

ALBERTO (*com Javier concordando ao mesmo tempo*): Isto é responsabilidade de meus pais, não dela.

PAI: Sim, mas quando eu peço para vocês fazerem algo, vocês não fazem, e é somente aí que ela intervém.

JAVIER: Mas ela não é nossa mãe!

A organização da família revela-se neste segmento: uma mãe sobrecarregada, um pai ineficiente, uma filha parentalizada sem autoridade, tornada inefetiva por dois adolescentes impertinentes.

Dr. MINUCHIN (*para Sara*): Quando eles brigam, o seu pai está disponível, ou a sua mãe é a única que mantém a ordem? (*Estou explorando a posição do pai na hierarquia familiar*.) Seus pais parecem pessoas competentes. Como é que você sente que é sua tarefa protegê-los?

SARA: Eu não protejo meus pais, mas sinto que preciso controlar meus irmãos.

Dr. MINUCHIN (*aos irmãos adolescentes*): Alguém deve ter dado a ela esta tarefa. Eu duvido que ela tenha tomado por si mesma.

JUANA: Não. Ela tomou a tarefa por si mesma. Ninguém disse a ela que era sua responsabilidade. Quando eu estava em casa, eu jamais interferia nas brigas deles.

O novo script familiar é desconfortável para a irmã, que move a exploração de volta para a história familiar do problema de Sara.

Dr. MINUCHIN: Mas você se libertou. Você casou e se mudou, e ela permanecerá em casa enquanto sentir-se necessária para seus pais. Alguém deu a ela essa tarefa de xerife adjunta. Sua depressão é produzida pela família. Vocês conseguem pensar juntos como isto aconteceu?

ALBERTO: Eu penso que meu pai deu a ela a autoridade.

PAI: Mas é quando vocês não ouvem o que eu digo é que ela intervém.

Dr. MINUCHIN (*para a irmã mais velha*): Parece que ela precisa controlar seus irmãos mais jovens de modo a proteger seus pais. Quando você saiu de casa e abandonou sua mãe, Sara tomou a tarefa de ser a ajudante da rainha.

JUANA: Eu não a abandonei. Eu me senti realmente triste de deixar meus pais por outra pessoa.

Dr. MINUCHIN (*rindo*): Mas a "outra pessoa" era seu marido! Você abandonou a sua irmã também?

JUANA: Eu vejo isso agora, isso.

> Esta é uma família de cuidadores. Lealdade parece ser o valor predominante que guia suas ações, e a autonomia é sentida como traição. A irmã mais velha define seu casamento como um afastamento com alguém que não é sua família. A lealdade familiar é mais típica das famílias latinas? Talvez, mas aqui ela é levada a um extremo doentio.

Dr. MINUCHIN: Então Sara está em um buraco. Quem irá ajudá-la a sair dele?

JAVIER: Nós podemos mudar.

PAI: Ela precisa querer sair por si mesma.

DR. MINUCHIN: Sara está em uma prisão. O amor é uma gaiola dourada. Quem tem a chave?

MÃE (*para seu marido*): Então precisamos mudar. Não percebíamos o que estávamos fazendo.

PAI: Não acredito que minha esposa tenha dito a Sara que ela precisava ajudá-la ou a mim.

Dr. MINUCHIN (*para a mãe*): Você se sente deprimida às vezes? Quando você chora em casa?

MÃE: Quando estou tensa ou nervosa... e então Sara assume as tarefas.

Dr. MINUCHIN: Por que Sara pensa que você precisa de proteção?

MÃE: Ela me vê preocupada, às vezes. Às vezes, tento corrigi-los e não consigo.

Dr. MINUCHIN: Quando você está abatida, você procura seu marido, ou Sara é uma ouvinte melhor?

MÃE: Penso que procuro guardar para mim mesma, tentando não demonstrar. Eu não quero perturbar a família.

Dr. MINUCHIN: Como é que Sara sabe o que você está sentindo? Ela parece ter uma capacidade que seu marido não tem.

SARA: Eu sempre sei quando ela está triste.

Dr. MINUCHIN: Quando você deixará sua mãe chorar sozinha? Seu pai poderia ajudá-la?

SARA: Penso que sim.

Dr. MINUCHIN: Mas você deixará que ele faça isso?

MÃE: Ele fica muito chateado com os problemas em casa.

Dr. MINUCHIN: E você precisa protegê-lo?

MÃE: Provavelmente.

> *Eu estava ajudando a família a explorar narrativas diferentes de que "Sara é depressiva": a mãe sente-se por vezes sobrecarregada e não sente poder contar com o apoio de seu marido; ela então busca o apoio de Sara, que desenvolveu uma sensibilidade crescente às dores da mãe. Como Sara assume uma responsabilidade delegada, ela age involuntariamente como uma barreira para a intimidade entre marido e esposa, interferindo também nos esforços de seu pai para controlar Alberto e Javier.*

Dr. MINUCHIN: Então como vocês ajudarão Sara a sair do buraco?

PAI (*para os adolescentes*): Vocês precisam aceitar e respeitar seus pais.

MÃE: Sim, o problema começa com vocês dois.

Dr. MINUCHIN (*para os irmãos*): Vocês podem demitir Sara desta tarefa de ser sua guardiã?

ALBERTO: Eu te demito!

JAVIER: Eu te demito, também. Você está demitida! (*Ambos riem.*)

Dr. MINUCHIN (*para Sara*): Eu tenho uma tia – minha tia Ester – que era assim como você. O eixo da família. Ser boa pode ser difícil. Você consegue ser má?

> *Eu falo a Sara sobre a liberdade de ter segredos e sobre a possibilidade de não corresponder às necessidades da família. A sessão está terminando, e eu convido os cinco membros da família que vivem juntos a voltarem no dia seguinte. Explico que na próxima sessão os pais irão explorar um pouco a história de suas infâncias, de modo a entender o modo como criam seus filhos. Também dou a eles a tarefa de pensarem sobre como têm ajudado a manter Sara presa.*

> *Esta família soa familiar para mim. Já a vi em muitas culturas, vestindo roupas pouco diversas. Na medida em que reconheço Sara como uma filha parentalizada, tenho um mapa para guiar a sessão e sei as sequências: a depressão de Sara, a proximidade da mãe com a filha; a depressão subjacente da mãe, o marido indisponível para ajudar sua esposa, a delegação de responsabilidade para Sara e a recusa de seus irmãos em aceitar sua autoridade.*

> *A questão então era sobre como caminhar nesse terreno. Os valores da família enfatizavam lealdade, bondade, apoio e cuidado. Qualquer desafio direto parecia perigoso para eles. Meu desafio à sua rigidez, desse modo, era envolvido por uma linguagem que se adaptasse à família – amor como uma gaiola dourada, crescimento que requeria segredos, respeito, significando que uma mãe deveria ser capaz de chorar sozinha, e assim por diante.*

SEGUNDA SESSÃO

Estavam presentes à segunda sessão os pais e os três filhos mais jovens. Eles entraram na sala e sentaram na mesma configuração da sessão anterior, com Sara próxima de sua mãe. Pedi a ela que movesse sua cadeira. Os pais ficaram então separados dos filhos. Eu disse à família que os jovens seriam espectadores desta vez, porque esta sessão focaria os pais. Comecei com o pedido aos pais para falarem sobre suas infâncias e expliquei porque estava fazendo isso.

Etapa 3: investigar o passado com foco na estrutura

Dr. MINUCHIN: Eu gostaria que cada um de vocês me contasse um pouco sobre sua infância, como uma forma de entendermos como vocês desenvolveram sua forma particular de serem pais de seus filhos.

Pedro e Josefa me contam que haviam ambos sido criados somente por suas mães, porque seus pais haviam morrido quando ainda eram jovens. Josefa então assumiu a narrativa para contar mais detalhes.

A terceira etapa traz algum alívio para o presente conturbado. Na sessão anterior, como os sintomas de Sara tornaram-se parte da coreografia familiar, a participação da mãe no pas de deux *havia sido destacada. Provavelmente ela pensou que eu a estava acusando de ser uma mãe má e sentiu-se culpada. Olhar para sua infância torna-se parte do processo de vínculo, na medida em que juntos exploramos memórias das circunstâncias que restringiram sua liberdade de escolha na forma de ver a si mesma e aos outros.*

Guiei a exploração de seu passado rumo à área do cuidado e da responsabilidade, já que essas eram as áreas que haviam se tornado relevantes na sessão anterior.

JOSEFA: Eu era a mais velha de quatro filhos e tinha 11 anos quando meu pai morreu.

PEDRO (*interrompendo*): Eu tinha somente 4 anos quando meu pai morreu.

Parece que Pedro sentiu-se ignorado pelo terapeuta e solicita mais espaço para si próprio.

JOSEFA (*continuando*): Eu tinha três irmãos: um de 7, outro de 4 e um bebê de 3 meses. Minha mãe trabalhava em uma fábrica de tecidos e também tinha outro emprego, então eu me tornei sua ajudante. Tomava conta de meus irmãos e cozinhava depois de voltar da escola. Eu era encarregada de comprar alimentos no mercado e cozinhava para a família.

Dr. MINUCHIN (*admirado*): Quantos braços você tinha? Há uma deusa indiana chamada Shiva* que tinha oito braços.

---

* N. de T. Mantivemos a redação do original, embora Shiva seja uma deidade masculina.

JOSEFA: Eu tenho só dois braços. Minha irmã mais jovem era como minha filha mais velha. Meus irmãos saíam para brincar e às vezes me convidavam para ir com eles, mas eu nunca saía de casa. Eu tinha muitas coisas para fazer.

Dr. MINUCHIN: Então sua mãe podia relaxar porque ela confiava que você tomaria conta deles?

JOSEFA: Sim. Mas não é só minha família. Eu sofro com a dor de todo mundo. Eu cuido das pessoas. Quando me sinto chateada, guardo dentro de mim e rumino. Às vezes, quando eu vou dormir, desejo acordar no dia seguinte em outro mundo, livre de preocupações.

A mim parece que ela ainda está imersa em sua infância, temerosa de não realizar uma dentre as milhares de tarefas que via como sua responsabilidade, e desejando apenas brincar, como seus irmãos faziam.

Dr. MINUCHIN: E você pede a Pedro para lhe tirar de lá?

JOSEFA: Sim. E quando saímos em férias eu me sinto relaxada, porque sei que Sara será responsável por seus irmãos. Quando voltamos, pergunto a ela: "Como Javier se comportou? E Alberto? O que você preparou para eles?" E isso e aquilo.

Parece que Josefa criou Sara como seu clone perfeito. Eu pego minha bengala e entrego a Sara, dizendo "Você é a bengala de sua mãe!" Ela pega a bengala, e ambas riem. Minha bengala torna-se um apoio, e eu continuo a "diagnosticar" Sara com rótulos múltiplos.

PEDRO: Ela é assim com todo mundo, na família e com as outras pessoas.

JOSEFA: Pedro me diz que eu não deveria me ocupar com os problemas de todo mundo; que eu não deveria estar sempre disponível, mas em minha idade eu penso que não possa mais mudar.

Dr. MINUCHIN (*para Pedro*): Você a ajuda a pensar nas necessidades dela?

PEDRO: Muitas, muitas vezes, mas eu não posso fazê-la mudar. Ela me ouve, mas continua fazendo as mesmas coisas. Ela toma conta dos irmãos dela e das famílias deles.

JOSEFA: Minha mãe tem 78 anos, e ela precisa de meus cuidados. A mãe dele está doente agora, e como ela mora conosco, eu a levo ao hospital todos os dias. Eu me sinto melhor se cuido das pessoas.

PEDRO: Ela cuida da minha mãe, mesmo agora quando ela própria passou por uma cirurgia no joelho poucas semanas atrás.

Dr. MINUCHIN (*para Josefa*): E quem cuidou de você?

JOSEFA: Sara! Ela é como eu. No ano passado, minha mãe esteve doente, e Sara cuidou dela. Ela tomou conta dela para me liberar dessas preocupações.

Dr. MINUCHIN: Ela é sua irmã gêmea.

Sem interrupções, passamos do passado dela para o presente; da criança sobrecarregada com o cuidado de seus irmãos menores, para o senso de obri-

gação da adulta que sonha acordar em um mundo livre de preocupações. Agora Sara está transitando pelo mesmo caminho estreito de sua mãe.

JOSEFA: Eu não pedi isso a ela. Ela tomou para si essa tarefa por sua conta. Mas agora vejo que foi culpa minha. Eu a tornei responsável. Coloquei meus problemas nos ombros dela.

Dr. MINUCHIN: Não é uma questão de culpas. Vocês são uma família maravilhosa. Quando você era uma criança, sua mãe lhe ensinou a ser a mãe de seus irmãos e, naturalmente, mais tarde, você disse a Sara que ela é a mãe dos irmãos *dela*.

Uma das vantagens dessa incursão histórica na infância é que a visão dos repertórios limitados dos pais passa a ser vista como consequência das limitações dos avós, ou de circunstâncias no passado. Essa família parece ser organizada em torno das normas culturais de pessoas da área rural, que confiam em seus parentes para receber ajuda. Minha família tinha normas semelhantes, e minha mãe era o centro do sistema de apoio da sua família extensa. Senti um parentesco com essas pessoas, e meus desafios à sua organização são envolvidos em familiaridade e respeito.

JOSEFA: Eu a tornei responsável. Quando saímos em férias, digo a Sara: "Cuide do que eles fazem. Cuide deles. Prepare sua comida. E quando eles chegarem à noite..."

Ela continua com uma longa lista dos "faça." Eu rio enquanto ela despeja sua lista, e os outros riem também.

Dr. MINUCHIN: Quero entender o Pedro, agora. *(Virando para Pedro)* Você tem irmãos?

Como em outras famílias, olho agora para o marido, para completar o quadro e entender a complementaridade dos estilos parentais. Contudo, tal exploração normalmente não é detalhada como com o primeiro genitor. Essa assimetria aparece na maioria dos casos. As limitações de tempo em uma sessão requerem que o terapeuta tome uma decisão clínica sobre qual membro da família será o foco primário de exploração.

PEDRO: Tenho um irmão mais velho. Eu tinha 4 anos quando meu pai morreu, e meu irmão ajudava minha mãe. Como a mãe de Josefa, a minha também trabalhava em uma indústria têxtil. Ela levantava pela manhã e preparava o nosso alimento para o dia todo. Ela trabalhava em dois turnos e chegava tarde em casa. Eu vadiava. Não era um bom aluno e me comportava mal na escola. Meu irmão era responsável. Foi somente com 18 anos, quando comecei a trabalhar, que me tornei responsável.

Dr. MINUCHIN: Naquela ocasião, como Josefa, o seu irmão era o eixo da família?

PEDRO: Na verdade, não, porque ainda criança eu já tomava conta de mim mesmo.

Senti que a história que Pedro apresentara era suficiente para usar como um ponto de transição a fim de desafiar a organização da família, e retorno então para os filhos, incluindo-os no restante da sessão.

Etapa 4: descobrir cocriar formas alternativas das relações

Quando trabalho com famílias com adolescentes ou filhos adultos jovens, utilizo este passo para encorajar cooperação, dando voz aos filhos como participantes ativos na definição da forma das funções familiares. Nessa família, onde Sara é chamada de "criança", e os meninos adolescentes são "os pequenos", este passo torna-se um cenário importante para explorar a questão da autonomia. Além disso, Alberto e Javier vêm sendo apresentados como uma unidade ao longo da sessão, e eu não tenho uma ideia formada de quem eles são, além de funcionarem como desordeiros.

Dr. MINUCHIN *(para Sara)*: Gosto de pessoas boas como você, mas pessoas que estão sempre disponíveis podem ter uma vida difícil.

Neste ponto, o pai e a mãe dizem-me que Sara também faz coisas por sua conta, fora da família. No verão passado ela viajou pela Europa com duas amigas. A mãe diz que ficou atemorizada pela filha, e não queria que ela fosse, mas que se controlou. (Agora, Josefa está chorando.) Ao final, contudo, ela gostou de Sara ter mostrado a coragem de ir. Sara e seus pais falam sobre a viagem, e Josefa fala novamente o quanto ela ficou ansiosa enquanto a filha esteve fora.

Dr. MINUCHIN: Estou preocupado sobre a parte de Pedro nesta família. *(Virando para Pedro)* Josefa deu a Sara mais responsabilidade do que para você.

JOSEFA: Meu marido se preocupa muito. Quando eu me preocupo, consigo lidar com isso, mas ele não consegue se liberar, e eu não quero sobrecarregá-lo. Ele sofre muito, e por isso eu preciso carregar esse peso.

Dr. MINUCHIN *(para Pedro)*: Você deseja ser protegido por ela?

Durante parte da primeira sessão, eu estava interessado em ampliar o senso de efetividade de Pedro, mas Josefa, com sua forte centralização, continua a protegê-lo de minha intervenção. Vou ampliar meu apoio ao pai da família no restante da sessão.

PEDRO: Bem, algumas vezes acontece algo em casa enquanto estou fora, e Josefa e Sara não me contam sobre o que aconteceu, de forma a me proteger das preocupações. Às vezes, quando chego em casa, os meninos estão discutindo ou brigando. Sara tenta controlar o conflito, mas sempre começa com aqueles dois.

Dr. MINUCHIN: Eles são gêmeos ou são indivíduos separados?

Sempre que ouço pais descrevendo filhos como uma unidade, diminuo o ritmo do processo, pedindo uma descrição diferenciada.

PEDRO: Eles sempre se metem em confusão juntos.

JOSEFA: Nós não conseguimos separá-los.

PEDRO: Mas ela sempre me conta depois que as coisas aconteceram.

Dr. MINUCHIN (*para Pedro*): Mas como é isso de você não saber? Quem te impede de saber das coisas?

JOSEFA: Bem, eles são impossíveis.

Como em outros momentos ao longo das sessões, Josefa intromete-se na conversação que estou tendo com Pedro.

SARA: Mamãe protege ele.

Dr. MINUCHIN: Então seu pai está fora do circuito. Seus irmãos têm duas mães e não têm pai. Que interessante! (*Para Pedro*) Então você não precisa ser um pai porque elas (*gesticulando em direção da mãe e de Sara*) exercem o papel de genitores.

PEDRO: E o pouco respeito que eu recebia se perdeu.

Dr. MINUCHIN: Não, não está perdido. Elas tomaram de você. Você considera que não possa tomar conta de seus próprios filhos? (*para Josefa*) Quando você começou a proteger Pedro?

Uma parte essencial da terapia é transformar passivos em ativos, definindo um estado de caráter pessoal ("respeito se perdeu") em ação humana ("elas tomaram de você"). Esta transformação atrai a atenção para a natureza interacional dos dilemas das pessoas e sugere um caminho de ação.

JOSEFA: Sempre. Já há problemas suficientes em casa, e eu sei que, se eu intervenho, posso resolvê-los.

Dr. MINUCHIN: Você e Shiva – a deusa com oito braços! Você resolveu os problemas e tirou de Pedro a tarefa de ser pai. Por bondade, você fez isso. Que estranho!

PEDRO: Eu estava trabalhando, e ela me dizia após ter resolvido os problemas.

Dr. MINUCHIN (*para Josefa*): Então você se torna a mãe e o pai.

Eu reforço meu desafio ao "subsistema parental" formado pela mãe e Sara, o qual exclui o pai. A intensidade do desafio reside na repetição da exclusão do pai, a qual é apresentada sob diferentes perspectivas.

Também estou brincando com definições de gênero, sabendo que na cultura espanhola os homens valorizam competência e poder, e que minha estruturação irá contrariar os valores tanto do pai quanto da mãe.

Agora faço o movimento de contatar com cada um dos meninos adolescentes e de explorar seus relacionamentos com seus pais.

Dr. MINUCHIN (*para Javier*): Quando você se comporta mal, quais são as consequências? Que tipo de punição sua mãe lhe dá?

JAVIER: Bem, ela reclama e reclama sobre isto e aquilo. Até que isso me enche. Então eu não faço nada, daí ela vai e faz.

PEDRO: E ela te ajuda a permanecer como uma criancinha.

Aqui Pedro assume a minha voz. Ele agora vê o comportamento de Javier como apoiado por Josefa, o que parece ser o resultado de minha aliança continuada com ele.

Dr. MINUCHIN (*para Javier*): Quais são as coisas que incomodam Sara?

JAVIER: Eu saio da mesa, e ela pula em cima de mim. "Você deve pegar seus pratos e colocá-los na água", e coisas do tipo, então eu fico com raiva e deixo os pratos na mesa.

PEDRO: Sara é muito exigente.

SARA: Mas ele não obedece.

Javier começa a dizer algo, mas Pedro coloca sua mão no joelho dele e diz, "Calma, eu estou falando". É outro nível de sua crescente efetividade na relação com seus filhos e indica uma aceitação das coisas que eu venho repetindo.

Dr. MINUCHIN (*para Pedro*): Você acha que pode demitir Sara?

PEDRO: Penso que não será fácil para ela não fazer as coisas, não intervir. Além disso, esses jovens são muito difíceis.

Dr. MINUCHIN: Você fala deles como se fossem gêmeos, mas eu os vejo como pessoas bem diferentes.

Alberto e Javier apresentam-se de forma bem diferente. Alberto está vestido com jeans amarrotado e uma camiseta xadrez, e seu cabelo está despenteado. Ele tem uma barba incipiente, e sua atitude, no geral, é a de um trabalhador adulto jovem. Javier tem os cabelos compridos, amarrados com um elástico, e aparenta ser mais jovem do que é. Ele também se veste com mais cuidado que Alberto. Sua calça e camiseta estão bem passadas. Está claro que esses dois filhos dessa família querem expressar suas diferenças.

Peço a Alberto para descrever uma das discussões, e ele fala sobre um incidente ocorrido na manhã anterior, quando ele estava saindo para a escola. O que entendo, durante este relato, é que ele sai de casa às 6 horas da manhã, vai para a escola de ônibus, onde estuda mecânica, e que, logo após a escola, vai então trabalhar em turno integral em um supermercado.

Dr. MINUCHIN (*para Alberto*): Se eu tivesse um filho como você, me sentiria abençoado. Os seus pais reconhecem o quanto você é bom?

Enquanto me conecto com Alberto, também estou enviando uma mensagem para Sara e Josefa, as portadoras do controle na família. Estou modelando, para elas e para Pedro, uma resposta diferenciada aos dois garotos. Frequentemente desequilibro um sistema de irmãos quando os pais tendem a tratá-los como um grupo, e o faço explorando os pontos positivos em um dos irmãos e desafiando o outro.

JOSEFA: Eles estão sempre brigando.

Dr. MINUCHIN (*para Josefa*): Mas Alberto também é muito bom. Ele vai à escola e é bem-sucedido no trabalho – mas você, com seus oito braços, e

Sara, com quatro, não veem as qualidades boas dele. (*Para Javier*) Já que eu vejo Alberto como perfeito, deve ser você que começa as coisas. Diga-me como as discussões começam.

JOSEFA (*antes que Javier possa responder*): Eles dormem no mesmo quarto e têm só uma televisão, mas querem ver programas diferentes, ou um deles não encontra seus sapatos e culpa o outro.

Experiencio a sua interrupção como uma tentativa de defender os filhos de terem um confronto comigo e percebo que ela também está resistindo ao tom positivo da minha apreciação de Alberto. Desconsidero o comentário dela e continuo meu contato com Pedro.

Dr. MINUCHIN (*para Pedro*): Você é muito afortunado, mas parece-me que não percebe isso.

ALBERTO: Nosso único problema são nossas discussões, mas não são sérias. Quando eles não interferem, resolvemos nossas discussões sozinhos.

Dr. MINUCHIN: E como é isso de vocês fazerem de Sara a irmã adotiva feia? Como é isso de não manterem a porta do quarto de vocês fechada?

Dr. MINUCHIN (*para Josefa*): Vocês têm uma boa família, mas você deve usar mais seu marido e menos sua filha.

Eu levanto e ajudo Sara a sair do círculo da família. Pedro e Josefa começam a conversar por vários minutos sobre os estudos de Sara, o trabalho dela e a sua habilidade de fazer diversas coisas. Está claro que estamos vivenciando o fim iminente da sessão, e Pedro faz um tipo de resumo, agindo, talvez, na sua nova posição fortalecida de porta-voz da família.

PEDRO: Decidimos que preciso assumir e estabelecer disciplina. Preciso interromper Sara e dizer a ela que esta é uma tarefa minha. Eu vou tomar conta disso, mas Sara precisa me ajudar não assumindo minha tarefa.

Eu levanto e aperto a mão de Pedro, dizendo a ele que na pequena cidade de onde vim, na Argentina, temos o costume de selar acordos com um aperto de mãos.

PEDRO: Se precisamos mudar, vamos mudar.

JOSEFA: Sabemos que podemos mudar.

ALBERTO: E vocês devem lembrar que eu sou perfeito!

Neste tom de leveza, finalizamos nosso encontro.

* * *

Concebi os quatro passos do processo de acessar as famílias como uma forma de criar uma visão panorâmica da família. Este modelo permite que o terapeuta perceba o contexto familiar, os estilos de relacionamento de seus membros, a história pessoal dos pais e alguns aspectos da dança familiar. Não prove detalhes, nem expõe nuances ou revela muito a respeito das interações. Ao final, o que você teria é um mapa no qual você destaca áreas relevantes, e necessitaria fazer suposições sobre pontos de abordagem –

conexões que possam ser apoiadas e reforçadas, áreas fortes que precisam ser respeitadas, padrões disfuncionais que devem ser desafiados. No todo, é uma boa base para desenvolvimento de estratégias terapêuticas que evoluiriam e mudariam com o progresso da terapia. Nem mais nem menos.

CODA

A vida é cheia de surpresas, e algumas delas são prazerosas. Este caso foi um dos primeiros nos quais segui o modelo de quatro etapas para acessar famílias, e algum tempo depois de retornar para casa, recebi notícias do terapeuta da família, descrevendo o que havia ocorrido na sequência. Ele escreveu que havia pedido à família para telefonar e marcar um encontro quando se sentissem prontos, mas, após passarem seis meses sem notícias deles, o terapeuta decidiu ligar e convidá-los para um encontro. Pedro e Josefa compareceram sozinhos e contaram que todos os membros da família estavam funcionando no seu melhor. Sara havia parado de tomar a medicação imediatamente depois da consultoria. Ela havia passado um mês em Londres, aprendendo inglês; havia mudado de muitas maneiras e estava feliz. Alberto e Javier estavam ambos trabalhando, e, quando eles discutiam, era de Pedro a responsabilidade de ajudá-los a resolver seus conflitos. Pedro contara que gostava disso e ainda dissera ao terapeuta, brincando, que também gostava do fato de Josefa continuar tendo oito braços. O relatório na carta terminava entusiasticamente com pontos de exclamação.

Eu não esperava por esse resultado e, na verdade, eu não tive esse tipo de resposta em nenhuma outra família que descreverei neste livro. (Em nossa área, não é usual sabermos sobre os resultados de nossos esforços; esse é um dos aspectos difíceis nesta profissão.) O processo de acessar as famílias é exatamente isto: obter um acesso, um início da jornada que se descortina um instrumento útil que forneça direção para a conversação e experiência terapêutica. Ainda assim, admito que me sinto mais que feliz por abrir este livro com uma nota assim otimista!

ESTRUTURA TERAPÊUTICA

Organização da família

É provavelmente algo universal na organização humana da família que a mulher torne-se o centro da vida familiar – meio administradoras, meio trabalhadoras sem salário, que arcam com a sobrecarga de fazer a casa funcionar. Desse modo é que a família Martinez encaixa-se no modelo familiar da "mãe aglutinadora e pai desengajado". É também comum que as mães de famílias maiores selecionem um filho, usualmente uma filha, para tornar-se sua auxiliar. O problema surge quando tal organização torna-se rígida demais, e o peso da família recai sobre os ombros da filha. Era o caso de Sara.

Os Martinez dividiam-se pelo gênero em subsistemas nos quais não se esperava dos homens que participassem das tarefas cotidianas e as mulheres eram sobrecarregadas. A competência e o senso de responsabilidade de Josefa (a mãe) tinham o impacto de indulgência e desqualificação de Pedro (o pai), o qual via sua autoridade questionada.

Perspectivas individuais

Sara: Uma brilhante, responsável e competente jovem adulta, lutava por ser aceita, sofrendo o frequente destino da filha parentalizada – tinha responsabilidade sem autoridade. Na sua função de mãe adjunta dos irmãos adolescentes, sentia-se desafiada e sem poder. Na posição de confidente de sua mãe, sentia-se no papel de seu pai. Sua função na família e seu senso de *self* residiam em ser uma boa filha.

Josefa: Começara ainda criança a tomar conta de seus irmãos e de sua própria mãe; como adulta, tornara-se a cuidadora da sua família extensa. Seu modo de ser, familiar para sua cultura, era percebido por ela como normal. Assim, transmitira sua experiência para Sara, que vivia em um mundo onde as necessidades individuais frequentemente são superadas pela responsabilidade de cuidar dos outros.

Pedro: Sua família a respeitava, mas requeria pouco da sua condição de homem da casa. Protegia-no de preocupações, e, no processo, ele tornara-se desobrigado da condição de participante pleno da vida familiar. Ele era, em resumo, como muitos pais desengajados. Ainda que tirasse certo proveito da atuação da esposa e da filha, também sofria pela perda de respeito que sentia necessário na condição de pai.

Com 18 e 16 anos, respectivamente, Alberto e Javier ainda eram referidos como "os pequenos". Ainda que os meninos trabalhassem duro e fossem bem na escola, pouco se exigia deles em casa. Eles pareciam estar sendo preparados para papéis similares ao de seu pai: o de patriarca desdentado.

Estratégias de intervenção

Eu provocara Pedro com suavidade ao sugerir que ele havia perdido o respeito: "Você gosta de ser protegido por ela (sua esposa)?" e, mais tarde, ao dizer que os garotos "Têm duas mães e não têm pai. Que interessante!". Gradualmente, Pedro aceitou o desafio e, ao final da sessão, começava a exigir algumas das responsabilidades que permitira perder.

Para os Martinez, vivendo no interior da Espanha, o modelo de família culturalmente aceito era o tradicional: os pais como responsáveis pelo cuidado e controle dos filhos. Como a família apresentava-se com bom funcionamento em muitas áreas, senti-me confiante de que um ajuste fino era tudo que se fazia necessário. Estas duas trocas – liberar Sara de sua responsabilidade de cuidadora, dando-lhe espaço para suas possibilidades criativas, e reintroduzir Pedro nas suas funções parentais – requereram a diminuição da função natural de cuidadora de Josefa.

Técnicas

Como nasci no interior da Argentina, senti-me confortável e familiar com os Martinez, e este sentimento permeou minhas transações: tornei-me um velho tio. Nesse contexto, os desafios à família eram envolvidos em humor, metáforas, e ensinavam sobre alternativas enquanto apoiavam suas competências. Os sintomas de Sara foram descritos a partir de muitas perspectivas, trazendo em suas transformações novidade e confusão, e diminuindo o poder de definir Sara.

Desafiei o envolvimento excessivo de Sara com sua mãe ao apontar as implicações decorrentes (ela estar desempenhando a tarefa do pai, estar mimando seus irmãos) e suas consequências (ela ficará deprimida.) O que eu não disse foi que ela estava errada ou devia mudar. Assinalar o que as pessoas estão fazendo e as consequências irá ajudá-las a verem por si mesmas com mais clareza e permitirá que considerem a possibilidade de mudar. Dizer-lhes o que devem fazer fará com que se fechem.

Se para Sara, com 22 anos, trata-se de parar de agir como uma mãe adjunta em sua família, então ela deve começar a envolver-se mais com sua própria vida fora da família. Toquei neste ponto ao dizer: "Ser boa pode ser difícil. Você consegue ser má?". Quando ocorre de jovens serem aglutinados a suas famílias, apenas falar com eles sobre o que são, ou o que não são, na vida fora da família, inicia um movimento na direção da autonomia.

A mesma complementaridade entre envolvimento excessivo e pouco envolvimento também se aplica na relação entre pais e filhos. Ajudar os pais a deixar seus filhos crescerem pode requerer olhar sobre o que conserva os pais afastados um do outro. No caso dos Martinez, eles não aparentavam ter conflitos significativos que mantivessem Pedro e Josefa distantes. Assim, limitei minhas explorações ao encorajamento da parceria entre Pedro e Josefa na qualidade de pais. Quando disse a Josefa: "Então você se torna a mãe e o pai", isso era uma mensagem para todos os membros da família. Perceba-se também que o desafio para que Pedro e os garotos se tornassem mais responsáveis era colocado em termos de apoiar sua competência, em vez de criticá-los por sua incompetência.

3 | Casal em conflito/ filhos triangulados

Faltando cinco minutos para as 9 horas da manhã, estou sentado em uma sala com espelho unilateral, com um grupo de terapeutas em treinamento. Aguardamos a chegada da família Pierce: os pais, Alfred e Joan, e seus filhos, Spencer (11 anos) e Tyler (6 anos). Os dois meninos entram na sala primeiro, seguidos por seus pais. A Sra. Pierce é uma mulher bem apessoada, com cabelos castanhos lisos repartidos ao meio. Aparenta ter 35 anos e tem olhos cansados. Ela está vestindo uma camisa masculina de mangas longas sobre calças de algodão. Os dois garotos têm mechas grossas de cabelos loiro-escuro, como o pai. Ele está vestindo uma camisa esporte vermelha bem usada e ostenta um vistoso bigode. Quaisquer que sejam seus sentimentos sobre a sessão, Alfred e Joan vieram vestidos de forma descontraída e transmitem um ar de informalidade.

É fácil adivinhar qual o diagnóstico que os trouxe à terapia, mas não está claro, a princípio, qual dos meninos é o paciente identificado. Ambos imediatamente tomam posse da sala, prescrutando através do espelho, subindo nas cadeiras, fazendo caretas na câmera e, de forma geral, simulando uma sala cheia de crianças. Alguém poderia desconsiderar o comportamento de Tyler tomando-o como a exuberância descontrolada de uma criança de 6 anos, mas era impossível ignorar a impaciência do comportamento de Spencer, ou o tique facial e as piscadelas que aumentavam enquanto ele andava em volta. Diagnosticado portador de "TDAH" por um psiquiatra infantil, ele estava tomando Ritalina, mas não havia efeitos consideráveis.

Eu entro na sala, apresento-me como um consultor que veio para trabalhar com Bob, seu terapeuta, e aperto a mão de todos os membros da família, perguntando às crianças suas idades enquanto as cumprimentava. A família e eu nos sentamos, e eu digo "Contem-me porque vocês vêm ver o Bob. Talvez você possa me dizer, Tyler".

Com frequência é útil começar com o filho mais jovem, se ele não é o paciente identificado. Isso define um clima leve, adequado ao início da sessão.

TYLER: Por causa de Spencer. Ele bagunça na escola.

SPENCER: Comportamento... nós nos empurramos às vezes na escola.

JOAN (*mãe*): Ele teve problemas na escola. Foi desrespeitoso com a professora. Fez gestos com o dedo para ela e negou o que havia feito, mesmo com toda a turma tendo visto o que fez.

ALFRED (*pai*): Ele é emotivo e quando está chateado não consegue se controlar.

A família está certa de que sabe o que está errado (os sintomas) e quem tem o problema (o portador do sintoma). Tudo estava imediatamente claro, ainda que também estivesse claro que Alfred e Joan possuíam perspectivas diferentes para descrever os problemas de seus filhos.

Dr. MINUCHIN (*para Tyler*): Vocês estão certos de que eles não vieram por causa de vocês?

Era somente uma pergunta em tom de brincadeira, mas era também um primeiro passo – não ainda percebido pela família – para desafiar a versão familiar dos eventos e a convicção do diagnóstico.

TYLER: Não, ele é o único que é impossível.

Etapa 1: ampliar a queixa apresentada

Viro-me para Spencer e pergunto-lhe seu horário de escola, em que série está, qual é sua matéria preferida, e assim por diante. Ele está mais calmo agora. Conversamos por três ou quatro minutos, e ele concentra-se em nossa conversa, respondendo minhas perguntas de forma clara e parecendo com qualquer garoto de 11 anos.

Estou estabelecendo contato, como sempre se faz com uma criança, mas também é importante dar a Spencer o espaço para ser ele mesmo um indivíduo pleno, não apenas o portador do sintoma. A família o trouxe para terapia como o portador de seus problemas e esperava respostas de acordo com isso. Entretanto, os dilemas familiares sempre são mais complicados do que parecem, e quero estabelecer algumas bases desde o início. Quero diminuir a ansiedade de Spencer sobre o fato de ser o centro do problema e recordar a família de que Spencer é mais do que a soma dos seus sintomas.

Os pais esperavam por esse diálogo, porque vieram para ter respostas d'O Especialista, e ouvem polidamente. Então, a mãe nos traz de volta para a tarefa.

JOAN: O problema de Spencer é que ele é desrespeitoso em relação à professora na escola.

Dr. MINUCHIN: Só que agora ele foi de fato bastante respeitoso comigo.

Esse era um desafio ao comentário da mãe. Ainda que ela pudesse tê-lo tomado como uma crítica, a resposta de Joan demonstrou uma flexibilidade surpreendente.

JOAN: É verdade que ele pode ser respeitoso. As pessoas com frequência me falam como ele é um garoto legal.

Enquanto estamos falando, os garotos começam uma discussão: Tyler agarra a jaqueta de Spencer, e eles começam a empurrar-se para frente e para trás. Interrompo minha conversa com os pais para focar o que está acontecendo. A forma como os irmãos competem, protegem um ao outro e discutem é sempre importante. Um terapeuta atento dedica atenção às atividades físicas de crianças pequenas, bem como ao que elas dizem, e percebo a sequência de como as coisas começam entre os irmãos e como elas se desenvolvem.

Comento com os pais sobre o que vi: Tyler provocou Spencer, e Spencer respondeu, mas alguém poderia facilmente ter a impressão de que Spencer havia começado aquilo. Então viro para Spencer, apresentando uma metáfora que será importante para ajudá-lo a regular seus comportamentos com seu irmão.

Dr. MINUCHIN: Spencer, quando estava falando comigo você era um menino de 11 anos, mas Tyler puxou você de volta ao comportamento de um menino de 6 anos. Como você pode se defender dele quando ele fizer isso?

Estou usando uma metáfora concreta – idade – para explorar relações. Ao trabalhar com crianças pequenas, espaço e idade são formas concretas de visualizar diferenças, indicando temas como hierarquia e sugerindo normalidade. Com meu comentário, também estou explorando as circunstâncias quando o comportamento sintomático aparece – por exemplo, quando Spencer é provocado – mas em minha descrição o "agressor" é apresentado como uma vítima. Ele é convidado a ver a si mesmo como uma parte de uma dupla na qual o comportamento é um círculo. Spencer aprecia esta versão da história e sente meu interesse e apoio.

SPENCER: Eu deveria pedir que ele me deixe em paz? Quando faço isso, ele caçoa de mim, e eu fico louco e tento dar a ele uma lição.

ALFRED: O que o Dr. Minuchin está dizendo é que você deveria se defender de ele tornar você um garotinho.

JOAN: Em vez de bater em seu irmão, você deveria dizer a ele para deixá-lo em paz, porque ele se machuca quando você bate nele e então chora.

De novo, pai e mãe tomam direções diferentes. O pai foca em como Spencer pode defender-se, enquanto a mãe está protegendo Tyler e prendendo-se à ideia de que Spencer é o agressor. Essas diferenças podem indicar as formas por meio das quais os pais usam as crianças como o campo para seus conflitos.

SPENCER: Bem, ele vem para bater em mim, e então eu revido batendo nele.

Sento-me um pouco atrás enquanto a família discute e argumenta sobre as brigas entre os meninos. Já estamos juntos há mais ou menos 10 minutos, e consegui criar um clima que encoraja a conversação entre os membros da família, mesmo sem minha participação. Isso me dá a oportunidade de usar minhas "lentes panorâmicas", bem como meu "zoom" de aproximação: observar o modo como as pessoas interagem nessa família – os adultos com cada um dos garotos como uma equipe parental, e os meninos um com o outro e em relação com seus pais – e então ter mais facilidade para decidir como procederei.

Decido continuar com Spencer, mais um pouco, abordando os aspectos responsáveis desse garoto e tornando-o um observador do irmão menor. Além do meu foco central nas interações da família, sei que é útil ajudar essa criança hiperativa a acalmar-se, encorajá-la a observar, a notar detalhes.

Dr. MINUCHIN (para Spencer): Tyler tem outros amigos além de você? Você sabe como ele brinca com eles, ou se ele se mete em encrencas?

SPENCER: Eles parecem enlouquecer com ele.

Dr. MINUCHIN: E você tem amigos? Fale-me sobre três dos seus amigos.

Spencer nomeia três de seus amigos e durante alguns minutos descreve o menino que mora do outro lado da rua e tem uma pequena motocicleta. Ele parece relaxado e confiante. Seu pai o observa com um sorriso de orgulho, enquanto Tyler, fora da ação, vai sentar no colo da mãe. Comento com Spencer que ele não necessita do irmão menor para poder brincar, já que tem seus próprios amigos. Então, viro-me para conversar com os pais.

Dr. MINUCHIN (*para os pais*): Vejo o Spencer como um garoto inteligente e gentil, e me sinto surpreso. Tudo que me foi dito referia que ele se comporta muito mal. A outra parte também é verdadeira?

Poucas crianças são realmente impossíveis de lidar, e a maioria responde bem ao interesse genuíno pela parte de sua vida que não carrega o rótulo de problemática. (Tanto o pai quanto a mãe concordam com a cabeça.)

MÃE: Ele é muito inteligente e vai bem na escola.

Tyler precisa ir ao banheiro, e digo à família que iremos esperar pelo retorno dele e do pai. Spencer faz uma pergunta sobre a câmera e senta quietinho. Quando Alfred e Tyler voltam, levanto-me e aperto a mão de Spencer, cumprimentando-o por sua paciência.

O aperto de mãos indica que fizemos um acordo que ele será capaz de manter. É um ato concreto que diz a crianças, e às vezes a adultos, que seus esforços foram reconhecidos e confirmados.

Nesses primeiros 20 minutos, estou me concentrando no filho e desafiando o diagnóstico individual que levou a família à terapia. Desfoquei a visão de que Spencer é sempre hiperativo e incapaz de ter um foco, ressaltando um comportamento mais responsável, que todos reconhecem mas no qual não prestam atenção. Essa não é a forma como o problema é experienciado pela família e descrito pelos demais. Com uma base já estabelecida, estou pronto para me mover à nova fase, na qual explorarei como os pais foram envolvidos, involuntariamente, na manutenção do comportamento problemático do filho. Sei que qualquer par de pessoas terá abordagens diversas sobre como ser pais, e que isso é normal, mas importa buscar o modo como esses pais concordam ou discordam em suas visões e como eles funcionam enquanto equipe parental.

Etapa 2: destacar o problema – interações mantenedoras

Dr. MINUCHIN (*para os pais*): Fico imaginando por que Spencer responde de forma diferente aqui. O que vocês fazem em casa? Vocês poderiam pensar sobre isso juntos, porque é estranho que ele obedeça a alguém que não conhece, mas não aos seus pais.

A questão subjacente na segunda etapa – "Como vocês mantém o sintoma?" – é claramente um desafio para a família. Ao apresentar esse passo, é necessário fazê-lo de uma forma que os pais o reconheçam como algo respeitoso e útil. É preciso que se transmita a mensagem: "Vocês conhecem seu filho. Vocês são especialistas sobre a sua família. Eu necessito de sua ajuda para resolver esse mistério sobre o comportamento de seu filho".

JOAN: Um orientador pedagógico nos disse que Spencer precisa de um ambiente estruturado – refeições estruturadas, hora estruturada para dormir –, mas ainda não alcançamos esse nível em casa.

(Enquanto a mãe está falando, Tyler começa a chutar Spencer, e digo a Spencer para mover sua cadeira para o outro lado da sala.)

Dr. MINUCHIN (*para Spencer*): Eu quis te ajudar, porque Tyler está pedindo que você volte a ter 6 anos, e ele é poderoso.

Estou me colocando como aliado de Spencer, um apoiador de seu eu maduro. Então, volto-me de novo para os pais e peço que continuem a discutir sobre o que acontece em casa.

JOAN: Com frequência discordamos. Eu sou mais rigorosa, e (*virando para Alfred*) você não me apoia.

ALFRED: Sim, eu sou mais o delinquente. Às vezes a contradigo quando ela tenta impor disciplina. Mas trabalho até tarde e quando volto para casa quero estar com meus filhos, e ela quer que eles vão dormir.

JOAN: Mas primeiro você vai jogar golfe, e por isso chega tarde e quer brincar com as crianças.

ALFRED: Então, se me divirto jogando golfe, eu não deveria ter um tempo depois com meus filhos?

JOAN: Mas eu estou com eles o tempo todo e preciso de algum tempo sozinha.

O foco em Spencer foi deixado de lado, e a competitividade entre os pais torna-se central. Estou impressionado com a intensidade com a qual jogam esse jogo de "quem é o melhor pai", e pelas possíveis consequências desse "esporte" perturbador, no qual as crianças, de fato, se tornam a bola.

Dr. MINUCHIN *(para Joan)*: Você acha que ele lhe explora?

Estou deliberadamente utilizando um termo forte. Isto permite que a esposa rejeite o exagero enquanto prossegue na exploração do conflito.

JOAN: Explorar? Não, certamente ele não me explora.

Dr. MINUCHIN: Você aparenta estar sempre como responsável. Acabei de ver seu esposo atender a um pedido de Tyler, mas você também respondeu e, então, você olhou para Spencer, para assegurar-se de que ele não estava se sentindo ignorado.

Eu mantenho um olho aberto para as interações não-verbais, mesmo quando as pessoas estão falando, e chamo a atenção da família para um padrão tão habitual e automático que nenhum deles tem consciência. Notem que meu comentário não foi nem uma interpretação nem uma diretiva. Simplesmente descrevi o que aconteceu. É por meio dessas descrições que as famílias podem chegar a ver a dinâmica na qual elas funcionam.

Dr. MINUCHIN *(para Alfred)*: Como você pode ajudar sua esposa a relaxar?

Essa ideia de um membro da família ajudar ao outro está no coração da terapia familiar: funcionar juntos é o que faz das pessoas um sistema. A linguagem – "Como você pode ajudar?" – transmite a ideia de mutualidade, porque, para ajudar a outra pessoa, alguém deve mudar seu próprio comportamento em relação àquela pessoa.

JOAN: Eu não preciso de sua ajuda.

ALFRED: Eu não posso ajudá-la porque ela não me permite ser um pai.

Dr. MINUCHIN: Como ela desenvolveu essa ideia de que necessita monitorá-lo quando você está com os filhos?

ALFRED: Provavelmente eu me atrapalhei mais de uma vez.

Dr. MINUCHIN: Então, vocês têm um contrato de que ela irá se sobrecarregar enquanto você fica pateteando.

A forma como as pessoas "criam" umas às outras é articulada pela escola narrativa pós-modernista, mas também é inerente ao pensamento de Bateson e ao enfoque estrutural. O conceito de complementaridade sempre foi um conceito central na teoria dos sistemas.

ALFRED: É um bom contrato para mim, mas não é um bom contrato para ela e as crianças.

JOAN: Eu confio quando ele leva as crianças para andar de bicicleta, mas não para levá-los a locais públicos. Ele é muito esquecido. Ele não presta atenção nas crianças... *(para Alfred)* Você precisa mostrar que é responsável.

Dr. MINUCHIN: Então você se irrita frequentemente com ele. (*Para Alfred*) Como você pode ajudar sua esposa cansada?

Aqui enfatizo as possibilidades positivas das transações deles. Reenquadro a raiva de Joan como fadiga, levando Alfred a focar nas necessidades dela e sugerindo um papel ativo para ele: "Ajude sua esposa".

ALFRED: Tento discutir as coisas com ela, e normalmente nossas discussões são sobre coisinhas como "Você passa geleia ou manteiga de amendoim no pão?".

JOAN: Não é tão simples assim, e você sempre cai fora, e nós nunca resolvemos coisa alguma.

Fomos para bem longe do comportamento de Spencer e seu diagnóstico, e está claro que os pais dele têm suas próprias questões. Como é usual quando crianças apresentam mau comportamento, seus pais não estavam trabalhando efetivamente em parceria. O interessante era o modo como prontamente Alfred e Joan falavam sobre seu conflito. Apesar de suas diferenças, eles não pareciam ter muita raiva ao lidar com o conflito. Uma das razões para a ausência de defensividade poderia estar no modo como eu conservara o foco em ajudar Spencer. Tendo conseguido avançar tanto, sugeri que fizéssemos um intervalo para o almoço e que, quando retornássemos, nos concentraríamos nos adultos.

SEGUNDA SESSÃO

Quando os Pierce retornaram após o almoço, pareciam confortáveis na sala de atendimento, agora já familiar para eles. Tyler sentou-se no colo do pai, que conversava com Spencer. Eu disse aos garotos que agora queria falar com seus pais e que os veria mais tarde.

Depois de as crianças terem ido brincar na sala externa, eu disse a Joan: "Seu marido parece ser um cuidador nato". Destaquei a competência de Alfred como cuidador, sabendo que o conflito entre os esposos havia tornado isso invisível. Joan havia reclamado na sessão anterior sobre a falta de participação de Alfred nos cuidados com os filhos, ainda que ele atuasse na sessão como um pai carinhoso e nutridor. Agora eu ressaltava o comportamento dele, desafiando a percepção de Joan. Minha afirmação não é uma interpretação; é uma descrição de um evento visível para todo mundo, e Joan agora precisa refletir sobre sua experiência.

JOAN: Ele apenas respondeu à forma como Tyler se agarrava nele. (*Ela faz uma pausa, olha para Alfred*): Eu sei que não presto atenção suficiente nas coisas positivas que ele faz.

Etapa 3: investigar o passado com foco na estrutura

Dr. MINUCHIN: Onde você aprendeu a se preocupar? Onde você aprendeu a olhar para as coisas negativas?

> Isto é o início da terceira etapa: uma exploração do impacto de experiências passadas nas interações do presente com o marido e os filhos. Estou convidando Joan a refletir sobre a forma como ela enquadra os eventos. Ela sombreia as experiências com uma ênfase na inevitabilidade de desastres vindouros.

JOAN: Eu não sei. Sempre tive medo do perigo.

> A pergunta "Onde você aprendeu a se preocupar?" é paralela a outras que farei mais adiante aos outros membros da família. Contudo, meu questionamento sobre o passado não era parte de algum tipo de rotina de revisão histórica. Ao contrário, vinculava-se ao reconhecimento por parte do casal da existência de problemas entre eles. Além disso, essa exploração não era uma expedição de pesca: focava-se nos problemas que já haviam emergido e direcionava-se para explorar as possibilidades de lidar com aqueles problemas de maneiras mais flexíveis.

JOAN: Cresci em uma família onde meu pai era alcoólatra, e meus pais não se comunicavam entre si. Nunca se divorciaram, mas dormiam em quartos separados.

Dr. MINUCHIN: Que tipo de bêbado era o seu pai?

JOAN: Ele tinha um bom emprego. Era executivo. Mas de noite bebia duas caixas de cerveja, e talvez cinco martinis, e ficava insuportável.

Dr. MINUCHIN: Você tinha irmãos?

JOAN: Um irmão mais velho e um mais novo. Quando meu pai estava bêbado, nos juntávamos em uma sala e ficávamos quietos. Ninguém o confrontava. Mais tarde, quando eu já era adulta, três anos antes de ele morrer, finalmente tive a coragem de confrontá-lo. Minha mãe poderia tê-lo deixado. Dizíamos a ela para deixá-lo, mas ela não o fazia. Penso que ela se sentia segura financeiramente permanecendo com ele. Mas nos finais de semana ela seguia seu caminho, e ele o dele.

Dr. MINUCHIN: Os filhos eram o domínio dela?

JOAN: Meu pai saía conosco, mas ele bebia, e isso sempre acabava em desastre.

Dr. MINUCHIN: A sua mãe protegia vocês?

JOAN: Não, ela estava lá conosco, mas preferia não ver essas coisas.

Dr. MINUCHIN: Quem protegia vocês?

JOAN: Ninguém. Meu irmão mais velho tornou-se alcoólatra. Eu tinha amigos. Eu fugia para os vizinhos. Meu irmão mais jovem agora vive com minha mãe. Ele trabalha, mas meus dois irmãos não se sustentam. Meu irmão mais velho é casado e é violento com a esposa dele.

Dr. MINUCHIN: Deve ser difícil, às vezes, separar esses três homens do seu passado do seu marido atual.

JOAN: Frequentemente, quando ele toma uma cerveja, fico preocupada – mas ele bebe no máximo duas cervejas.

Dr. MINUCHIN: Então você desenvolveu um estado de hiperalerta. Você precisa supervisionar as coisas para prevenir desastres.

A descrição que Joan fazia de sua infância era, naturalmente, somente parte da história. Entretanto, era a parte que ela lembrava. Eu não precisava de um quadro completo. Precisava apenas do suficiente para entender a sua visão de mundo no presente, particularmente as expectativas e distorções que ela tinha em relação ao seu marido, o pai de seus filhos.

JOAN: Meu marido é diferente, mas é muito crítico. Ele me chama de estúpida e diz que eu não entendo que eu sou surda. Ele diz que, se eu me separasse dele, acabaria nas ruas.

ALFRED: Ela ameaça me deixar, e eu digo que ela não seria capaz de se sustentar e acabaria nas ruas. (*Ele estende seu braço e acaricia o ombro dela.*) Ela está deprimida o tempo todo. Ela não vê o lado positivo das coisas.

Dr. MINUCHIN: Isso não é depressão. Ela deve estar reagindo a algo que você faz.

Estou decodificando linguagem psiquiátrica, que mascara a responsabilidade mútua dos membros da família pelo comportamento dos demais. Era mais fácil para Alfred olhar para sua esposa como depressiva do que como alguém com raiva dele. Eu estava impressionado com a intensidade do conflito entre eles. Eles pareciam bastante amigáveis quando os filhos estavam presentes, mas sua raiva e ressentimento não estavam longe da superfície. Emergiam no momento em que os filhos não estavam ali para distraí-los. Eu via potencial em Alfred para ser mais protetor e apoiador, e esperava ser capaz de focar isso. Entretanto, primeiro eu precisava saber mais, para chegar a um entendimento completo do que obstruía o caminho dessas duas pessoas frustradas em se aproximarem. Tendo questionado Joan sobre o passado dela de modo a iluminar sua relação com seu marido, agora me deslocava para explorar o passado de Alfred.

Dr. MINUCHIN: O que você faz quando está com raiva?

ALFRED: Eu chamo ela de estúpida, quando ela é estúpida, e já tivemos alguns pequenos ataques físicos. Eu a empurrei e bati nela uma vez.

JOAN: Duas vezes.

Dr. MINUCHIN: Conheço pessoas que não conseguem controlar sua raiva. Às vezes, elas dão socos na parede, ou atiram copos no chão, mas o que vocês descrevem vai além disso. Como é que vocês chegam a isso? Onde vocês aprenderam que não há problemas nisso?

Qualquer sugestão de violência em um casal requer uma sinalização de pare. O terapeuta precisa explorar os detalhes dos eventos e destacar a informação de tal forma que a violência não seja varrida para baixo do tapete.

ALFRED: Eu não sou violento. Tive uma infância maravilhosa. Meu pai foi leiteiro por 20 anos, entregando garrafas de leite na casa de seus clientes. Tive um irmão mais velho e uma irmã mais nova. Minha mãe era dona-de--casa. Meus pais nunca discutiam. Não lembro de nada negativo em minha família. Sim, eu costumava brigar com meu irmão, mas era isso.

Dr. MINUCHIN: Isso quer dizer que quando vocês discutem, isso surge apenas da personalidade perturbada da sua esposa?

ALFRED: Não, surge a partir de minha atitude. Eu sou muito passivo. Quando surge uma questão importante, tento deixá-la passar, como se não significasse nada. Eu trabalho. Estou cansado. Não me envolvo. *(Ele diz isso no mesmo tom amistoso com o qual disse que sua esposa é estúpida enquanto fazia carinho no ombro dela.)*

Dr. MINUCHIN: E como você ficou assim?

Eu não deixaria a descrição de Alfred de seu caráter como algo fixo e imutável. "É assim que eu sou" é usado para desculpar uma terrível teimosia.

JOAN: Desatento. Desconsiderado. Desinteressado.

Estou usando a esposa como um espelho para refletir as distorções do outro.

ALFRED: Eu sou bastante desligado. As crianças requerem muita atenção, e na maior parte do tempo é mais fácil jogar golfe. Eles podem se virar sem mim.

Dr. MINUCHIN: Spencer teve dificuldades com questões de controle e poder. Ele deve ter aprendido isto com vocês. Sua esposa trouxe a imagem que tem dos homens de seu passado. O que seus filhos estão aprendendo com você? Quando Spencer desrespeita a professora, terá ele aprendido isso com você?

Estou agora me deslocando do casal para os cuidados parentais, indo e vindo, tecendo uma conexão. Estou tentando deixar claro que os problemas do casal reaparecem como problemas nos filhos. É uma maneira de vincular a motivação para mudanças ao seu desejo de ajudar os filhos.

Contudo, existe uma linha tênue entre ajudar as pessoas a aceitarem responsabilidades pelos efeitos do modo de serem pais e dar a entender que eles são culpados por todos os problemas. Se as perguntas do terapeuta passam como uma tentativa de atingir a raiz do problema – como definir quem é responsável –, elas tenderão a ser vistas como culpabilizantes. Se as questões são oferecidas como um alerta para ajudar os filhos, poderão ser terapêuticas.

ALFRED: Suponho que não somos como uma família ideal da TV aquela que resolve seus problemas. Nós não. Quando há problemas, nós berramos e gritamos, e quando Spencer está na escola, ele também berra e grita.

JOAN: Ele é como você. Nunca admite que está errado. As crianças da turma dele veem o que ele faz, mas ele nega e nega.

A raiva de Joan em relação a Alfred espalha-se na descrição de Spencer, que está triangulado no conflito entre seus pais.

ALFRED: Eu sou assim?

JOAN: Bem, nem sempre. Estou apenas dizendo que não resolvemos as questões.

ALFRED: As questões são sempre pequenas: você passa geleia ou manteiga de amendoim na torrada? Não deveríamos ter que discutir por isso e certamente nunca tanto assim.

Dr. MINUCHIN *(para Alfred)*: Então quando você se cala, você fica invisível, e ela sozinha. E daí, ela torna-se uma implicante, e você fez dela uma implicante. Depois, você se retira ainda mais, e ela continua sozinha.

Isso é um desafio reiterado para a relutância de Alfred em ver sua participação e falta de responsabilidade nos padrões familiares. E isso será ampliado mais tarde.

ALFRED: Você está dizendo que quando eu digo que ela é implicante eu não vejo o que eu faço?

Dr. MINUCHIN: Sua esposa está solitária, e já que você é uma pessoa legal, é uma pena que não possa ser a companhia dela. Vocês dedicam algum tempo um para o outro?

JOAN e ALFRED *(em rápida sucessão)*: Raramente saímos sozinhos. Eu não lembro quando o fizemos... Nos últimos cinco anos nós não saímos sozinhos.

Dr. MINUCHIN: E vocês têm tempo para ser românticos?

ALFRED: Românticos? *(intrigado, como se a palavra não estivesse em seu repertório)* Nunca.

Dr. MINUCHIN: Luz de velas, música, jantar fora, filmes...

JOAN *(ainda respondendo à minha pergunta)*: Ele normalmente está cansado demais.

Vou manter esse processo centrado na ideia de que, na sua ênfase de serem pais, abandonaram sua parceria de casal.

Dr. MINUCHIN *(para Alfred, de uma forma provocativa)*: Então o sumo está seco?

Dr. MINUCHIN *(virando então para Joan)*: Ele é um cara interessante? É atraente?

JOAN: Eu apenas quero que haja menos conflito na casa. Parei de tentar mudá-lo. Eu desisti.

Dr. MINUCHIN *(virando para Alfred)*: Então agora você pode ir e jogar golfe sozinho.

ALFRED: Nós nunca passamos tempo juntos.

Agora temos uma série de diagnósticos para essa família: TDAH para um ou para ambos os garotos; "hiperalerta" ou talvez "depressiva" para Joan, certamente "sempre responsável" e "preocupada e desconfiada"; agora, para Alfred, "abusivo", "passivo-agressivo" e "ele-joga-golfe-enquanto-Roma-incendeia". Todas essas descrições eram verdadeiras, mas todas eram apenas parte da verdade. A questão real era onde achar uma alavanca para mover essa família. Joan e Alfred haviam começado a focar o vazio da sua relação, e eu dei um empurrão nessa direção.

Dr. MINUCHIN *(para Alfred)*: Você gostaria de casar com ela?

ALFRED *(olhando intrigado)*: Se eu gostaria *de casar – com minha esposa?*

Dr. MINUCHIN: Sim, você não está casado agora.

Alfred e Joan olham um para o outro. Seus olhares suavizam-se. Alfred chega para perto e coloca sua mão ternamente na nuca de Joan.

Dr. MINUCHIN *(para Joan)*: Quando você decidiu que seu marido é imutável?

JOAN: Quando Tyler nasceu... mais ou menos seis anos atrás. Não foi uma decisão consciente. Eu fui absorvida pelos filhos.

ALFRED: Quando decidimos desistir? Penso que há dez anos atrás, quando nós tivemos aquela discussão séria, mas talvez tenha sido há sete ou oito anos atrás.

Como a sessão encaminhava-se para o final, havia um clima doloroso. O casal foi ficando calado, sentindo a falta do amor que já haviam partilhado. Eles sentiam que haviam perdido seu caminho. Ela, devido à preocupação com os filhos, havia negligenciado o marido, e ele, por sua passividade e evitação, havia rejeitado a vida.

À medida que aquela hora passava, minha condição gradualmente passou de um coletor de informações para um defensor mais ativo das mudanças. Eu podia assumir essa posição mais facilmente agora porque sou um homem idoso com uma barba branca. Projeto uma imagem de um ancião sábio, e o casal – que descreve a si mesmo como lutador peso pesado, mas se assemelha mais a almas perdidas – pode aceitar-me como tal.

Muitos livros sobre terapia alertam contra esse nível de envolvimento emocional, e terapeutas iniciantes farão bem em atentar para isso. À medida que o tempo passa e a experiência cresce, porém, aprende-se que há ocasiões em que o terapeuta pode se envolver e tomar uma posição.

Etapa 4: descobrir/cocriar formas alternativas das relações

Quando as crianças entraram de novo na sala, estavam cheias de inesgotável energia. Alfred tentava falar com eles, mas parecia não saber o que dizer, e falhou em captar sua atenção. "Dr. Minuchin diz que eu sou como uma rolha na crista de uma onda... que estou satisfeito quando não deveria estar... que deveria me esforçar mais para estar com vocês e com mamãe".

Joan também tenta colocar seus sentimentos em palavras: "Ele disse que devemos passar mais tempo um com o outro que eu passo mais tempo com vocês que com o papai – e que isso não é bom".

Não estava claro se alguma coisa do que os pais diziam era entendido pelas crianças. O que ficava claro era que Alfred e Joan estavam lutando para compreender sua situação – e o que podiam fazer a respeito.

CODA

Terminamos aqui. E o que dizer sobre a razão original de sua vinda aqui: o diagnóstico de TDAH?

Havíamos visto que Spencer não era simplesmente uma criança hiperativa, o conflito entre os pais respingava nele. A mãe era um pouquinho mais severa com ele, como uma representante de seu pai, e o pai defendia o filho como uma forma de enfraquecer a esposa, que parecia não mais se importar com ele. Isso significava que Spencer não tinha TDAH e que seu comportamento era primariamente culpa dos pais? Não. Spencer provavelmente era hiperativo, e Ritalina poderia ajudar, mas não resolveria seu tique nervoso, nem solucionaria todos os seus problemas na escola. Seu comportamento agressivo, seus desafios à autoridade e sua negação de responsabilidade tinham raízes nas interações familiares.

A forma como Joan e Alfred lidavam com conflitos era confusa – para seus filhos e para eles mesmos. Eles competiam pela propriedade das crianças e davam um jeito de lidar com elas de forma efetiva apenas em separado. Spencer e Tyler precisavam dos pais trabalhando unidos, não de pais que se alternassem. O que se alcançou nessa sessão não foi a descoberta de que eles deviam trabalhar juntos: eles sabiam disso. O que surgiu nesse encontro foi uma compreensão mais profunda das feridas e desapontamentos que obstruíam seu caminho e que podiam ser superados.

ESTRUTURA TERAPÊUTICA

Organização da família

Nos primeiros tempos da terapia familiar, dizíamos que uma criança que se comportava mal de forma persistente estava colocada sobre os ombros de um de seus pais. O que queríamos dizer é que os problemas de comportamento em crianças usualmente indicavam que seus pais não estavam trabalhando juntos como uma equipe. Por isso, é importante não considerar apenas a criança ou mesmo "os cuidados parentais", mas olhar para complicações triangulares ao lidar com problemas em crianças.

Assim como é importante olhar os conflitos parentais, é igualmente importante não presumir que as discórdias entre os pais são a causa primária dos problemas dos filhos. Essa pressuposição é linear, com frequência incorreta, e certamente colocará os pais na defensiva. Crianças hiperenergéticas como Spencer são um prato cheio para qualquer um. No caso dos Pierce, a hiperatividade do filho disparava respostas polarizadas, que gradualmente criavam uma brecha entre eles. Como muitos pais, Alfred e Joan viam o comportamento de seus filhos através do prisma de suas próprias projeções. As prioridades de Joan eram disciplina e respeito, e ela tinha a tendência de tomar uma posição dura em relação a mau comportamento. Alfred, que era mais descansado, via não apenas as atuações de seu filho, mas também os sentimentos que as precipitavam. Ele era, assim, um pouco mais tolerante – ou um pouco mais irresponsável.

Quanto mais os pais polarizavam sobre suas diferenças, mais Joan tornava-se crítica, e mais a estrutura familiar tomava a forma de uma família monoparental, com uma mãe responsável, sobrecarregada, mas não disposta a confiar em seu marido como um parceiro em pé de igualdade, e ele mais e mais se tornava como outro dos meninos.

Dar um passo atrás e tomar uma perspectiva estrutural torna mais fácil ver o que precisa mudar: ambos os pais deveriam desenvolver uma parceria situada no topo da hierarquia familiar. Para fazer isso, era preciso mudar o *status quo* desigual e ultrapassar seu desengajamento. Joan era mais consciente da necessidade de Alfred assumir responsabilidades; enquanto ele queria ou parecia querer, mas isso só aconteceria se ela permitisse. Ambos podiam ver o que precisava mudar, ainda que também desejassem que o outro começasse primeiro.

Perspectivas individuais

Uma avaliação estrutural, como a que acabamos de oferecer, pode ser uma tentação para o terapeuta ser diretivo. *Joan não deveria ser sempre a responsável. Alfred deveria ajudar mais, e ela permitir isso.* Entretanto, ao resistir ao impulso de dizer às pessoas o que devem fazer, tornei-me capaz de desvelar algumas das razões pelas quais esses brigões cansados haviam sido capturados em um padrão doentio no cuidado dos filhos.

O pai de Joan era um alcoólatra, e seus pais não se comunicavam. Seu irmão mais jovem nunca saíra da casa dos pais, e seu irmão mais velho batia na esposa. Não era de se admirar que ela tivesse problemas em confiar nos homens.

Alfred tinha uma parte no reforço de perda de confiança de Joan. Ele era passivo, desatento e distante. Uma parte dele sentia-se culpada por não desempenhar sua parcela como pai, mas outra parte sentia-se enraivecida e ressentida. Ele se ressentia das críticas e das demandas de Joan e em pelo menos duas ocasiões havia perdido o controle e batido nela.

Tentar fazer com que um casal desengajado se aproxime por meio de estímulos para que se divirtam juntos ou pela culpabilização sobre suas responsabilidades parentais não é uma via fadada ao sucesso. Essas estratégias não funcionam porque o abismo que separa pessoas desengajadas é preenchido com ressentimento. Esse ressentimento pode ser arejado e reconhecido de forma a abrir espaço para sentimentos positivos. Em nossa segunda sessão, Alfred e Joan começaram o processo de verbalizar suas queixas um com o outro. Ambos tinham mais a dizer, mas Roma não foi construída em um dia.

Estratégias de intervenção

Eu me aproximei dos Pierce por intermédio de sua preocupação com seus filhos, mas me desloquei rapidamente no sentido de desafiar a noção de que para Spencer era impossível explorar o padrão paterno que aparentemente provara ser malsucedido. Era importante fazer isso sem culpar. Pais cujos filhos comportam-se mal são sempre defensivos; um terapeuta não irá a lugar algum ao ampliar essa postura. Fiz perguntas, fiz observações suaves e congratulei os pais, indiretamente, ao reconhecer as qualidades positivas de Spencer. Então, tornei o mau comportamento dos meninos um tema de curiosidade em vez de fazer uma acusação: "Vocês podem pensar sobre isso juntos, porque é estranho..."

Assim que convidados a falar sobre seu jeito de serem pais, Joan e Alfred prontamente reconheceram suas diferenças. Correspondi a isso ouvindo-os um de cada vez e desse modo evitei a discussão que poderia ter-se seguido se lhes fosse permitido atacarem-se reciprocamente. Então, em vez de focar suas diferenças, perguntei-lhes como poderiam ajudar um ao outro, enfatizando sua necessidade de apoio mútuo. Focalizei no que poderia aproximá-los, e não no que os havia afastado.

Em casos como esse, o fracasso dos pais em trabalhar de forma efetiva como uma equipe precisa ser visto como um problema a ser explorado junto pelos clientes e pelo terapeuta. Assim, quando nos movemos para suas histórias familiares, eu me posicionei como um aliado deles: "Vamos tentar entender o que em seu passado lhe tornou alguém preocupado/alguém tão despreocupado." As histórias dessa família não eram deixadas soltas, mas colocadas em termos de tentar entender como os pais haviam chegado às suas visões de como ser pais. Finalmente, perceba que explorar a história pode desafiar a noção de que comportamentos são um produto de caráter imutável. Perguntas do tipo "Como você ficou desse jeito?" implicam que as pessoas são desenhadas por seu passado, mas também podem mudar.

Assim como para muitos pais jovens, a parceria entre Alfred e Joan foi suplantada pelas demandas de exercer a função parental. Suas discordâncias sobre disciplina não iriam desaparecer por serem ignoradas, mas unir-se como casal podia ajudar a gerar um clima mais positivo para eles cooperarem como pais.

Técnicas

Em muitos casos, o conflito entre os pais de crianças problemáticas é um segredo muito bem guardado. Este não era o caso aqui. O truque não era tanto desvelar a causa do conflito – tarefa fácil, pois bastava você perguntar –, mas, em vez disso, normalizá-lo e desintoxicá-lo. Fiz isso ao permitir que cada um dos pais fosse ouvido, tornando então suas diferenças um problema mútuo a ser entendido e resolvido.

Neste ponto, você deve ser capaz de ver meus questionamentos serem guiados pelos quatro estágios do procedimento de acessar a família. Seguir esse formato amplia o foco dos sintomas do paciente para as dinâmicas familiares que o rodeiam. Ainda que seja fácil ver tal sequência nesse caso, pode ser mais difícil ver as qualidades da relação terapêutica que me permitiram mover Alfred e Joan da projeção para a consciência autorreflexiva, sem provocar resistências.

A calma é um antídoto essencial para a ansiedade que a maioria das famílias traz e que as mantém sem ver seus dilemas em uma perspectiva mais ampla. Dois fatores permitem que um terapeuta se mantenha em uma calma reconfortante são: (1) não assumir a responsabilidade de resolver os problemas da família, (2) mas saber onde procurar as limitações que impedem a família de resolvê-los. Abandonar a ilusão de que alguém que não os clientes pode resolver seus problemas permite ao terapeuta concentrar-se na tarefa, que é ajudá-los a descobrir algo novo e útil. Saber onde procurar algo novo e útil é produto de estratégia. O procedimento em quatro etapas de acessar as famílias serve como uma diretriz para o terapeuta. Somente mantendo-nos curiosos sobre o que cada família em particular está fazendo, e como chegou às noções que a orientam em suas ações nos permite não cair na armadilha de encaixar clientes em noções preconcebidas sobre como os problemas são criados.

Como as pessoas resistem aos esforços de mudança de terapeutas que parecem não as entender, é difícil conseguir qualquer coisa se você não se coloca na pele dos seus clientes e tem um senso de como eles percebem o mundo. Alguns terapeutas dizem rápido demais "Eu entendo", quando isso de fato não ocorre. Você não pode fingir empatia. Em vez de dizer a Joan que eu entendia sua preocupação com os filhos, perguntei: "Onde você aprendeu a se preocupar? Onde você aprendeu a olhar para o lado negativo?". Mais tarde, quando Alfred admitiu que havia batido em Joan em discussões, perguntei: "Onde você aprendeu que não há problema nisso?".

Respeitar as pessoas significa acreditar que elas podem fazer mudanças em suas vidas. Se você respeita os clientes, acredita na capacidade deles para mudar. Você pode demonstrar respeito por uma criança com problemas falando com ela como uma pessoa respeitável merece, dedicando-lhe o interesse devido. Você pode demonstrar respeito pelos pais ao olhar com eles o que podem estar fazendo de forma ineficaz ao lidar com os problemas de seus filhos. Finalmente, você demonstra respeito ao perguntar para as pessoas se elas querem mudar, o que fiz de forma direta – "Você gostaria (Alfred) de casar com ela (Joan)?" – e por decorrência – "Quando você (Joan) desistiu dele (Alfred)?" .

Parte II

Famílias reconstituídas

A formação de um casal é um ato de alquimia no qual dois indivíduos tentam juntar suas vidas sem desistir de suas individualidades. *Acomodação* permite-lhes tornarem-se um; *definição de fronteiras* permite-lhes permanecerem dois. Poucas coisas na vida são tão difíceis de acertar. E, diferente da maioria das coisas, não fica mais fácil na segunda tentativa.

Ainda que não se torne mais fácil, o recasamento passou a ser cada vez mais comum. As estimativas variam, mas aproximadamente metade de todos os casamentos são recasamentos para pelo menos um dos parceiros (U.S. Census Bureau, 2001). Nos anos recentes, o número de lares que inclui padrastos e madrastas cresceu bastante, a ponto de um terço de todos os filhos com menos de 18 anos que residem com dois pais se encontrarem em famílias reconstituídas (Field, 2001; Glick, 1991). Infelizmente, as famílias reconstituídas continuam a viver sob uma nuvem de estereótipos negativos. Considere, por exemplo, como o termo "enteado" ainda é utilizado para referir alguém que não é apreciado. Esta falta de aceitação é uma razão para a cunhagem de alguns eufemismos como famílias "combinadas" ou "reconstituídas".

Em torno de 60% dos segundos casamentos terminam em divórcio (Bramlett e Mosher, 2001), e a presença de filhos de um casamento prévio é fator preponderante para tornar um segundo divórcio mais provável (Booth e Edwards, 1992). O oposto é verdadeiro no caso de primeiros casamentos: ter filhos torna um casal *menos* propenso ao divórcio (Becker, 1997). Pesquisas sugerem que os complexos desafios estruturais enfrentados pelas famílias reconstituídas tornam extremamente difícil o desenvolvimento de interações efetivas e a formação de relações satisfatórias (Demo e Cox, 2001).

Tanto a experiência clínica quanto as evidências de pesquisas ressaltam que tornar-se uma família reconstituída bem-sucedida é um processo desenvolvimental que requer tempo. Familiaridade com os passos dessa transição habilita o terapeuta a ver onde a família pode paralisar-se ao longo deste caminho. Visher, Visher e Pasley (2003) descrevem os seis maiores desafios passíveis de negociação no processo de formação de uma família reconstituída:

1. *Membros e estrangeiros*. Famílias reconstituídas precisam integrar os novos membros na unidade familiar. Esse é um ato de equilíbrio que requer uma certa dose de estabilidade e confiança na resistência da unidade familiar, bem como uma abertura para incluir os novos membros. Como você verá, essa inclusão nunca é atingida adequadamente no caso "O Adolescente que era um mentiroso."

Ambas as mães dos casos desta seção eram superprotetoras e pensavam que as vulnerabilidades de seu filhos davam a elas boas razões para serem assim. Os dois casos apresentam segundos casamentos obscurecidos por memórias de primeiros maridos abusivos. As mães ansiavam por deixar essas relações dolorosas no passado, mas o luto mal resolvido daquelas uniões tornava para elas mais difícil incorporar totalmente seus novos maridos na vida de suas famílias.

2. *Disputas de fronteiras*. Tais disputas são usualmente mais agudas em famílias nas quais os filhos têm dupla cidadania e viajam indo e vindo de um lar a outro. Cada lar precisa ter controle sobre como decidem lidar com assuntos que dizem respeito à sua esfera – e o outro membro parental precisa respeitar essa fronteira. Mesmo dentro de um mesmo lar, pode haver problemas de território: quem dorme onde, o que é pessoal e o que é privado, e assim por diante.

3. *Questões de poder*. Uma mãe que tenha vivido por sua conta e descoberto que pode tomar conta de suas coisas e de seus filhos, pode relutar em dividir poder com outro adulto por medo de voltar a padrões anteriores insatisfatórios. Você verá algumas das consequências desse medo em ambos os casos desta seção.

4. *Conflito de lealdades*. Quando um dos pais casa de novo, o recasamento pode ser visto pelos filhos como uma traição para com a família na qual cresceram (McGoldrick e Carter, 1999). Dentre os sentimentos complexos que os filhos têm sobre seus padrastos e madrastas, nenhum é mais forte que o ressentimento. Os filhos estavam aqui antes e agora se sentem deslocados. Não se admire que digam "Você não é meu pai!". Novos parceiros não tornarão essa adaptação mais fácil ao dizerem coisas do tipo "Eu sei que ele é seu filho, mas você realmente não devia deixá-lo falar desse modo com você". A questão mais controversa envolve *primazia do vínculo* e *hierarquia da influência*. Observe, por exemplo, como o padrasto e o filho do segundo caso dos referidos nesta seção competem por proximidade com a mãe e um com o outro sobre quem é responsável pelo quê.

5. *Triângulos rígidos*. Em quase nenhuma circunstância da vida familiar existem triângulos mais problemáticos do que em famílias reconstituídas. As rivalidades que afloram criam provas de lealdade complexas para as quais há poucas orientações. Imagine duas pessoas divorciadas que estão saindo para um encontro, e a filha dele liga enquanto ambos se dirigem para o cinema. Ele aproveitará o raro impulso da sua filha para saber como está indo a vida dela, ou protegerá o tempo de partilha com a nova parceira dizendo à sua filha que retornará a ligação mais tarde? Se isso não lhe parece uma questão

difícil, é porque você não é um pai divorciado preocupado com a conexão com seus filhos, ou uma mulher desgastada pelo divórcio imaginando se o homem por quem ela está apaixonada irá lhe abrir espaço na vida dele.

6. *Unidade* versus *fragmentação da nova relação do casal*. Em uma primeira relação, os pais têm tempo para forjar um vínculo antes de ter que lidar com filhos. Famílias reconstituídas não têm este tempo. O novo casal deve acomodar-se com as crianças ao mesmo tempo em que se ajustam um ao outro. Enquanto isso, fronteiras devem ser estabelecidas para proteger a integridade da nova união e ao mesmo tempo preservar a relação parental com seus próprios filhos. Mas onde essas fronteiras serão traçadas? E com que firmeza?

As duas conquistas estruturais críticas para o sucesso de famílias reconstituídas são: (1) construir um forte vínculo do casal (Visher e Visher, 1979), e (2) desenvolver uma relação mutuamente satisfatória entre o padrasto ou madrasta e os filhos (Bray e Kelly, 1998). É fato que casais se separam apesar de terem uma boa relação de casal, porque não foram capazes de formar boas relações como padrastos e madrastas (Visher, Visher e Pasley, 2003). Pesquisas sugerem que as relações do casal e as de padrasto/madrasta são relativamente independentes entre si (Papernow, 1993).

Famílias recasadas tendem a ser mais bem-sucedidas quando os pais que são incluídos tomam duas atitudes, uma negativa e outra positiva. *Não* tentam assumir o papel dos pais, mas *agem* em um papel de apoio. Em uma família reconstituída, como nos dois casos que selecionamos para esta seção, a aceitação pelos enteados é estimulada quando os pais incluídos não tentam assumir o papel de disciplinadores (Gannong, Coleman, Fine e Martin, 1999). Todavia, pesquisas também têm demonstrado que é importante para eles o esforço ativo a fim de construir relações calorosas e de apoio com os enteados. Quando os enteados ignoram tais tentativas, os padrastos se apresentavam mais propensos a retirar-se das interações (Hetherington e Clingempeel, 1992). Assim, a natureza recíproca da interação implica que tanto padrastos e madrastas quanto enteados precisam se mover em direção uns dos outros. O destino dessas conexões depende, é claro, dos pais biológicos. Alguns pais erram ao passar com os filhos muito rápido para uma nova relação. Pais são especialmente propensos a abdicar das responsabilidades de criação dos filhos em virtude de novas esposas (Noswood e Wingender, 1999). Nos dois casos que veremos a seguir, as experiências prévias das mães podem causar-lhes dificuldades para abrirem espaço aos novos parceiros a fim de que estes construam boa relação com o enteados.

Antes que possam lidar com as questões complicadas ligadas ao desenvolvimento de uma nova estrutura, com novas regras e novas tradições, as famílias reconstituídas devem elaborar questões não finalizadas no passado. Famílias reconstituídas nascem de perdas: morte ou divórcio. Os filhos estão feridos e com raiva. Precisam de segurança e tempo para elaborar o luto de suas perdas. Mais uma vez, famílias reconstituídas nem sempre têm este tempo.

Crianças pensam muitas coisas assustadoras. Elas viram seus pais deixarem de se amar. Para uma criança, não só isso pode parecer como se a terra sumisse debaixo de seus pés, mas também ela pode perceber que a separação de seus pais não é a pior coisa: o medo de serem abandonadas.

* * *

Famílias assumem muitas formas, e a família reconstituída é uma delas. Essas famílias podem não ter se quebrado, arruinado ou sido maltratadas, mas precisam trocar de forma. Infelizmente, a transição de estar juntos para estar separados e então juntar-se de novo é uma estrada sem mapas. Não é de se admirar que haja tanta dor e confusão.

Anteriormente, indicamos que famílias reconstituídas são atormentadas com rivalidades complexas. Este é apenas o lado sombrio de algo que pode ser um conjunto de novas relações maravilhosamente satisfatórias. Famílias são ricas em possibilidades, ainda mais quando se trata de famílias reconstituídas. O que se faz necessário para aproveitar esta riqueza é respeitar a integridade de cada uma das novas relações. Famílias reconstituídas podem ser um desafio, mas também uma maravilha.

REFERÊNCIAS

Becker, G. 1997. An economic analysis of marital instability. *Journal of Political Economy*, 85: 1141-1187.
Booth, A., & Edwards, J. N. 1992. Starting over: Why remarriages are more stable. *Journal of Family Issues, 13:*179-194.
Bramlett,M. D. & Mosher, W. D. 2001. *First marriage dissolution, divorce, and remarriage: United States: Advance data from vital and health statistics, N. 323*. Hyattsville, MD: National Center for Health Statistics.
Bray, J. H., and Kelly, J. 1998. *Stepfamilies: Love, marriage and parenting in the first decade*. New York: Broadway Books.
Demo,.D. H., & Cox, M. J. 2001. Families with young children: A review of research in the 1990s. *Journal of Marriage and the Family*, 62: 867-895.
Field, J. 2001. Living arrangements of children: Fall 1996. *Current population reports, P70-74*. Washington DC: U.S. Census Bureau.
Ganong, L., Coleman, M., Fine, M. A., & Martin, C. 1999. Stepparents' affinity-seeking and affinity-maintaining strategies with stepchildren. *Journal of Family Issues*, 20:299-327.
Glick, P. C. 1991. *A demographic perspective on stepfamilies*. Adress to the annual conference of the Stepfamily Association of America, Lincoln, NE.
Hetherington, E. M., & Climgempeel, W. G. 1992. Coping with marital transitions: A family systems perspective. *Monographs of the Society for Research on Child Development*. 57: 1-242.
McGoldrick, M. & Carter, B. 1999. Remarried families. In B. Carter & M. McGoldrick (Eds.), *The expanded family life cycle* (3 rd. ed.). Boston: Allyn & Bacon.
Norwood, P. K. & Wingender, T. 1999. *The enlightened stepmother: Revolutionizing the role*. New York: Avon.

Papernow, P. 1993. *Becoming a stepfamily: Patterns of development in remarried families*. New York: Gardner Press.
U.S. Census Bureau, 2001. *America's Families and Living Arrangements: Population Characteristics*. Washington, DC: U.S. Department of Commerce.
Visher, E. B., & Visher, J. S. 1979. *Stepfamilies: A guide to working with stepparents and stepchildren*. New York: Brunner/Mazel.
Visher, E. B., Visher, J.S., & Pasley, K. 2003. Remarriage families and stepparenting. In F. Walsh (Ed.), *Normal family processes* (3rd. ed.). New York: Guilford Press.

4 | A adolescente mentirosa

Adolescentes proporcionam sua dose própria de dores-de-cabeça para suas famílias. Usando uma aritmética pessoal, eles sabem que são dois ou três anos mais velhos do que seus pais pensam e requisitam um abrandamento das normas antes de saberem o que fazer com a autonomia que insistem ter. Os pais cedem. "Estiveram nessa", mas eram outros tempos. Gostariam de partilhar sua sabedoria de forma a proteger seus adolescentes das incertezas da vida, mas descobrem-se com uma criança que não reconhecem: menos obediente, mais temperamental e correndo riscos de modo inesperado. À medida que ficam inseguros sobre *como* proteger, os pais aumentam o controle, enquanto o adolescente, na certeza de que isso é injusto, testa os limites. Um terapeuta que entra nesse campo minado precisa empatizar com ambas as partes, trabalhando ambos os lados da rua, como qualquer profissional competente, na busca de melhores caminhos.

Como se lidar com as demandas do adolescente não fosse suficiente, fazê-lo em uma família reconstituída adiciona todo um novo conjunto de desafios. Famílias reconstituídas têm que passar pelo mesmo processo de acomodação e definição de fronteiras que novas famílias, mas com uma grande diferença. Nas famílias de primeira viagem, os pais têm tempo para forjar um vínculo entre si antes de lidar com filhos. Famílias reconstituídas não dispõem deste tempo.

Estudos sobre famílias reconstituídas mostram a importância de fortalecer a relação do casal e não permitir que as necessidades dos filhos esvaziem a intimidade do casamento. Eis porque é crucial criar uma fronteira ao redor do casal, a fim de proteger sua privacidade e dar-lhe tempo para elaborar a sua relação. Todo casal novo precisa de tempo sozinho para partilhar de momentos amorosos. Ter sucesso em um recasamento é como em qualquer outra atividade: é preciso dedicar um tempo na agenda.

O caso seguinte não é incomum. Os Boyd são um trio: Mary, Richard, e Whitney, de 15 anos. Whitney é filha do primeiro casamento de Mary, que terminou em divórcio quando Whitney era bebê. Mary casou com Richard um ano mais tarde, e agora eles procuravam a terapia porque Whitney, aos seus 15 anos, não merecia confiança. Ela mentia compulsivamente, e na maior parte das vezes era apanhada em suas mentiras.

Quando entramos na sala e sentamos, Mary toma a iniciativa, dizendo-me que "Ela tem mentido para nós desde que posso lembrar". Isso é claramente impossível, mas o problema não está na lógica, mas na intensidade da afirmação: "desde que posso lembrar". A interação que a família tem foi restringida por uma história que começa no princípio dos tempos.

Etapa 1: ampliar a queixa apresentada

RICHARD (*começando o relato*): Não sabemos por quê. Pensamos que poderíamos resolver nós mesmos, mas está piorando.

MARY: Já tentamos tudo. Tentamos entender por que ela faz isso. Ela mente sobre as coisas mais simples, agora está mentindo na escola, e suas notas pioraram.

Aqui está o desafio inicial para o terapeuta: a família joga para ele um problema, que está ligado ao caráter de uma pessoa, e com isso passa uma atribuição de responsabilidade – quem, além da mentirosa, pode ser responsável pelo comportamento dela?

Esse é o desafio que a maioria das famílias apresenta. Elas definem seus problemas de uma forma que convida o terapeuta a unir-se a eles na armadilha de suas perspectivas rígidas. Nesse momento, perguntar por mais detalhes sobre a questão (Há quanto tempo ela vem mentindo? Quais são alguns exemplos de suas mentiras?) pode reforçar a convicção da família de que Whitney é a paciente, e suas mentiras são o problema.

Se me uno aos pais, posso perder Whitney, e certamente não posso me unir com a definição estreita que eles fazem de sua filha e de si mesmos. Preciso introduzir algum grau de incerteza, curiosidade e esperança, ajudando os pais a verem a si mesmos, de novo, como pessoas competentes e com recursos de que indubitavelmente eles dispõem. Também devo fazer contato com Whitney. Peço a permissão dos pais para falar um pouco com ela, e começo por dizer que estou curioso sobre a sua vida.

(Conversamos sobre sua escola, seus amigos, sobre os interesses dela. Ela me conta que mantém um diário, que gosta de poesia e que escreve poemas, mas não os mostra para ninguém. Pergunto se ela sabe o que é uma metáfora, e concordamos que uma metáfora pode trazer algo para nossa atenção por dar nomes diferentes às coisas. Digo que, com efeito, uma metáfora é uma mentira poética.)

Agrada-me essa imagem. Ela transforma um sintoma em uma habilidade, e estou bastante seguro que irá tocar Whitney, que é inteligente, relaciona-

se comigo com facilidade e, como qualquer jovem, gostaria que eu entendesse que ela é mais do que apenas uma mentirosa. Ao mesmo tempo, sei que os pais provavelmente pensarão que fui seduzido por Whitney e que me deixei levar por suas mentiras.

Dr. MINUCHIN (virando para os pais): Vocês poderiam falar com Whitney? Eu sou um estranho, e vocês vieram me ver por causa de algo que é muito significativo para sua família. Talvez vocês possam todos falar, e isso irá me ajudar a saber como tratar com cada um.

Esse é o primeiro desafio para a orientação individualista da família. Parece uma afirmação neutra, apenas um pedido de informação, mas o que peço está em um domínio diferente. Não se trata dos modos de Whitney, mas das formas de interação da família.

RICHARD: Eu não posso explicar. É por isso que viemos aqui.

MARY: A princípio, ela mentia apenas para nós. Agora ela se mete em encrencas com outras pessoas. Ela nunca nos conta a história toda. Ela está fugindo do controle.

Eles continuam a focar Whitney, direcionando seus comentários para mim. Membros da família raramente aceitam o convite para falar uns com os outros no início da sessão. Vieram para me contar sua história e querem que eu ouça e responda. Claro que eles falam uns com os outros em casa, mas chegaram ao fim da linha e vieram em busca de solução. Eu sou o especialista, e devo providenciá-la. Por um momento, deixo estar. Plantei uma semente. Mais tarde na sessão, quando o solo houver sido preparado, farei a mesma requisição e irá lhes parecer natural responder.

Dr. MINUCHIN (para Whitney): Você pode me ajudar a entender o que seus pais estão dizendo?

WHITNEY: Bem, eu faço alguma coisa, e eles perguntam se eu fiz, e eu nego.

Dr. MINUCHIN: Você pode me dar um exemplo?

RICHARD *é quem responde:* Uma semana atrás ela estava de castigo por causa de suas notas baixas e foi probida de usar o telefone, mas eu sei que de fato ela *usou* o telefone.

Dr. MINUCHIN: Como você sabe? Como se tornou um detetive? A propósito, quem é o melhor detetive, você ou Mary?

Etapa 2: destacar o problema – interações mantenedoras

Fugi da acusação, mudando de Whitney para os pais, explorando suas participações no problema. Tais questões – qual dos pais é mais rígido, mais preocupado, melhor detetive – buscam diferenças que possam problematizar a questão apresentada. A linguagem cifrada torna invisível o questionamento da autoridade parental.

MARY: Estamos mais de olho nas coisas agora. Prestamos mais atenção. A escolha dos amigos dela nem sempre é boa, e estamos cuidando mais com quem ela anda. Ainda outro dia, ela disse que ia visitar uma amiga, mas encontrei-a no *shopping* com um garoto.

Em resposta à pergunta sobre quem era o melhor detetive, Mary responde com mais evidências da misteriosa doença da mentira de Whitney. Isto é bem natural. Olhando para o comportamento de seus filhos de dentro de suas peles, algo que os pais raramente veem é a si mesmos ao olhar.

Dr. MINUCHIN: Você teme que ela se envolva em uma relação sexual?

MARY: Realmente não sei. Tudo que ela faz se torna um segredo.

Dr. MINUCHIN: Preocupo-me com você. Tentar seguir uma jovem adolescente pode se tornar uma ocupação de tempo integral. Vocês dois são igualmente preocupados? Ou um de vocês é mais preocupado que o outro?

RICHARD (*olhando para Mary*): Ela se envolve mais com isso.

MARY: Depende da situação.

Estive tentando separar história e narrador. Os pais parecem unidos na sua visão sobre o comportamento de Whitney, mas essa é uma possibilidade rara. Os pais quase sempre têm perspectivas diferentes, e estou tentando desemaranhar suas versões de forma a trazer nuances para a história. Aqui, o comentário do pai sugere que ele estava pronto a abandonar a aparência de uma posição unificada.

Dr. MINUCHIN: Por que você acha que isso acontece? O que Mary quer de Whitney?

RICHARD: Quer que ela seja confiável. Elas costumavam ser muito próximas.

Quando os membros da família dizem "muito próximas", usualmente querem dizer harmonioso, mas, para um terapeuta, "muito próximas" sugere aglutinação: uma proximidade que pode ser difícil de sustentar quando as crianças tornam-se adolescentes e querem se individuar.

Dr. MINUCHIN (*para Mary*): Então mentir pode ser uma defesa. Nesse ponto você e sua filha estão enganchadas juntas. Ela empurra você, e então você a controla continuamente. Como você irá se libertar dela?

MARY: Se eu puder confiar que ela vai fazer as coisas que diz que vai fazer – como ir ao *shopping*, e realmente ir. Eu quero deixar.

Dr. MINUCHIN (*para Richard*): Sua esposa tenta relaxar a vigilância sobre Whitney, mas então Whitney faz algo como se dissesse "Olhe para mim!", e Mary se envolve de novo.

Nem a mãe nem a filha entenderam como suas próprias ações mantêm esse ciclo de rebeldia e controle operando. Às vezes, é útil desafiar os membros da família de forma indireta, fazendo comentários sobre as suas ações dirigidos a uma outra pessoa. Aqui, eu estava descrevendo o comportamento de Mary para Richard. Isto tornava mais fácil para ela ouvir sem tornar-se defensiva.

Dr. MINUCHIN (*continuando*): Ambas estão presas. Whitney precisa de Mary cuidando dela, e Mary está emaranhada em observar e responder a

Whitney. É um círculo. Você pode ajudá-las? Você pode libertar essas duas pessoas desse círculo vicioso?

Eu desafiei o pai a envolver-se, apelando a ele como a um coterapeuta não-oficial. Pedir a membros da família que se tornem curadores uns dos outros é uma marca de minhas terapias. Acredito que seja o mais confiável caminho para sustentar mudanças positivas na família.

RICHARD: Eu consigo ver onde Mary pode extrapolar. Até alguns meses atrás, quando nós tentávamos definir punições, Mary berrava e gritava, mas uma hora depois iam ao *shopping* juntas. Mary se sentia culpada e cedia.

Dr. MINUCHIN: O que você fazia então? O que dizia para Mary?

RICHARD: Eu achava que aquilo não estava certo. Elas são próximas, mas às vezes se distanciam. Eu diria: "Deixe-a sozinha. Deixe ela pensar sobre isso".

Dr. MINUCHIN: E você obtinha sucesso?

RICHARD: Não.

Dos pais, o menos envolvido é usualmente um crítico, mas normalmente de modo não muito enérgico. Ser enérgico implica envolver-se. Um terapeuta que decida estimular mais comprometimento nessa conjuntura o faria sem ainda ter entendido por que Richard relutava tanto em envolver-se mais. Decidi explorar essa questão mais tarde.

Dr. MINUCHIN (*para Whitney*): Eu não entendo sua mãe. Por que ela lhe vigia tanto?

WHITNEY: Ela não confia em mim.

Dr. MINUCHIN: E você se assegura que ela não confie em você. O que você está fazendo que faz com que ela vigie você tão de perto? Como você pode ajudá-la a diminuir seu domínio sobre você?

Whitney é naturalmente tão responsável quanto seus pais pelo ciclo de rebeldia e controle. Eu a desafio a refletir sobre seu papel nesse padrão, estendendo dessa forma a tarefa de cuidar e ajudar. Whitney, que veio como a portadora do sintoma, é chamada a tornar-se uma cuidadora.

WHITNEY: Não é que eu insista para que ela se mantenha me vigiando. Eu não entendo por que ela fica incomodada com pequenas coisas.

Dr. MINUCHIN: Algo está errado quando eles lhe mantêm como prisioneira e você os mantém como prisioneiros. Algo estranho aconteceu em uma família na qual os carcereiros são prisioneiros, e os prisioneiros são carcereiros.

Frequentemente utilizo essa metáfora com famílias paralisadas por questões de poder. Ela torna evidente a impotência em fugir de uma caixa que eles mesmos construíram. Carrega a mensagem: "Não há vilões, somente vítimas". Whitney capta as implicações do que significa ser um carcereiro ao comentar "Eles nunca fazem programas sozinhos", e eu tomo essa linha brevemente, embora vá retornar ao foco no trio, deixando a exploração da relação do casal para mais adiante.

Dr. MINUCHIN (*para o casal*): Vocês têm espaços só seus?
MARY: Não tanto quanto eu gostaria.
Dr. MINUCHIN: Quem interfere?
RICHARD: Às vezes é o comportamento de Whitney.
Dr. MINUCHIN: Richard, quase todo adolescente que está sendo vigiado pode se tornar um mentiroso.
WHITNEY (*para sua mãe*): Você sempre faz assim: pensa que eu vou me complicar. Não é nenhuma novidade.
MARY: Eu gostaria de liberar você para ser uma adolescente normal. Quantas vezes nós deixamos você tentar? Lembra do final de semana em que Richard e eu saímos para umas pequenas férias? Não passou nem um dia até eu receber uma ligação da Sally.

A discussão está esquentando. Sento para trás e deixo evoluir por alguns minutos. Mary e Whitney estão tensas e com raiva. Suas vozes se elevam em ataques e defesas.

Dr. MINUCHIN: É assim que vocês conversam? Vocês se tornaram caricaturas de si mesmas – pescador e peixe.

Prisioneiros e carcereiros, pescador e peixe. Utilizo essas imagens para descrever complementaridade em famílias que estão envolvidas de forma excessiva. As imagens são poderosas precisamente porque são familiares, e não patológicas.

MARY: Estou tentando entender isso. Quando Whitney era um bebê, ela precisava de atenção constante. Ela tinha 11 meses quando me divorciei e tinha 1 ano e meio quando eu e Richard nos tornamos um casal.
Dr. MINUCHIN (*para Richard*): Penso que você precisa ajudá-la. Mary fica mais tempo preocupada com Whitney do que apreciando você. Diga-lhe como ela pode dispor de liberdade para ser sua esposa.

De novo, estou sugerindo uma conversa que não me inclui. Agora, talvez, parece ser algo mais natural, e Mary e Richard viram-se para conversar entre si.

MARY (*para Richard*): Se ao menos eu pudesse confiar nela.
RICHARD: Há momentos em que eu concordo com você. Também não confio nela. Precisamos estabelecer melhor os limites e regras, sem ficarmos presos em discussões.
Dr. MINUCHIN (*para Richard*): Penso que Mary se tornou uma detetive e me preocupo com ela. Ela pode estar tentando fazer algo impossível. Está muito estressada e pode descompensar.
RICHARD (*para Mary*): Posso ver que sua vida está se consumindo, e também a minha. Estamos sempre preocupados com o comportamento de Whitney. Não nos divertimos mais.

Uma nova perspectiva está se desenvolvendo. Estamos trocando o entendimento da família sobre como eles funcionam e desafiando suas certezas sobre a natureza e localização do problema. Whitney é mentirosa, mas essa não é uma descrição completa ou justa de quem ela é nem foi ela sozinha quem criou o problema. Mary contribui, e assim também Richard, de quem o papel de crítico nas entrelinhas era parte do quadro. Talvez se ele assumir um papel mais ativo, Mary possa preocupar-se menos com controlar Whitney e envolver-se mais com ele. Esse era um triângulo. Geralmente existe outro: o sintoma apresentado, as interações que o rodeiam e as experiências do passado que ajudam a definir o modo de comportamento dos membros da família no presente. Era esse o terceiro tema a que agora eu iria me dedicar.

Dr. MINUCHIN (*para Mary*): Onde você aprendeu a ser tão preocupada? Por que você pensa que uma catástrofe está à sua espreita em cada esquina?

MARY: Tenho uma amiga que era como uma segunda mãe para mim, e ela também me diz que eu temo que um furacão esteja esperando por mim depois da esquina.

Dr. MINUCHIN: Parece que você está trazendo um mundo do seu passado na forma de predições para o futuro de Whitney. Eu gostaria de explorar com você onde aprendeu a ser assim. Vocês poderiam ir almoçar e voltar para outro encontro logo após?

Mary está hesitante. Ela provavelmente acha que estou de conluio com Whitney e que a culpo pelas dificuldades da família. É Richard quem demonstra persuasão. Ele é gentil e protetor na forma como fala com ela, mas sugere que realmente possa ser útil voltar, e ela finalmente concorda em retronar após o almoço.

SEGUNDA SESSÃO

Quando a família retorna, digo a Whitney que desejo falar apenas com seus pais, e que ela irá se unir a nós mais tarde. Mary, Richard e eu nos sentamos para conversar. Eles me olham com expectativa e tensão, inseguros sobre o que está acontecendo. Mary é a mais desconfortável dos dois, mexendo-se na cadeira, ajeitando a saia, quase nunca me olhando nos olhos. Ela provavelmente sente-se como um alvo, e espero poder mudar o clima, ainda que sem bloquear material emocionalmente difícil.

Etapa 3: investigar o passado com foco na estrutura

Dr. MINUCHIN: Imagino que vocês estejam um pouco confusos sobre o que eu estava tentando fazer. Vocês conversaram sobre a sessão durante o almoço?

RICHARD: Você estava abordando nossos problemas sob um ângulo diferente do que esperávamos. Sei que é pouco tempo para explicar nossa situação em casa, e talvez estivéssemos focando muito os últimos meses, quando estivemos realmente preocupados e tentando endurecer as regras. Antes disso, ela tinha mais liberdade.

MARY: Foi interessante. Você viu coisas que eu nunca havia visto antes.

O comentário de Mary é surpreendente e encorajador.

RICHARD: Sim, correto, mas quando falamos com Whitney, ela parecia pensar que estava certa que o problema era Mary. Eu a relembrei que havíamos falado sobre um círculo e que ela podia interromper esse círculo parando de mentir, mas ela pegou da sessão o que quis.

Richard estava defendendo sua esposa e me desafiando a apoiar Whitney às custas dela. Isso era uma mudança para Richard, que agora assumia uma posição de apoio. Senti que precisava fazer alguns reparos.

Dr. MINUCHIN: Gostaria de lhes falar um pouco das minhas ideias sobre famílias. Vejo as pessoas interconectadas. Se um filho tem problemas, olho para os pais e para as formas como os membros da família se conectam. Claro que é verdade que Whitney mente. A questão é por quê? Estou impressionado, Mary, com seu pessimismo e medo de catástrofes. Algumas pessoas veem a vida com lentes cor-de-rosa, mas você...

MARY: Eu só vejo as coisas piorando.

Dr. MINUCHIN: Sim. Eu gostaria de dedicar algum tempo explorando com vocês quem vocês eram antes de se conhecerem. Mary, você mencionou que cresceu em uma família reconstituída. Como foi isso?

Parte da terapia está na aquisição de novas perspectivas, mas parte disso é simplesmente novos aprendizados, e terapeutas, independente de seus pontos de vista teóricos, são professores. Eu estava ensinando Mary e Richard a olhar para as mentiras de Whitney a partir de uma perspectiva sistêmica. Agora eu tomava uma perspectiva individual, explorando como haviam chegado a ver as coisas da forma que viam.

MARY: Meus pais se divorciaram quando eu tinha 5 anos. (*Ela falou sem emoção, como se tivesse contado esta história tantas vezes que já houvesse se esvaziado dela.*) Saí de casa quando tinha 18 anos, na véspera do Natal. Havia uma tempestade de neve. Esperavam que eu estivesse em casa por volta das 10 da noite, mas não cheguei antes da meia-noite, e então minha mãe me expulsou de casa.

Dr. MINUCHIN: Ela expulsou você? Em uma tempestade de neve, à meia-noite?

MARY (*com naturalidade*): Ela havia casado há pouco e não queria crianças em volta. Minha mãe tinha muitas qualidades, mas não era uma boa mãe. Eu não estava certa do que fazer. Havia perdido uma amiga em agosto daquele ano – ela cometeu suicídio – e então recor-ri à sua mãe e nos tornamos uma família desde então. Na verdade, eu nunca entendi minha mãe. Penso que ela era depressiva na maior parte do tempo. Ela podia ser cruel... É difícil falar sobre isso. Às vezes, é como água escorrendo, e você quer represar e não consegue. Meu irmão menor era esquizofrênico. Ele permaneceu em casa, enquanto meu outro irmão e minha irmã foram para lares adotivos.

Eu estava impressionado com a compostura de Mary enquanto ela contava sua história de partir o coração. Era esse seu esforço de conservar seus sentimentos sepultados que a fazia evitar de conectar o seu medo do futuro com as cruéis incertezas do passado?

Dr. MINUCHIN: A sua mãe era previsível?

MARY: Nunca consegui entendê-la. Havia momentos bons, mas ela era imprevisível.

Dr. MINUCHIN: Como você aprendeu a confiar nas pessoas?

MARY: Isso sempre foi uma questão para mim. Levou muito tempo, e se a confiança se quebra, é difícil de recuperar. Por muitos anos não falei com minha mãe. Agora falo com ela.

Dr. MINUCHIN: O quão previsível é Richard?

MARY: Levou um longo tempo para eu me abrir para ele. Eu me mantive fechada, por anos.

Dr. MINUCHIN: Você já foi casada antes. Como foi essa experiência?

MARY: Eu não conhecia meu primeiro marido há muito tempo. Casamos e mudamos para Montana, longe de minha família. Engravidei e então descobri que ele era viciado em drogas e álcool.

Dr. MINUCHIN: Como você saiu dessa situação?

MARY: Tentei ficar com ele. Ele passou por um tratamento após outro, e finalmente aconteceu um incidente que acabou com tudo. Foi num domingo à tarde, e eu não sabia que ele estava usando drogas naquele dia. Ele estava dirigindo, e ultrapassou um sinal vermelho. Tivemos um acidente. Fiquei presa no carro por um longo tempo. Quase perdi Whitney. Meu marido abandonou o local, e eu nunca mais o vi. Mais tarde, ele foi preso por assalto à mão armada. Whitney saiu do hospital antes de mim, e minha mãe a levou para casa. Eu a busquei na casa de minha mãe quando saí do hospital e a levei para Montana. Foi onde encontrei Richard.

Os eventos vinham como unidades desconectadas. Cada um era fechado em si mesmo, carregando sua carga de desastre e isolado do resto, como se uma única vida não pudesse conter essa sequência de tragédias. Mary havia conseguido drenar o afeto de seu passado, como um mecanismo de sobrevivência. Armazenei essa impressão para uso posterior. A forma monótona com que Mary contava sua história podia sinalizar um baixo limiar de estresse e indicar a necessidade de compreensão e apoio antes que pudesse ouvir um desafio.

Dr. MINUCHIN (*para Richard*): Então você entrou em cena. O que aconteceu?

Após ouvir a história de Mary, era importante convidar Richard para contar a sua. Ele sentia-se periférico e precisava ser incluído.

RICHARD: Eu me senti atraído por ela e por Whitney. Foi uma família instantânea. Sou filho único. Meus pais se divorciaram e ambos casaram de novo. Vivi com minha mãe, meu padrasto e o filho dele, mais jovem que eu.

Dr. MINUCHIN: E como você aprendeu a ser cuidador?

Essa pergunta era paralela à que eu havia feito a Mary. A cada um deles pedia para explorar um aspecto específico do passado, de modo a lançar luz sobre suas abordagens para a situação atual.

RICHARD: Não sei. Eu tentava proteger meu irmão de meu padrasto. Ele era louco. Tinha variações de humor e ameaçava me matar. Às vezes, ele era legal. Outras vezes, ele se sentava e ficava olhando fixamente para a parede. Quando eu tinha 17 anos, saí de casa. Provavelmente não éramos uma família comum.

Essas pessoas, feridas por famílias cruéis e imprevisíveis, haviam se encontrado, e era possível que se adaptassem razoavelmente bem. O medo e a desconfiança de Mary podiam ser curados pelo impulso de Richard de proteger as pessoas.

Dr. MINUCHIN: Eu estava pensando sobre o que vocês dois trouxeram do passado e como isso afeta Whitney. Que idade você tinha, Richard, quando encontrou Mary?

RICHARD: 23.

Dr. MINUCHIN: Você era um garoto casando com Mary e Whitney. Como você lidou com elas?

RICHARD: Um dia de cada vez. Simplesmente travei. Eu estava com medo de casar. Era tudo muito opressivo. Eu vivia sozinho antes e agora eu não tinha mais privacidade.

Dr. MINUCHIN: Como você conquistou a confiança dela?

RICHARD (*hesitando*): Uma vez nós brigamos. Ela queria voltar para a vida que tinha antes.

MARY: Decidi que era o momento de sair do casamento e seguir em frente. Não conversávamos, e pensei que talvez fosse demais para ele: Whitney e eu jogamos tudo sobre ele de uma vez só. Retornamos para a cidade onde minha família vivia, mas decidimos fazer uma última tentativa. Houve muita tensão. Conservei muita dela em mim mesma.

Dr. MINUCHIN: Como vocês resolveram isso? Como se tornaram um casal?

RICHARD: Fiz um esforço, li alguns livros.

Dr. MINUCHIN: Quando Whitney se tornou sua filha?

RICHARD: Sempre senti como se ela fosse minha filha. Éramos muito ligados. Eu sabia que se nos separássemos eu não teria vínculo legal com Whitney.

MARY: Whitney era uma criança difícil. Se ela não conseguia o que queria, chorava até o ponto de vomitar. Crescendo, ela pensou que essa era a forma de conseguir as coisas.

Dr. MINUCHIN: Ela era muito próxima de você. Você tem medo de que ela se torne viciada em drogas como o pai dela?

MARY: Ela mente como ele mentia.

Dr. MINUCHIN: Você está errada. Ela mente como uma adolescente.

A descrição de Mary do comportamento de Whitney carregava a experiência traumática que tivera com seu primeiro marido, e era uma imposição do passado de Mary sobre o presente de Whitney. Mary temia por sua filha. Eu podia ver de onde seus medos vinham, mas era necessário desafiar as distorções.

MARY: Às vezes, quando olho nos olhos dela, penso que ela não sente nada.

Após partilhar da dor do passado dela, eu me sentia mais pronto a desafiar a superproteção de Mary, se eu pudesse mobilizar Richard a tornar-se mais envolvido com ela e com sua filha.

Dr. MINUCHIN (*para Richard*): O que você pensa sobre o que Mary disse – que ela olha nos olhos da filha e vê os olhos do pai de Whitney, a quem ela não vê há 13 anos. Ele é um homem que Whitney não conhece, já que você é o pai para ela. O medo e a desconfiança de Mary provêm do passado dela, mas aquele medo faz com que ela veja coisas que não existem. Penso que ela precisa de ajuda e que você pode ajudá-la. Ela confiaria em você o suficiente para deixá-lo ajudar?

Coloco Richard como um coterapeuta, pedindo-lhe que desafie sua esposa de modo a proteger sua filha. A designação de funções terapêuticas para membros da família é uma das intervenções que ajuda famílias a mudar.

MARY: Às vezes me sinto como que fazendo tudo sozinha.

Dr. MINUCHIN: Richard é um homem gentil, e penso que você precisa da gentileza dele, mas você o empurra e ele se recolhe. Então você se sente só. Como você pode pedir a ele para participar?

MARY: Normalmente estou muito estressada, mas simplesmente não peço. Já pensei sobre isso antes.

Dr. MINUCHIN: Como você pode fazer Richard mudar e se tornar disponível?

MARY: Ele precisa querer.

Essa era uma sessão maratonística, tocando em material difícil e profundo. Eles confiavam em mim agora, e eu me sentia vinculado a eles. Eu queria ajudá-los. Todos sabíamos que isto era o final do encontro e buscávamos caminhos para uma mudança positiva.

RICHARD: Eu quero. Imagino que não reajo rápido o suficiente para você.

Dr. MINUCHIN: Você pensa que ela é tão competente que não precisa de ajuda? (*E voltando para Mary*) Você mantém suas cartas próximas do corpo. Como podem se tornar uma equipe? Como você dirá a Richard que não pode sozinha?

MARY: Penso que não devo me esforçar tanto, e que preciso pedir ajuda a ele.

Dr. MINUCHIN: Ele estará lá ou fugirá?

RICHARD: Estarei lá. Se eu tivesse que fugir já teria fugido há muito tempo.

Dr. MINUCHIN: Mary sente que deve fazer as coisas sozinha.

RICHARD: Não penso que ela faça, mas ela é mais estressada que eu. Vou até certo ponto onde penso ser suficiente, e acho que Whitney precisa nadar ou afundar.

Dr. MINUCHIN: Estou falando sobre Mary. Ela está dizendo que às vezes se sente sozinha.

MARY: Ele é muito ocupado tentando tocar a empresa, e sua mente está em muitas outras coisas.

> Mary não queria fazer pedidos que aborrecessem Richard e criassem conflito entre eles. Eu a ouvi, mas também sabia que ambos necessitavam ficar mais próximos e criar algum espaço entre eles e sua filha adolescente – para o bem dela e deles também.

Dr. MINUCHIN (*para Richard*): Às vezes, Mary acha sua conexão com Whitney mais facilmente que com você, mas penso que uma coisa tem a ver com a outra. Whitney preenche um vazio. Para ajudar Mary a separar-se de Whitney sem vir a sentir-se só, você terá que a trazer para mais perto.

> A sessão estava chegando ao seu final. Tanto Mary quanto Richard agora podiam ver o quão importante era que eles se movessem um em direção ao outro e o que cada um deles devia fazer para diminuir a distância entre si. Como iriam agir a partir dessa compreensão era algo que se revelaria com o tempo. Antes de dizer adeus, senti que era importante convidar Whitney a voltar, de modo que seus pais a deixassem saber o que estavam pensando.

Etapa 4: descobrir/cocriar formas alternativas das relações

Dr. MINUCHIN: Eu gostaria de explicar para Whitney que suas mentiras são parte de uma velha história sobre a forma como vocês estão conectados um com o outro. Eu gostaria que ela fosse libertada da predição de que será uma delinquente. Vocês podem fazer isso sem dar a ela a impressão de que ela não precisa ser responsável?

(*Richard vai até Whitney e a abraça.*)

MARY (*para Whitney*): Quero ser capaz de confiar em você e vou trabalhar para isto.

RICHARD: Mamãe realmente está com medo. Somos muito protetores e não estamos fazendo um bom trabalho.

Dr. MINUCHIN (*para Whitney*): Sua mãe tem a tarefa de lhe ajudar a ver como o amor pode se tornar destrutivo.

MARY: Vou parar de me preocupar e passar a me concentrar no cotidiano, realmente vou tentar ter mais fé.

> Nos minutos seguintes, eles brincaram com a ideia de que algo precisava ser mudado na sua relação com Whitney, ainda que não tivessem a clareza sobre quais exatamente eram essas mudanças, e Whitney provavelmente está confusa. Contudo, algo está claro: o problema sobre o qual estão falando não se refere mais às mentiras de Whitney. Ao contrário, é algo que tem a ver com relacionamentos: a relação entre os parceiros no casal, e a relação dos pais e Whitney como uma família.

ESTRUTURA TERAPÊUTICA

Organização da família

Algo que acontece no segundo casamento é que há pouca oportunidade para o novo casal consolidar seu relacionamento antes de adicionar os filhos. Isto é particularmente verdadeiro quando a formação da família instantânea envolve adolescentes.

Richard sentiu-se feliz por casar com uma família já pronta. O fato de ele já amar a filhinha de sua esposa tornou tudo muito mais fácil, no sentido de se tornarem um trio. contudo, o subsistema mãe/filha também já era uma unidade ligada de forma bastante próxima, no qual não era fácil entrar, mesmo que todos os três parecessem desejar que isso acontecesse. Se as preocupações de Mary sobre sua filha não parecem muito justificáveis pelos fatos, era porque não se podia ver suas memórias. Como a mãe da família anterior, Mary também compartilhara uma experiência de abuso no seu passado, a qual organizou a sua desconfiança nas relações com as pessoas próximas dela. Ainda que já estivesse casada com Richard há 14 anos e que ele tivesse aceitado a filha dela como se fosse também sua, Mary ainda era incapaz de aprender a depender dele. Mary desconfiava das aparências porque elas escondem tragédias. Ela esperava por desastres. Ela sabia que Whitney mentia para ela e temia consequências terríveis porque projetava seus próprios medos na filha e previa que a menina iria se tornar uma delinquente como o pai biológico.

Também, como no caso anterior, esta família tinha um marido periférico com disposição de ajudar, mas basicamente colocado ao largo por sua parceira. Richard havia tentado assumir o papel de protetor junto a Mary e Whitney, acalentando a possibilidade de uma família instantânea. Entretanto, o vínculo entre a mãe a filha, forjado na adversidade, era tão forte que servia como uma barreira contra esse recém-chegado.

Consequentemente, o vínculo entre Mary e Richard era relativamente fraco, e quando Whitney representava sua necessidade adolescente de privacidade e independência ao mentir, Richard tornava-se incapaz de agir como uma força na família.

Perspectivas individuais

Whitney apenas queria o que a maioria dos adolescentes quer: um pouco de liberdade. Contudo, ela não queria brigar com a mãe, então recorria à ocultação do que fazia, mentindo quando era descoberta. Uma vez capturadas nessa versão do ciclo de rebeldia e controle, Whitney era, naturalmente, mais consciente das restrições feitas por sua mãe do que de suas próprias provocações. Quando ela via sua contribuição, tendia a considerá-la nos termos de sua mãe: era má, uma mentirosa. O que Whitney não via era a proximidade do vínculo entre ela e sua mãe, ou suas opções para lutar mais abertamente pela liberdade que desejava ou tornar-se um pouco mais distante e dessa forma evitar que sua mãe ficasse tão atenta a suas transgressões.

Mary também via a si mesma como uma vítima do ciclo de rebeldia e controle. Se ao menos Whitney parasse de mentir... O que Mary não via era que seus medos constituíram parcialmente uma projeção ou que ela podia confiar em sua filha quando esta começava a se afastar em direção à maior independência.

Richard tendia a ficar ao lado de Mary na batalha pelo controle com Whitney. Ainda que considerasse sua esposa um pouco superprotetora e inconsistente, seu *status* de padrasto fazia-o hesitar em desafiá-la. Ele havia aprendido a não brigar abertamente com Mary, em especial, sobre algo tão importante como a segurança de sua filha. Infelizmente, Richard não percebia que sua passividade fazia parte do que mantinha Mary e Whitney presas em seu cabo-de-guerra.

Estratégias de intervenção

Como na maioria dos casos, quando uma criança carrega o problema, o objetivo da terapia é transferir a propriedade do sintoma do mecanismo intrapsíquico da criança para o drama interpessoal de pais e filhos afetando uns aos outros. As mentiras de Whitney eram uma resposta à superproteção dos pais.

Outra intervenção teve como foco trazer para a consciência da mãe como um passado traumático distorcia sua visão na relação com a filha. Naturalmente, como em todas as famílias reconstituídas, houve intervenções direcionadas ao realinhamento do trio para a criação de fronteiras de modo a proteger a autonomia do subsistema conjugal e adolescente.

Técnicas

Eu me uni a Whitney e ofereci um novo sentido para suas mentiras. Esse é um exemplo de como uso metáforas e bom humor. Aprecio trabalhar com crianças e adolescentes. Contudo, em situações nas quais os pais têm preocupações sobre o comportamento dos filhos, minha união com o filho pode causar o risco de eu perder a confiança dos pais. No caso de Mary, também precisei apoiar muito a mãe antes de poder desafiar sua posição. A menos que eu pudesse acalmá-la depois do seu desconforto inicial, não conseguiria engajá-la no processo de explorar novas opções.

Uma das técnicas que usei nesse caso foi o *reenquadramento* quando disse a Whitney que metáforas eram uma mentira poética, que suas mentiras eram uma resposta ao controle da mãe: quando descrevi a transação entre a mãe e Whitney como uma relação entre peixe e pescador, eu estava reenquadrando. Mesmo a troca de foco das mentiras de Whitney para o comportamento de detetive dos pais, e para a disputa de qual era o melhor detetive, constituía parte do processo de reenquadramento.

Também utilizei *desequilíbrio* quando me uni ao pai no papel de auxiliar e terapeuta da mãe presa na luta com sua filha – e com seu próprio passado. À medida que fui ampliando a voz do pai, eu também facilitei sua proximidade com a enteada.

5 | Três díades são menos que uma família inteira

A família Jones foi encaminhada para terapia familiar por uma clínica psiquiátrica onde a mãe fazia terapia individual devido à depressão e ideação suicida. Ela tem um filho, Matthew, de 18 anos, que é epiléptico e de inteligência *borderline*. Havia se separado do primeiro marido quando Matthew tinha 5 anos e casado de novo cinco anos depois. Há conflitos entre o filho e o marido, e a Sra. Jones se estressa e com frequência interrompe os conflitos pegando uma faca de cozinha e fazendo cortes superficiais em seu próprio abdômen. A família teve seis sessões de terapia antes da consultoria, e a mãe havia sido atendida individualmente pelo terapeuta familiar. Eu vi a família em Londres, na semana anterior a um *workshop*, e apresentei uma versão editada da sessão para uma audiência de terapeutas familiares.

Assim que entraram na sala de atendimento, os Jones, como que querendo telegrafar seus problemas, acomodaram-se com Matthew sentado entre a mãe e o padrasto. Eles são uma família atraente. Jill, uma mulher nos seus 40 anos, esbelta, de pele clara com sardas, cabelo ruivo claro, usando um vestido verde com desenhos geométricos, é irlandesa. Carl, com 1,80 m de altura, cabelos escuros, vestindo-se casualmente, com jeans e camisa de manga curta tem um rosto aberto e amigável. Ele é o primeiro a entrar na sala, e seu aperto de mão é firme, uma afirmação de confiança. Matthew, 18 anos, é um jovem homem alto, como Carl, vestido casualmente e parecendo confortável e amistoso. Nada em seu comportamento chama atenção para o problema neurológico.

A família buscou ajuda devido ao conflito entre Matthew e o padrasto.

Etapa 1: ampliar a queixa apresentada

CARL: Penso que Matthew acha que estou roubando a mãe dele.
Dr. MINUCHIN: Roubando sua mãe?

CARL: Sim, exatamente, porque ela direcionava todo o seu amor para o Matthew e agora o divide. A princípio, pensei que estava tudo bem. Matthew e eu fomos levando, mas, após algum tempo, o ressentimento foi surgindo em ambas as partes. Às vezes, eu me ressentia com Matthew por seu comportamento, e em outras Matthew se ressentia comigo porque eu pensava ter as normas corretas, e tendíamos a discutir – e continuamos nisso ainda agora – e por isso acabamos aqui.

Dr. MINUCHIN (*para Jill*): Que idade Matthew tinha quando você se separou do primeiro marido?

JILL: Matthew tinha 5, 6, sim, 5, 6.

Dr. MINUCHIN: E você se uniu ao seu atual marido. – Que idade Matthew tinha?

JILL: Dez... mas ele não estava em casa na ocasião. Ele estava internado em um hospital com escola especial para crianças com transtornos neurológicos.

Dr. MINUCHIN: Isso significa que vocês iniciaram com o casal sem a presença dele, e isso durou por quanto tempo?

JILL: Penso que foi algo em torno de... não foi mais que um ano... seis meses, não estou certa.

CARL: Penso que algo mais próximo de oito meses, e durante esse tempo Matthew estava nessa escola chamada St. Pierre. Ele tinha os finais de semana liberados. Ele vinha para casa nos finais de semana para passar algum tempo com a mãe, o que era legal, e isso não interferia porque nos finais de semana eu vivia perto dali, nos finais de semana também eu ficava no meu apartamento e via minhas crianças ou meu filho.

Comecei a explorar quanto tempo durara o período da formação do casal antes da incorporação de Matthew na família, e falamos por alguns minutos sobre detalhes desse período. Então foquei sobre o sintoma: o conflito entre Carl e Matthew.

Dr. MINUCHIN: Vocês discutem?

MATTHEW: Sim, discutimos bastante... na verdade.

Dr. MINUCHIN: Hoje, por exemplo.

MATTHEW: Hoje, só discutimos uma vez. Apenas uma vez, na van.

Dr. MINUCHIN: Isso foi vindo para cá?

MATTHEW: Sim, vindo para cá.

Dr. MINUCHIN: Você pode me contar?

MATTHEW: Foi porque minha mãe estava sentada no banco de trás da van, e há somente dois bancos na frente, e meu pai e eu estávamos sentados na frente, e ele me disse que eu deveria deixar minha mãe sentar na frente e eu sentar atrás – mas eu quebrei meu braço, e o jeito que ele dirige é como um louco, e por isso eu disse que eu sentava na frente e que minha mãe fosse sentar atrás. Ele ficou bem aborrecido com isso, ainda que não dissesse nada até chegarmos na metade do caminho.

Dr. MINUCHIN: Por que isso foi uma discussão?
MATTHEW: Bem, foi ele quem começou.
JILL: Aquilo não foi uma discussão.
CARL: Aquilo não foi uma discussão. Apenas sugeri... Perguntei a ele por que sua mãe estava sentada no banco de trás da van, e ele disse: "Eu estou com um braço quebrado", e eu disse "Você senta no seu traseiro, não em seu braço".
MATTHEW: Sim, mas Carl, o modo como você dirige.
CARL: Você disse "Você poderia ir mais devagar", ou pediu para sua mãe dizer...
MATTHEW: Sim, mas você continua – é o modo como você dirige.
CARL: Ele antecipa que vamos ter uma discussão e então já arma suas defesas. Penso que Matthew é muito egoísta em relação à sua mãe.

Frequentemente, desencorajo os membros da família de apenas falarem sobre o problema; em lugar disso, eu os convido a trazê-los para a sessão, a dançar em minha presença. Então, encorajo os membros da família a falarem uns com os outros, enquanto observo a natureza de suas transações.

Dr. MINUCHIN: Matthew, quando eles se tornaram um casal, que idade você tinha?
MATTHEW: Não me lembro. Eu tinha? (*Ele olha para sua mãe.*)
JILL: Penso que por volta de 10 anos.
MATTHEW: Dez anos.
Dr. MINUCHIN: Ela lembra melhor.
MATTHEW: Sim, ela lembra tudo. Eu não consigo lembrar. Tudo o que sei é que eles estão juntos há oito anos – isso é tudo o que eu sei.

Não sei ainda o nível do comprometimento de Matthew, mas presto atenção à sua dependência da mãe para fornecer informações. Sei que crianças com epilepsia têm problemas de memória, mas também sei que pais de crianças deficientes tendem a protegê-las e algumas vezes as superprotegem. Precisarei de mais informações para avaliar esta relação.

Dr. MINUCHIN: Então você era um cara jovem, e foi então que as discussões começaram?
CARL: Não – bem, eu não sei quando elas começaram.
MATTHEW: Penso que começaram quando eu era um pouco mais velho...
Dr. MINUCHIN: Mais ou menos quando?
MATTHEW: Hum, dos meus 14 anos até agora?
Dr. MINUCHIN: Como vão elas? Quem vence nas discussões?
MATTHEW: Bem – vencer, essa é uma boa pergunta. Bem, às vezes ele ganha – é como uma competição (*rindo*). Ele quer ganhar, mas – não é por causa do jeito de ganhar, é como – é mais?
CARL: Bem (*rindo em silêncio*).

MATTHEW: O que? Ele está rindo – às vezes, quando discutimos ele tem a última palavra e então ele ganha. É isso, mãe, não é?

JILL: Eu não sei.

Enquanto ouço Matthew, avalio sua capacidade intelectual. Estou impressionado com ele. Ele tem um sorriso amistoso e uma maneira fácil de se relacionar. Julgando por sua linguagem, seu Q.I. parece ligeiramente abaixo do normal. Penso que seu último pedido para sua mãe ("É isso, mãe, não é?") foi um pedido de aliança com ele contra Carl, mas Jill se recusa a tomar partido.

Dr. MINUCHIN: Eu estava ouvindo Matthew e a forma como ele raciocina. Ele raciocina bastante bem, mas pede à sua mãe para ajudá-lo com a memória. Às vezes, ele realmente precisa disso, mas às vezes ele apenas está acostumado a usar sua memória (*Jill*) para ajudá-lo.

CARL: E é daí que algumas discussões surgem, porque Matthew, quando tinha 14 anos, e até agora... há muitas coisas que sinto que Matthew, como um adulto jovem, deveria fazer por si mesmo, mas ele continua dependendo de sua mãe, coisas que vão desde levantar para apanhar seus comprimidos. Somente há pouco tempo, na verdade algumas semanas atrás, é que Matthew começou a apanhar seus comprimidos pela manhã e a tomá-los. Até então sua mãe tinha que apanhar os comprimidos e prepará-los, a sua mãe tinha que fazer isso – aos 14 eu sinto que ele já deveria ter começado a fazer alguma coisa...

MATTHEW: Sim, mas eu sempre estive perto de minha mãe, não é como uma coisa da idade.

CARL: Sim, mas o Dr. Minuchin acabou de dizer que você está acostumado a usar a memória de sua mãe, o que significa que você é bastante lento em algumas coisas, e em outras coisas você é realmente inteligente, mas em alguns entendimentos você fica um pouquinho atrás das outras crianças.

MATTHEW: Sim, mas eu melhorei.

CARL: Sim, e essa era minha ideia todo tempo, encorajar você a fazer mais por si mesmo, Matthew. Há tantas coisas que você pode fazer, mas apenas é mais fácil para você dizer "Mãe, você pode fazer?". Você para no pé da escada e grita, "Mãe, você pode trazer meu cinto?". Ela poderia estar no banheiro, qualquer coisa – você não pode subir as escadas e colocar seu próprio cinto – você é tão preguiçoso...

MATTHEW: Eu não sou preguiçoso, Carl!

CARL: Eu não terminei. Matthew, você coloca muito as coisas sobre a sua mãe. E é daí que eu penso que brotam muitas de nossas discussões. Penso que você se aproveita de sua mãe.

MATTHEW (*interrompendo*): Eu ouvi todas as discussões, Carl. Não sou eu a causa disso. É bem diferente.

CARL. Bem, penso que muitas das discussões brotam de...

MATTHEW: São discussões por sua causa, e você foi mau comigo – são todas discussões diferentes, não é apenas aquilo – deixe mamãe falar, ela pode dizer a você todas as discussões que tivemos.

CARL: Você continua pedindo o apoio de sua mãe. Você pede para sua mãe fazer tudo por você, até falar por você, Matthew. Sua mãe não vai estar aí o tempo todo. Você precisa aprender a fazer as coisas por si mesmo, e isso é tudo o que estou tentando dizer. Você quer se tornar adulto, e dentro de poucos anos terá seu próprio apartamento. Você precisará aprender a limpar, a lavar...

MATTHEW: *Você* não sabe nem cozinhar, Carl.

CARL: Ok, Matthew. Posso viver por minha conta, Matthew, cozinhar para mim.

MATTHEW: A única coisa que você cozinha por sua conta é o café da manhã, você pede à mamãe para fazer o jantar.

CARL: Ok, Matthew.

MATTHEW: Você não consegue cozinhar.

CARL: Ok, Matthew.

Dr. MINUCHIN: Ok, obrigado. Esse foi um bom exemplo. (*para a mãe*) Agora, enquanto isso se passava, o que aconteceu com você?

> *O sintoma está apresentado. Está claro que esses dois homens estão competindo pelo amor da mesma mulher, e ambos claramente têm direito à atenção dela. Entretanto, a competição entre eles a coloca na posição de tentar satisfazer a ambos igualmente, e é provável que em situações similares a essa ela responda ferindo a si mesma. A discussão entre Carl e Matthew é uma discussão entre iguais. Meu palpite é que Jill protege Matthew e não apoia a autoridade de Carl.*

JILL: Eu estava ouvindo as coisas que ambos disseram e que não estão certas.

> *A contabilidade "justa" de Jill apoia minhas impressões: os dois homens são tratados como iguais.*

Etapa 2: destacar o problema – interações mantenedoras

Dr. MINUCHIN: Você sente que precisa participar?

JILL: Não, neste momento, não.

Dr. MINUCHIN: Em que ponto você entra nisso, quando se intensifica?

JILL: Quando se intensifica de forma realmente ruim, então eu me envolvo.

Dr. MINUCHIN: Matthew é agressivo?

JILL: Ele não era agressivo no passado – mas agora que está ficando mais velho, ele começou a ficar um pouco agressivo... verbalmente.

Dr. MINUCHIN: É algo que acontece em recasamentos. Dá trabalho incorporar o marido como um pai, e essa incorporação não está acontecendo aqui. Há dois grupos aqui, marido e esposa, mãe e filho. É sempre uma dupla. Quando há padrasto e filho, você, Jill, está sempre alerta para funcionar como protetora, e essa é uma organização muito disfuncional. Quando três pessoas requerem três diferentes agrupamentos – Jill e Matthew, Jill e Carl e Carl e Matthew fica muito estranho. Ele (*Carl*) relaciona-se com Matthew com algum nível de alerta: "O que Jill irá dizer?" Eu sou um homem e observei esses dois homens falando, e havia alguma coisa boa nisso. Vi ambos discutindo, mas também conversando, e vi algo de prazer na função parental de Carl. Vi Matthew dizendo a você: "Eu sou tão alto quanto você".

MATTHEW (*risadas*): Sim, eu sou tão alto quanto ele.

CARL (*rindo*): Ele é um pouco mais alto que eu agora.

> *Ofereço à família um modelo normalizador de famílias reconstituídas. Com frequência ofereço às famílias uma descrição simples de sua organização, e me surpreende que o que parece evidente para mim soa como uma novidade para eles. Mais tarde irei descrever a mesma organização familiar como triângulos aglutinados e focarei a carência de duplas não trianguladas. Nesse ponto estou apoiando a função parental de Carl. Terapia é algo sequencial, e, ao longo do caminho, diferentes objetivos demandam intervenções diferentes.*

Dr. MINUCHIN: É uma questão de autoridade, e Carl não tem muita autoridade, porque, quando ele responde para Matthew, ele sabe que Jill está observando. Então a liberdade dessas duas pessoas para desenvolver e evoluir é reduzida pela sua (*para Jill*) preocupação, pela sua vigilância, pela sua inquietação. Você está 24 horas em estado de alerta – perigo – alguma coisa vai acontecer. Quando e onde você aprendeu que há perigo na proximidade?

> *Essa intervenção parece redundante: eu já disse exatamente a mesma coisa na afirmação anterior, mas após anos de prática perdi a fé em qualquer intervenção isolada. As pessoas absorvem as novidades dentro de suas antigas formas de pensar, e isso desaparece após a sessão, e usualmente até durante ela. Então eu me repito. Confiro intensidade à interpretação ao apresentar a mesma mensagem embrulhada em outras palavras e através de diferentes imagens, até ouvi-la repetida de uma forma ou outra por um membro da família.*

> *Ao final da sessão, apresento uma ideia que será amplificada na próxima sessão: as formas de relacionamento das pessoas são programadas na infância.*

JILL: Em quê?

Dr. MINUCHIN: Na proximidade. Fiquei impressionado com os diálogos entre Carl e Matthew. Vi uma formidável acomodação entre eles, de Matthew com Carl, e de Carl com Matthew. Mas como você tem medo de que alguma coisa aconteça, você continua a não ver isso.

CARL: Eu creio que seja verdade.

JILL: Na verdade, eu concordaria com você, mas isso é apenas porque temos passado por tantas coisas, e isso é tudo tão novo, e eu quero que sejamos como – bem, não como uma família normal –, mas nos damos bem juntos, e isto é pelo que estamos nos esforçando, e tem sido uma batalha nos últimos oito anos.

CARL: Penso que nosso problema é que por muitos anos eu não entendia os problemas de Matthew e suas necessidades. E agora que estou envelhecendo e vivendo com Matthew, percebo que muito disso é minha própria culpa. E sinto que se continuarmos a ver o terapeuta familiar na clínica, se pudermos tirar Matthew de sua atitude negativa, todos poderemos ser, como você disse, uma família normal, porque mesmo famílias normais costumam discutir, porém não é algo tempestuoso. Jill espera que isso vá funcionar. Estou fazendo tudo o que posso para fazer funcionar.

Dr. MINUCHIN: Está funcionando.

CARL: Se trabalharmos um pouco mais duro. É minha culpa, Matthew, é minha culpa que você tenha ressentimentos de mim (*tocando no braço de Matthew*) por algumas coisas, porque por muito tempo você me entendeu mesmo eu sendo aquele que implica com você, e como sua mãe disse, não é porque eu não fui razoável, é a forma de eu pedir para você fazer as coisas...

MATTHEW: Não é apenas que...

JILL: Estamos tentando mudar a forma como agimos e falamos uns com os outros...

> Carl parece apoiar mais Matthew, mas vejo tanto Carl quanto Jill se afastando de um entendimento do triângulo familiar e voltando à noção de que eles apenas precisam ser amáveis uns com os outros.
>
> Matthew e Jill falam sobre o trabalho de Matthew. Ele está trabalhando oito horas por semana em uma loja de departamentos e frequentando uma escola técnica onde aprende uma profissão. Sinto que preciso trazer sua atenção para a maneira como funcionam e explorar mais as formas de relacionamento de Carl e Matthew.

Dr. MINUCHIN: Matthew, você sabe a idade de Carl?

MATTHEW: Qual a idade de Carl? Quarenta e quatro.

CARL: Quarenta e dois (*tocando o braço de Matthew*).

DR. MINUCHIN (*para Matthew*): Eu o vejo como o desafiador. Você sabe o que é um desafiador?

MATTHEW: Eu desafio.

Dr. MINUCHIN: Carl, explique para ele o que significa, porque ele desafia você.

MATTHEW: Oh, sim.

Dr. MINUCHIN: Deixe-me prosseguir. (*para Carl*) Explique para ele o que é um desafiador.

> Enfatizo que Carl sabe mais e sugiro que ele deve ajudar Matthew a entender. Estou apoiando uma organização hierárquica e desafiando o fato de Jill tratá-los como iguais.

CARL: Penso que significa que quando eu falo algo você não está me ouvindo, e o que quer que eu diga estará errado. (*virando para o Dr. Minuchin*) É isso o que você quis dizer?

Dr. MINUCHIN: Sim. (*olhando para Matthew*) Você pode ficar em pé um momento? (*Dr. Minuchin e Matthew se levantam. Matthew é um pouco mais alto que o Dr. Minuchin. Dr. Minuchin ri.*) Uau, você é muito alto! Mas, sabe, os pais às vezes devem perceber que os filhos precisam discernir que os pais são mais velhos e talvez saibam mais.

Quando trabalho com crianças, frequentemente uso metáforas não-verbais para explicar questões de autoridade.

Dr. MINUCHIN: Tenho 83 anos.

MATTHEW: Uau! (*risadas*)

Dr. MINUCHIN: Você tem 18. Eu sou mais velho. Então, algumas vezes eu quero dizer "Sabe, eu já passei por isso, me ouça". Se Carl diz isso para você, você sabe o que você faz? Você diz: "Eu sei mais que você".

MATTHEW: Não, eu não faço isso com ele.

Dr. MINUCHIN: E eles fazem isso – é uma dança. E eles (*agora falando para Jill*) vão desenvolver sua própria dança. Penso que Carl ensina muito a Matthew sobre o que é aceitável. E Matthew claramente está crescendo com essa relação. (*Dr. Minuchin pede a Matthew que sente em outra cadeira.*) Matthew, você pode sentar ali e dar ao Carl seu lugar de direito próximo da sua mãe, e você precisa encontrar outra mulher. Você tem uma namorada?

MATTHEW: Não.

Dr. MINUCHIN: Você está procurando uma?

MATTHEW: Sim, um relacionamento.

Dr. MINUCHIN: E então você vai deixar eles terem seu próprio relacionamento?

MATTHEW: O que você quer dizer? Você pensa que eu estou separando esses dois?

Dr. MINUCHIN: Sim.

MATTHEW: Eu não. Eu não estou fazendo isso.

Dr. MINUCHIN: Gostei da sua resposta. Gosto quando você me corrige.

MATTHEW: Sim, mas é isso o que você pensa. Mas eu não estou fazendo isso.

Dr. MINUCHIN: Ok, eu me corrigi.

Matthew havia entendido e ficara ressentido com a implicação de minha descrição do triângulo familiar. Aceitei o desafio dele, modelando uma forma de diálogo que não se tornasse uma discussão.

MATTHEW: Não – é entre mim e Carl, porque nós não nos entendemos.

Matthew insiste em localizar o problema novamente no conflito entre ele e Carl. Eu converso com Jill sobre seus medos e peço a ela mais tarde para explicá-los a Matthew. Ele pensa que os medos dela estão relacionados com ele e com seus problemas.

JILL: Você quer que eu explique a ele? (*hesita*) Eu apenas me sinto desconfortável; eu não quero...

Quero que Jill conte a seu filho que ela tem assuntos que não se relacionam com ele, que ela é uma outra pessoa, separada dele, com seus próprios problemas.

MATTHEW: Apenas diga. Diga, mamãe, por favor.

JILL: Não. Apenas me sinto um pouco desconfortável. (*para Dr. Minuchin*) Você está dizendo que pensa que eu temo muitas coisas que apenas me desconcertaram um pouco.

MATTHEW: É alguma coisa que você pensa que irá me aborrecer?

Matthew não consegue conceber que minha conversa com Jill não se relaciona com ele. Em sua relação sufocantemente próxima, não há espaço para autonomia.

Dr. MINUCHIN: Vejo sua mãe como uma pessoa assustada.

MATTHEW: Sim.

Dr. MINUCHIN: E quero ver como ela tomou esse caminho – o que aconteceu a ela quando era uma criança que a fez olhar o mundo como se ele estivesse cheio de perigos.

MATTHEW: Eu sei disso, sim.

Dr. MINUCHIN: Todos nós fomos treinados desde crianças a olhar para o mundo de certas maneiras. E como adultos continuamos fazendo isso, então vejo você (*para Jill*) alerta aos perigos. Vejo você (*Carl*) como uma pessoa que entra em competição com muita facilidade, então você compete com Matthew, que é um rapaz, como se ele fosse seu igual. Isso é algo que tentarei explorar: como você se tornou esse tipo de pessoa? Matthew e eu estaremos ouvindo vocês dois e então falaremos sobre a possibilidade e serem diferentes e de que maneira. Vocês parecem ser muito agradáveis, pessoas prestativas, mas estão paralisados em um círculo destrutivo. Prestei bastante atenção em Matthew hoje e penso que vocês tendem a minar a competência dele. Vocês o protegem em áreas nas quais ele é muito competente. (*Dr. Minuchin levanta e aperta a mão de Matthew*) Gosto de você e penso que você é muito mais inteligente do que as pessoas pensam.

Ao final da sessão, eu sabia que havia me unido a Carl e Matthew e que eles se sentiam apoiados e confirmados, mas estava preocupado sobre como Jill havia tomado meus desafios. Eu precisaria apoiá-la mais na próxima sessão.

SEGUNDA SESSÃO

Estão presentes na sessão Jill, Carl, Matthew e seu terapeuta familiar, que não havia podido comparecer na sessão anterior.

Etapa 3: investigar o passado com foco na estrutura

JILL: Eu me sinto realmente desconfortável (*rindo nervosamente*). Hum, suponho que muito disso vem da minha infância – meu pai era muito violento. Hum, abusivo de todos os modos e era alcoólatra. Eu penso que era um homem maravilhoso, mas era um alcoólatra. E quando ele bebia, era um animal. E ele era fisicamente muito abusivo com minha mãe, conosco – mas mais comigo e com minha mãe, especialmente à medida que eu cresci. E isso era realmente horrível.

Dr. MINUCHIN: No que ele trabalhava?

JILL: Ele trabalhou em várias coisas diferentes. Começou como policial, e minha mãe era dona de bar, ela tinha um bar. E eles se juntaram, casaram e dentro de três ou quatro anos ele começou a beber. Bebia no bar de minha mãe, e ela acabou perdendo o bar.

Dr. MINUCHIN: Ela perdeu o bar?

JILL: Sim, ela perdeu tudo o que tinha por causa da bebida dele. Nós nos mudamos, e ela engravidou do meu irmão menor. Fomos morar em Galway.

Dr. MINUCHIN: Seu pai bebia todos os dias?

JILL: Não, nos finais de semana.

Dr. MINUCHIN: E ele bebia durante todo o final de semana?

JILL: Um pouco – não sempre, porque penso que não tínhamos condições para isso. Se ele tivesse condições de pagar, beberia, mas não tínhamos muito dinheiro, e então, sabe, pode ser que fosse somente no sábado à noite.

Dr. MINUCHIN: Ele voltava para casa e fazia o quê?

JILL: Bem, ele chegava tarde da noite, e meus irmãos deveriam estar na cama, e eu esperava com minha mãe, aguardando a chegada dele – e observávamos o quão bêbado ele estava.

Dr. MINUCHIN: Você e sua mãe.

JILL: Sim, costumávamos nos revezar, você sabe, aguardando quando ele voltasse. Quando ele chegava, eu costumava subir correndo as escadas e esperar, e assim que ele começava a bater em minha mãe, eu descia. E posso lembrar que ele sempre parava, mas então eu fui crescendo. Hum, eu penso que a primeira vez foi realmente horrível – ele pegou minha mãe no banho, e estava com uma grande bota amarela, e havia muito sangue e eu desci, e ele me pegou e me atirou pela porta da frente e despedaçou todo o vidro. Não, não foi o vidro – foi a minha mãe que ele atirou no vidro – ele só me jogou no chão da sala. Eu me lembro do pescoço dela e da bota amarela e de que havia sangue (*tremores*).

Ela parecia estar revivendo a experiência, e sua narrativa tornava-se incoerente em certos momentos. A grande bota amarela (claramente uma lembrança dissociada) estava ali na sala conosco, e senti-me querendo proteger aquela menina de 8 anos que agora tinha 40 e continuava vendo o sangue.

Jill não estava apenas descrevendo um evento histórico, ela estava lá, e seu medo era palpável.

Dr. MINUCHIN: Que idade você tinha?

JILL: Eu não sei, 8, 9, 10. Eu não sei.

Dr. MINUCHIN: Por que ela continuava com ele?

JILL: Oh! Ela ficava. Ela deixou dele uma vez, mas ele voltou uns seis meses depois, quando eu já tinha uns 13 anos, sim. Mas então ele voltou, e ela o deixou voltar.

Dr. MINUCHIN: E na Irlanda são mais indulgentes com homens abusivos?

Quero expressar meu apoio a ela. Eu gostaria de pedir desculpas pela forma como seu pai havia maltratado tanto ela quanto mãe. Aprendi mais tarde que observadores respondiam com sentimentos similares. Algo da sua descrição havia ultrapassado o tempo, e nós havíamos estremecido com ela.

JILL: As pessoas na verdade não sabem – ninguém sabia realmente –, e ninguém interferia, você sabe.

Dr. MINUCHIN: Quem protegia você?

JILL: Ninguém, realmente.

Dr. MINUCHIN: E o seu irmão mais velho?

JILL: Quando crescemos, acho que quando ele tinha uns 16 anos, ele começou a confrontá-lo – ele começou a brigar fisicamente com ele e a tentar nos proteger um pouco.

Dr. MINUCHIN: Você ainda conserva uma relação com seus irmãos?

JILL: Sim, dois vivem em Londres, e um vive em Dublin.

Dr. MINUCHIN: E sua mãe, onde ela está?

JILL: Ela agora está em Londres.

Dr. MINUCHIN: E você a visita?

JILL: Sim.

Dr. MINUCHIN: E quando foi que você encontrou o pai de Matthew? Que idade você tinha?

JILL: Vinte.

Dr. MINUCHIN: Vinte. Você veio para Londres quando tinha 19?

JILL: Sim.

Dr. MINUCHIN: E quanto tempo você ficou com ele?

JILL: Uns dez anos, eu acho.

Dr. MINUCHIN: Dez anos... Vocês se casaram, ou...?

JILL: Sim, nós nos casamos.

Dr. MINUCHIN: O que aconteceu então? O que aconteceu com seu marido? Ele era um alcoólatra, também?

JILL: Ele não era alcoólatra, não; mas era bastante abusivo. Fisicamente abusivo e verbalmente abusivo e – eu me sinto tão estúpida sentada aqui falando isso.

Percebo agora que estava "fazendo eco" das frases de Jill. Eu estava consciente da sua relutância em voltar a explorar seu passado, mas não tinha percebido que estava repetindo suas palavras como uma forma de tornar claro meu interesse pela narrativa dela.

Dr. MINUCHIN: Quando você disse "fisicamente abusivo", pode descrever se ele dava socos em você e lhe empurrava?

JILL: Dava socos em mim, e me estrangulava, ou... ele costumava me colocar numa posição em que eu não podia respirar e desfalecia e coisas desse tipo.

Dr. MINUCHIN: E você fugiu desse inferno dez anos depois?

JILL: Hummn.

Dr. MINUCHIN: Matthew lembra de alguma coisa disso?

JILL: Não! Eu realmente não quero tratar disso na frente dele.

Dr. MINUCHIN: Você concluiu o ensino médio?

JILL: Eu não fui muito bem. Eu achava difícil ouvir e estudar... eu estava sempre preocupada, eu acho, como uma criança – sempre assustada e pensando em minha mãe e preocupada, eu não sei...

Dr. MINUCHIN: Você sabe. Não é que você não saiba, você sabe. Você tem vivido com a sua infância por muitos anos, e ela ainda está com você.

JILL: Sim, se bem que tenho tentado mudar nos últimos oito ou nove anos.

Dr. MINUCHIN: Como você tenta mudar?

JILL: Meu Deus, tenho que contar a história toda? Hum, bem, eu comecei a... Suponho que quando Matthew saiu – ele foi para um internato-hospital por uns dois anos, e quando ele foi para lá, subitamente me vi por minha conta. Acho que olhei para trás... Não tinha ninguém para cuidar, e ninguém precisava de mim, me senti como que sem propósito, comecei a beber muito, e contei para um de meus irmãos, e ele me sugeriu que eu fosse ao A.A. Então comecei a ir ao A.A. nove anos atrás e tive uns bons anos de sobriedade, até recentemente.

Jill agora está falando frases completas e parece confortável ao falar comigo; sinto que isso é necessário para começar a conversar com Carl, que estava dando sinais de aborrecimento.

Dr. MINUCHIN: Penso que é a vez de Carl agora – posso passar para Carl?

JILL: Sim.

Dr. MINUCHIN (*virando para Carl*): Vi você conversando com Matthew, e, claramente, você é alguém protetor e gosta de ensinar, e por aí vai, mas há também um elemento de competição. Você toma muitas coisas que Matthew diz como um desafio. Onde você aprendeu esta forma de abordar a vida?

CARL: Acho que foi quando estava na Itália. (*Quando Carl era criança, sua mãe morreu, e ele foi viver com parentes na Sicília.*) Fomos levados a crer que não se pode confiar em ninguém – a sermos cautelosos com todo mundo, e se você acredita que está certo, deve manter seus valores, deve respeitar os mais velhos e isso basicamente acho que devo ter aprendido na Itália.

Dr. MINUCHIN: Mas você sabe, Matthew desafia você bastante, e você aceita os desafios, e então você e ele passam ambos a ter 15 ou 16 anos – você e ele se colocam como iguais. De onde você pegou esse espírito competitivo?

CARL: Eu não sei se é espírito competitivo – quando eu desafio Matthew é por causa de algo que ele parece não ouvir. Então minha tendência é ficar aborrecido, e minha reação é levantar a voz e começar a gritar – algumas vezes dizendo palavrões.

Dr. MINUCHIN: É porque a questão de autoridade é importante?

CARL: Não, eu não acredito que seja isso. Creio que a maior parte das discussões vem de – eu usualmente tento defender Jill – e, se acho que as coisas estão irritando a mãe dele, tendo a me colocar na defesa de Jill. Se pedimos que Matthew faça algo, ele não faz, e então Jill faz. Ela tem uma vida muito atarefada. Sua mãe está ficando velha e tem demência, e é muito esquecida, então Jill fica correndo em volta tentando fazer o seu trabalho, tentando ser uma esposa, tentando ser uma mãe, tentando ser uma filha – e todas essas coisas parecem interromper, e por isso às vezes peço a Matthew para fazer as coisas, e ele simplesmente não dá a menor bola. Ele apenas não quer ouvir.

Dr. MINUCHIN: Penso que é mais complexo que isso. Você disse na terça-feira que Matthew pensava que você estava roubando a mãe dele. Você às vezes sente que Matthew está tirando a sua esposa de você?

Etapa 4: descobrir cocriar formas alternativas das relações

Decido arbitrariamente utilizar esse momento como o início da quarta etapa. Passo da exploração do passado para a etapa de tentar introduzir mudanças. Em muitos casos, aciono os filhos neste ponto, mas com os Jones senti que era importante para Matthew permanecer como audiência, enquanto Carl e Jill falam. Isso é, em si mesmo, uma nova forma de ser para este casal e para Matthew.

CARL: Tenho certeza de que já senti isso algumas vezes – quando coisas se colocam entre nós, sim.

Dr. MINUCHIN: Você sente que Jill, de uma forma ou de outra, deve apoiar mais você. Jill, você conhece Carl há oito anos?

CARL: Sim.

Dr. MINUCHIN: É bastante tempo. Então o que interfere no desenvolvimento de uma família completa? Como Jill não contribui para que você seja menos competitivo? Como você não ajuda Jill a ser menos ansiosa, nem

Famílias e casais **103**

tão preocupada em ajudar Matthew? O tipo de coisa que precisa acontecer entre esposos quando vocês são uma família. Você briga com Matthew para apoiar Jill – é isso que ela quer?

CARL: Não, eu não penso que seja.

Dr. MINUCHIN: Isso *não* é o que ela quer. Um ano atrás, ela começou a beber novamente – algo que ela não queria fazer. Qual sua contribuição para isso?

CARL: Contribuir para ela beber?

Dr. MINUCHIN: Como você segura o copo para ela?

Frequentemente utilizo essa metáfora ao trabalhar com alcoólatras, sugerindo que o alcoolismo é um pas de deux'.

CARL: Provavelmente discutir com Matthew tenha colaborado para ela voltar a beber.

Dr. MINUCHIN (*virando para Jill*): De que formas Carl deprime você?

JILL: Carl é uma pessoa realmente adorável, maravilhosa. Mas há duas partes nele. Às vezes, digo que ele é esquizofrênico – porque acho que ele não tem consciência de que há duas pessoas nele. Sei que ele não é esquizofrênico, mas ele nem mesmo parece ter consciência da forma como ele é quando ele... hum, eu não chegaria a dizer abusar. Tenho dificuldade em dizer abuso, mas não é algo físico, então, talvez, eu não sei, apenas vou ficando confusa, não consigo dizer.

Jill começa a criticar Carl, mas então hesita e se retrai. Ela está experienciando angústia e culpa a si mesma. Suponho que é em situações similares a essa que ela se torna autodestrutiva. Sinto que é necessário que ela vá além desse limiar. Espero que com meu apoio ela possa desafiar Carl e ver que não há perigo em um conflito aberto com seu marido.

Dr. MINUCHIN: É importante que Jill seja capaz de expressar isso para você. E acho que chega um ponto em que ela se sente agressiva demais e teme estar passando do ponto de que vá magoar você. E então ela para. E ela precisa ter certeza de que você vai amá-la mesmo que ela seja crítica. Você pode dar essa permissão a ela?

CARL: Sim, você tem minha permissão.

Dr. MINUCHIN (*para Carl*): Segure na mão dela, porque ela vai ser crítica com você. (*Carl toma a mão de Jill nas suas.*)

JILL: Oh, sim, bem, eu posso admitir isso, eu sei disso.

Dr. MINUCHIN (*para Jill*): Como ele deprime você?

JILL: Ele é deprimido e abatido na maior parte do tempo. Ele é adorável quando saímos; em qualquer lugar que vamos quando saímos, ele é essa pessoa adorável, adorável, que não é em casa – e isso acontece com as pessoas próximas dele – sua mãe, eu, Matthew, o filho dele, com quem esse outro Carl surge e é horrível. É triste, é horrível.

Dr. MINUCHIN: Descreva para ele esse outro Carl.

JILL: Hum, talvez deprimido realmente, e talvez sentindo alguma dor terrível dentro dele e esparramando-a sobre todo mundo. Raivoso, verbalmente abusivo. E acho que a razão por que – ou talvez não –, mas acho que às vezes a razão por que nós ainda estamos juntos é que eu certamente amo e o adoro, e ele é uma das melhores pessoas que eu já conheci. Mas há uma parte dele que é assustadora.

Dr. MINUCHIN: Ajude-o com essa parte dele, porque isso é importante para você e para ele.

> Na primeira sessão, quando apoiei Carl ao enfatizar os aspectos positivos da relação dele com Matthew, eu estava consciente das dificuldades de Jill em expressar crítica e raiva. Ela "prefere" em vez disso, pegar uma faca e ferir a si mesma. Ela mantém uma memória da violência na infância que limita suas respostas no presente. Contudo, senti-me muito próximo dela nesta sessão, e ela correspondeu ao desafiar Carl na minha presença.

(Viro para Carl): Do que ela está falando?

CARL: Foi há umas semanas atrás, quando encontrei Frankie, a terapeuta familiar, e você me disse que havia ficado muito irritada e ligado para seu irmão. E eu perguntei se você falou com ele e não ligou para mim. Não posso lembrar do que era... e no final das contas você me disse que, ao invés de apoiar, você pensava que eu iria me voltar ainda mais contra Matthew. Só recentemente, não posso lembrar a data, mas foi nas últimas duas ou três semanas que você disse: "Eu gostaria de falar mais com você, mas fico assustada com sua reação". E eu lhe disse que você pode me falar o que quer que seja.

JILL: Não preciso de críticas constantes sobre Matthew, sobre tudo. Eu preciso de você como amigo. Preciso de seu apoio emocional, e, você sabe, somos um casal, como uma equipe.

Dr. MINUCHIN: Muito bem.

JILL: Falamos sobre isso às cinco da manhã, quando Matthew ligou com o braço quebrado. E eu sabia com certeza qual seria a reação de Carl. Praguejando e – ele faz uma cara horrorosa – é horrível. Quando ele faz a sua cara horrorosa, não acaba mais, não tem conversa.

Dr. MINUCHIN: Mas você está descrevendo algo sobre esse homem, que você ama e que ama você, que é útil. Você o está descrevendo como alguém que critica muito. Vi isso acontecer. Vi isso na discussão dele com Matthew. Ele se tornou o que eu chamo de aperfeiçoador. O que quer que você diga e faça, há uma forma melhor de fazer. E isso é uma coisa que irrita muito as pessoas. Então, como você pode ajudá-lo? Como você pode mudá-lo?

JILL: Medicando-o. (Risos)

Dr. MINUCHIN: Acho que *você* é o remédio.

> O pedido de que a "vítima" seja a curadora é uma intervenção frequente em meu repertório.

JILL (*para Carl*): Em todos esses anos com você e Matthew, realmente eu deveria ter feito algo a respeito disso. Mas eu não pude, você sabe, porque eu amo tanto você. Talvez eu esteja confusa sobre o que é abuso e o que não é. Mas eu sempre quis que funcionasse, mas estou perdida agora, e perder minha sobriedade foi a pior coisa – oh, estou ficando triste agora. (*Chora*) Sabe, eu não acredito que estaríamos juntos, Carl, se eu fosse uma pessoa forte, não acredito que estaríamos juntos agora porque é tão ruim. Os últimos oito anos têm sido um inferno, um absoluto inferno. E eu sei que você está tentando de verdade, e as coisas realmente estão ajudando. Sei que você está ficando incomodado aqui, e eu também. Sei que todas essas coisas vão nos ajudar a encontrar maneiras de nós dois vivermos bem emocionalmente e não termos que usar vários tipos de remédios, que ambos usamos, para viver. Eu nunca tive uma vida normal. Mas tenho uma ideia de um tipo de vida normal – uma vida em família comigo, você e Matthew – onde possamos estar juntos.

Senti que o desafio direto de Jill para Carl era algo novo, e que trazer Matthew de volta nesse momento seria o retorno a uma forma indireta de agirem na relação, como um trio, e não como um casal. Assim, tentei proteger o casal e Matthew em meu desafio para Jill.

Dr. MINUCHIN (*para Carl*): Jill disse que você está sempre dizendo para as pessoas que há maneiras melhores de ser do que as delas e que você a deprecia. (*Para a terapeuta que estava sentada em silêncio durante a sessão.*) Será importante que essas pessoas conversem entre si sem o Matthew. Mesmo quando estão sozinhos, eles falam sobre Matthew. Matthew torna-se o campo de batalha, e isso é lamentável, porque eles são ótimas pessoas que se querem bem, e será bom se puderem começar a se tratar como um casal. Acho que Matthew está em melhor situação hoje do que ontem. Fiquei impressionado na última sessão com o quanto ele é habilidoso, como ele compreende e como ele é mais autônomo do que Carl e Jill pensam. Você sempre os vê como um trio?

Ao final da sessão, conversei com a terapeuta, sugerindo alguns encaminhamentos para a terapia e transferindo a família de volta para ela. Fiquei impressionado com o trabalho dela e me sentia confortável por ela continuar trabalhando e fazendo bom uso dessa consultoria.

TERAPEUTA FAMILIAR: Eu os vejo como casal e também como um trio e em diferentes combinações.

Dr. MINUCHIN: Acho que eles precisam de mais ênfase como casal. Matthew parece ser um jovem muito legal, mas frequentemente se torna um menino. Ele não sabe muito sobre fronteiras, então você deve recordar Jill que é importante que ela forneça esses limites. Ela teme fazê-lo porque é muito amorosa. (*Para a família*) Penso que vocês têm sorte de tê-la como terapeuta, porque ela gosta de vocês, e eu acho, Jill, que você é capaz de começar – como eu vi que você fez – a desafiar Carl. Agora é muito difícil para você desafiar, porque se amedronta. E aí, quando você desafia, começa a esquecer ou a ferir a si mesma. Isso é uma coisa importante para você discutir com Frankie. Fico muito satisfeito de ter conhecido vocês, mas não vou vê-los de novo, porque estou voltando para os Estados Unidos agora na segunda-feira. Vocês terão uma fita que fica com Frankie e que vocês podem assistir se quiserem.

JILL: Quero levar para casa. Gostaria de ter uma comigo em casa. Isso é possível?

* * *

CODA

Jill havia me dito que seu aniversário seria no dia seguinte à sessão, então liguei e deixei um recado na secretária-eletrônica, desejando a ela um feliz aniversário. Recebi dela o seguinte *e-mail*, no dia seguinte:

> Nosso encontro aconteceu somente por algumas horas, mas encontrá-lo teve um efeito muito poderoso e positivo em mim. Acho que você é um homem muito inteligente e querido, e não vou esquecê-lo. Mais uma vez, obrigada por tudo.
>
> Jill

Compartilho essa correspondência porque me senti satisfeito por ter contribuído para uma imagem positiva de homem para Jill, que havia partilhado suas imagens destrutivas dos homens.

ESTRUTURA TERAPÊUTICA

Organização da família

Como muitas famílias reconstituídas, os Jones tinham conflitos de lealdade. Mesmo famílias de primeiros casamentos têm problemas com lealdades divididas. Nesses tempos agitados, é totalmente comum que a parceria marital de casais seja sacrificada pelo culto da atuação parental. Maridos têm inveja do tempo que suas esposas utilizam levando os filhos para o *ballet*, escolinha de futebol e grupo de jovens – mas o pacto faustiano que eles fazem é renunciar a suas esposas em favor dos filhos em troca de não precisar fazer muito em termos da responsabilidade de serem pais. O que torna as lealdades divididas mais ameaçadoras em famílias reconstituídas é que os pais preocupam-se com seus filhos que já sofreram o suficiente em um período de perdas. Mesmo que o novo parceiro quase certamente reconheça essa preocupação, terá seus próprios interesses: a ansiedade natural de alguém tentando encontrar o seu lugar em uma unidade familiar já existente. Não é de surpreender que haja muitos ciúmes.

No caso da família Jones, depois de oito anos, o sistema aglutinado entre mãe e filho ainda era mais forte que o subsistema de casal. O novo marido e o filho ainda se relacionavam por meio da mãe, cuja forma de resolver os conflitos era ferir a si mesma.

Perspectivas individuais

Jill era o membro da família que apresentava sintomas evidentes. O nível de violência que ela experimentara na infância e que havia revisitado com seu primeiro marido a deixara com um estranho padrão de autoproteção no qual ela feria a si mesma para evitar ser ferida. Ainda que fosse uma mulher inteligente e competente, ela sentia-se na maior parte do tempo como vítima e respondia a sinais de agressão como se fossem todos precursores de violência.

Os problemas neurológicos de Matthew pareciam estar controlados pela medicação. Ainda que ele tivesse limitações evidentes de inteligência e fosse muito dependente da mãe, estava ao mesmo tempo funcionando de forma bastante competente, frequentando uma escola técnica e trabalhando em tempo parcial no escritório de uma loja de departamentos.

Sabemos pouco sobre Carl. Provavelmente as necessidades e o senso dramático de Jill moveram a sessão na direção dela e fizeram com que Carl permanecesse periférico. Acho que essa também era a posição dele na família. Se Carl pensava que Jill estragava Matthew, ele não o dizia. Se ele desejava receber mais atenção dela, ele não o dizia. O que ele fazia era criticar Matthew por ser dependente de sua mãe e tomar muito do tempo dela – coisas pelas quais ele considerava Jill ao menos parcialmente responsável.

Estratégias de intervenção

Os objetivos estruturais nesta família foram levar Carl e Jill a aproximarem-se como casal, e fazer Carl participar mais plenamente na vida de Matthew como pai. A estratégia foi exorcizar as imagens de homens destrutivos do passado de Jill, já que a sua experiência com o pai e com o primeiro marido a haviam organizado de tal forma a associar intimidade com eventos catastróficos. Eu a encorajei a desafiar seu marido de modo que ela pudesse experienciar autoafirmação com segurança.

Sinais da aglutinação de Matthew com sua mãe apareceram desde o início da sessão, e eu desafiei isso com suavidade ao assinalar que Matthew pediu à sua mãe que fosse "sua memória" e ao perguntar se "Ele precisa mesmo disso?". Essas tentativas eram guiadas pela noção de que os membros da família seriam capazes de relacionar-se diretamente entre si, sem a intrusão de outros. Eu apoiei o direito de Carl ser respeitado como pai e desafiei a relutância de Matthew de respeitá-lo. Então, dediquei-me a Jill e assinalei sua aparente sensação de que precisava vigiar tudo que acontecia na família, o que produzia o efeito de superproteger Matthew e impedir que Carl e Matthew elaborassem sua própria relação. Após Jill reconhecer que era uma pessoa medrosa – mas não antes disso –, desloquei o foco para uma breve exploração sobre o modo como ela crescera e ficara assim.

Tentei fechar a porta do quarto de Carl e Jill para permitir que eles se desenvolvessem como casal, ao desafiar de modo suave a posição de Matthew no meio deles. "Você tem uma namorada?", perguntei. "Não", Matthew disse, mas ele estava procurando uma. Minha resposta, "Quando você tiver uma namorada, deixará Carl e Jill terem sua própria relação?", ressaltou meu ponto de vista. Ele precisava afastar-se deles, e eles precisavam afastar-se dele. Carl poderia tornar-se o parceiro de Jill somente quando *ambos* desenvolvessem objetivos realistas para Matthew e nos quais ambos participassem. Eles haviam feito um trabalho notável ao ajudar o funcionamento de Matthew no mais alto nível de suas possibilidades, mas pareciam não dar crédito a esse fato, focando primariamente as dificuldades.

Técnicas

O uso das técnicas é sempre sequencial. Primeiro, foquei o marido e o filho, ajudando a mãe a ver que ela não precisava proteger o filho do marido. Na terceira etapa, focalizei a experiência traumática prévia de Jill, com sua família e seu primeiro marido, o que se manifestava na suas respostas atuais em relação a figuras masculinas. Não consigo enfatizar o suficiente a importância que é utilizar a *união*, que criou uma aliança terapêutica na qual Jill teve a experiência de me tomar como a figura de um pai bondoso. Isso permitiu a ela explorar seu passado doloroso e expandir seu senso de *self*.

Entre as técnicas específicas utilizadas nessas duas sessões, estiveram *rastrear* (fazer perguntas para conhecer a história da família de maneira organizada), e *buscar por áreas de conflito* (perguntando, por exemplo, se o padrasto e o enteado discutem e, então, quem vence, bem como, implicitamente, qual o papel que a mãe desempenha nessas discussões). Uso de *metáforas* para assinalar coisas problemáticas que os membros da família apresentam, mas sem torná-los defensivos. Assim, por exemplo, falei sobre Matthew utlizar emprestada a "memória" da sua mãe, indiquei que Matthew pensava que era "tão alto" quanto Carl, e perguntei a Carl como ele "segurava o copo" para Jill enquanto ela bebia. À medida que a sessão se desenvolveu e me estabeleci como alguém digno de confiança, compreensivo, tornei-me mais livre para desafiar membros da família de forma mais direta – assinalando que Matthew não demonstrava respeito por Carl, que Jill interferia – e, muito importante, falei sobre as consequências dessas ações.

Apresentei algumas explanações didáticas sobre como famílias reconstituídas funcionam e com que desafios lidam. Tais intervenções são úteis para normalizar e proporcionar estrutura e significado às transições desenvolvimentais da família – se eles levarem em conta a situação específica da sua família e não criarem sermões.

Parte III

Casais complementares

Complementaridade é a cola que mantém as relações unidas. Interesses e valores compartilhados tornam possível coexistir, mas são as nossas diferenças que fazem a vida interessante e nos tornam capazes de nos apoiar e enriquecer reciprocamente.

Em *Family Healing*, escrevemos:

> O primeiro aspecto a compreender sobre a estruturação é a existência de certo grau de complementaridade enquanto princípio definidor de toda relação. Em qualquer casal, o comportamento de uma pessoa se vincula ao da outra. Esta simples afirmação tem profundas implicações: significa que as ações em um casal não são independentes, mas codeterminadas, sujeitas a forças recíprocas que apoiam ou polarizam – e isso desafia a valorizada crença de um *self* próprio, o bom e velho, com livre-arbítrio, autônomo, ilha de um *self* que gostamos de considerar como sendo nós mesmos.
>
> Há uma distinção importante a fazer aqui. Muitos de nós sabemos (ou descobrimos) que o casamento não nos completa, no sentido de suprir o que nos falta – que a autoconfiança do marido irá completar a insegurança da esposa, ou a natureza extrovertida da esposa irá resolver o ar reservado do marido –, mostra-se como uma fantasia. Duas metades não se transformam magicamente em um inteiro ao dizer-se o "Sim".
>
> Contudo, duas pessoas que se unem constroem uma relação. Neste sentido, duas metades fazem um inteiro. Se irá se tornar o inteiro que você quer é outra questão. (Minuchin e Nichols, 1993, p. 63)

Para clínicos que trabalham com famílias, o princípio da complementaridade tem duas implicações importantes. Primeiro, a maior parte das ações humanas é somente metade de uma *inter*ação. Ainda que os clientes frequentemente atribuam seus problemas a algo que alguém está fazendo, os terapeutas familiares aprendem a olhar para a outra metade complementar dessas queixas. Desse modo, o marido que reclama que sua esposa incomoda mostra-se pouco atento às necessidades dela. Similarmente, uma mãe que reclama que sua filha é indecisa tenta ajudar dando opiniões em demasia. Sempre que um cliente reclama do comportamento de outro membro da família, o princípio da complementaridade sugere não apenas que ambas as pessoas devem estar envolvidas, mas também que o terapeuta deve buscar uma contribuição que é o espelho oposto à queixa original.

Os clínicos experientes aprendem também que, ainda que complementaridade moderada habilite os casais a dividir funções e apoiar-se mutuamente, a complementaridade rígida priva os indivíduos de seu potencial pleno e torna as relações inflexíveis. O casamento "casa-de-bonecas" entre uma adorável mulher mais jovem e um homem mais maduro poderoso é um exemplo familiar de uma relação com complementaridade rígida. Outro exemplo é a esposa que assume toda a responsabilidade pelos filhos, enquanto seu marido coloca toda sua energia na carreira.

Tais pares polarizados podem funcionar por algum tempo, mas, quando algo muda para um dos membros do casal, o outro pode resistir aos ajustes necessários na parceria. Quando a esposa-troféu começa a querer um pouco de independência, o marido pode lamentar: "Eu não sei o que aconteceu, ela costumava ser tão agradável." Quando a mãe sobrecarregada precisa de mais ajuda para cuidar dos filhos, seu marido pode ter problemas para dedicar um pouco menos de tempo à sua carreira, enquanto a mãe pode ter dificuldade em aceitar que ele tenha ideias diferentes sobre como criar os filhos.

* * *

Ambos os casos incluídos nessa seção apresentam esposas sintomáticas como pacientes identificados. A Sra. Ramos, que sofria paroxismos de ansiedade sempre que tocava em algo sujo, pode ser diagnosticada como fóbica ou como uma lavadora compulsiva das mãos. Elena Delgado, a esposa estressada, mostrava todos os sintomas de depressão agitada. Ambas eram vistas como portadoras de transtornos nervosos, ainda que seu comportamento fosse uma doença, e, consequentemente, ambas tivessem adquirido uma identidade negativa em suas famílias: não eram consideradas pessoas infelizes com queixas legítimas, e sim elas eram doentes. Como você verá, as explorações prescritas em nosso modelo de acesso às famílias revelaram como os sintomas dessas mulheres associavam-se com a vida rica, mas complicada, de suas famílias.

Nos casais com complementaridade rígida, é frequente que o caminho até as profundezas complicadas desses casamentos passe pelos filhos. Anos atrás, Lederer e Jackson (1968) sugeriram que parcerias íntimas podiam ser categorizadas de maneira útil ao longo de dois eixos: *satisfatório/insatisfatório* e *estável/instável*. Como o Sr. e a Sra. Ramos e o Sr. e a Sra. Delgado, pares insatisfatórios, mas estáveis usualmente, encontram alguma forma de manter suas relações, com frequência, como nesses dois casos, por meio do deslocamento do seu conflito para os cuidados com os filhos. Antes de você ler sobre como nosso modelo de acessar a família em quatro etapas evidencia a complementaridade subjacente de tais relações, vale a pena relembrar que há muitas formas de tratar qualquer caso, cada qual com suas vantagens e desvantagens.

Embora possa parecer que uma abordagem baseada em um modelo médico fracassaria nos casos dessas duas mulheres sintomáticas, no que diz respeito a tratar dos problemas estruturais em suas famílias, as coisas não são necessariamente assim. Confirmar o *status* de paciente de uma esposa ao tratá-la com medicação ou terapia comportamental pode reforçar a estrutura defensiva da família. Em vezde movê-las em direção a um conflito, separando-as de seus maridos, o tratamento individual pode estabilizar a distância, mas também oferecer a elas a esperança de aprender a encontrar satisfação fora de uma relação estável, mas insatisfatória. Tal solução para os problemas do casamento talvez não pareça romântica, mas nem sempre a vida tem um final como nos livros de histórias.

Se o terapeuta olha através da apresentação dos sintomas de uma esposa até os conflitos da relação, que estão por detrás, sem dúvida há dúzias de maneiras de tratar esses temas (Gurman e Jacobson, 2002; Nichols e Schwartz, 2006; Donovan, 1999; Dattilio, 1998). Ainda que possamos discutir essas outras formas de trabalho com casais – com total objetividade, é claro –, vamos falar um pouco mais sobre como o enfoque estrutural funciona.

A terapia estrutural com casais pode ser descrita por diversos passos distintos (Nichols e Minuchin, 1999):

1. *Considerar toda a família na avaliação.* Ainda que pareça razoável excluir os filhos quando um casal pede ajuda com sua relação, imaginemos quanta informação poderia ser perdida se os dois casais nessa seção fossem vistos sem os seus filhos. Em virtude de os problemas de casais quase sempre envolverem a influência complicada de terceiros, uma diretriz útil é ter pelo menos uma sessão ou duas com todas as pessoas da casa, mesmo que o casal acabe sendo o foco primário do tratamento.
2. *Construir uma aliança de compreensão com cada membro da família.* Proximidade nunca deveria ser uma simulação estratégica, uma "técnica". Como você descobrirá, um terapeuta que é muito rápido ao desafiar um membro da família dominador ou recalcitrante, sem antes dedicar o tempo suficiente tentando entender aquela pessoa, dificilmente conseguirá chegar até ela.
3. *Promover interação.* Para iniciar uma demonstração produtiva dos comportamentos, foca-se um assunto específico sobre o qual ambos os parceiros tenham sentimentos intensos. Explica-se por que é importante que eles entendam um ao outro, então se dá a eles sugestões claras e inequívocas para discutir o assunto em pauta. A única forma de *ver* de verdade como um casal interage é afastar-se um pouco e observar enquanto eles interagem.

4. *Fazer uma avaliação estrutural de como as fronteiras e subsistemas são organizados de modo a apoiar o problema apresentado.* Este é, claro, o ponto principal do nosso modelo para acessar as famílias, e você verá como ele é aplicado às dinâmicas dos casais nessa seção. Você também verá como a maioria dos casos envolve um número de temas estruturais complexos e sobrepostos. Esse aspecto é decisivo por ser importante para o item 5, a seguir:
5. *Desenvolver um foco estrutural para a terapia.* Um terapeuta que lida com complementaridade rígida deve fazer mais do que ajudar os parceiros a comunicarem seus sentimentos um ao outro. Se o arranjo estrutural do casal não funciona mais, o terapeuta deve perceber isso e ajudá-lo a aprender a se adptar a um modo diferente e mais flexível.
6. *Destacar e focar as interações problemáticas.* Um dos segredos para tornar-se um terapeuta de sucesso é saber quando falar e quando ouvir. Psicanalistas aprendem a esperar antes de fazer interpretações até que seus pacientes ofereçam um dos derivativos do conflito inconsciente: sonhos, atos falhos ou agravamento dos sintomas. Similarmente, acreditamos que é melhor deixar as famílias contarem as suas próprias histórias, do seu modo, mas perceber e dedicar atenção a formas problemáticas de relacionarmento, que eles consideravam normais. À medida que ler os dois casos dessa seção (ou de qualquer outra), pense sobre quando o terapeuta intervém e quando ele ouve.
7. *Insistir nas interações para além dos seus limites homeostáticos.* Mudanças bem-sucedidas requerem que se ultrapasse o ponto no qual os membros da família ficam tentados a parar e voltar aos mesmos velhos padrões que os levaram ao início do processo. Perceba, por exemplo, na família Delgado, como, assim que surgiu a evidência de um conflito interpessoal, a família retorna para a descrição sintomática do mecanismo intrapsíquico. Quando a Sra. Delgado reclama, seu marido imediatamente diz: "Ela chega em casa irritada. Ninguém precisa fazer nada para que ela se irrite". Desafiar o marido – ou, na verdade, o padrão de interação do casal – é mais fácil à medida que o terapeuta conseguir aliar-se a ele. Para ser um terapeuta de sucesso, você deve estar disposto a trabalhar com intensidade, mas para fazer isso com eficiência terá que ter uma aliança terapêutica forte.
8. *Promover empatia para auxiliar díades bloqueadas a superarem discussões defensivas.* Nossa terceira etapa, explorar as raízes his-tóricas da forma como o casal se relaciona, cria uma mudança que permite compreender como os parceiros se aproximam um do outro. Essas explorações proporcionam *insight*, mas, além disso, elas geram empatia e entendimento. Você poderá ver que mesmo uma exploração breve da infância da Sra. Ramos esclarece como os fantasmas do passado criavam uma relação que era dolorosa para ambas as partes do casal e para seus filhos.

9. *Desafiar os membros da família a assumirem a responsabilidade pelos seus comportamentos.* Trata-se disto, é claro, é do que trata a quarta etapa de nosso modelo. Juntamente com o benefício de observar como ambas as partes estão envolvidas nos problemas que os afligem, a terapia de casal também torna possível concentrar-se no que o outro deveria mudar. Em nenhum lugar é maior a tendência de projetar os problemas do que em casais complementares. Considere, enquanto lê os casos nesta seção, não apenas como Dr. Minuchin se faz entender por todos os membros da família, mas também como consegue fazê-lo de modos tão diferenciados.

REFERÊNCIAS

Dattilio, F. (Ed.). 1998. *Case studies in couple and family therapy: Systemic and cognitive approaches*. New York: Guilford Press.
Donovan, J. M. (Ed.). 1999. *Short-term couple therapy*. New York: Guilford Press.
Gurman, A. S. & Jacobson, N. S. (Eds.). 2002. *Clinical handbook of couple therapy* (3rd. ed.). New York: Guilford Press.
Lederer, W. & Jackson, D. 1968. *The mirages of marriage*. New York: Norton.
Minuchin, S. & Nichols, M. P. 1993. *Family healing: Tales of hope and renewal from family therapy*. New York: The Free Press.
Nichols, M. P. & Minuchin, S. 1999. Short-term structural family therapy with couples. In J. M. Donovan (Ed.), *Short-term couple therapy*. New York: Guilford Press.
Nicholas, M. P. & Schwartz, E. C. 2006. *Family therapy: Concepts and methods* (7th. ed.), Boston: Allyn & Bacon.

6 | Depressão agitada em uma mulher madura

Estava na América do Sul, ensinando e dando consultoria a um grupo de terapeutas experientes. Nesta situação, Elena, uma mulher de 45 anos, e sua família. O marido de Elena, Luis, havia ligado para o terapeuta a fim de marcar um encontro para ela. O marido havia dito que a esposa estava agitada e impaciente e que brigava constantemente com ele e com os filhos. O terapeuta convidou Luis para o encontro com Elena, e os viu como um casal por três sessões antes da consultoria.

Eu estava acompanhando esta família parcialmente por meio de um *workshop* de treinamento, mas o terapeuta também me disse que encontrava dificuldades, especialmente com Luis, que tendia a assumir o controle das sessões e a insistir que a esposa era a paciente. Perguntei se os filhos haviam sido convidados também. Maria, 16 anos, dispusera-se; Carlos, o filho de 10 anos, relutava, mas após alguma contrariedade concordara em comparecer.

De uma perspectiva terapêutica, essa consultoria é interessante em grande parte porque não se trata de uma conversa suave entre um terapeuta e uma família colaborativa, é mais como uma batalha. A família persiste em sua visão de Elena como uma mulher agitada, responsável pela discórdia familiar. Insisto que a visão deles é limitada demais e que minha perspectiva irá ajudá-los a melhorar. Nessa polêmica, perco-me mais de uma vez e acho que a dança subsequente é que instrui.

Quando entram na sala, Elena, uma mulher de aparência agradável com um sorriso atraente, senta-se primeiro. Carlos fica ao lado dela, e então Maria e Luis. Todos estão vestidos em suas melhores roupas.

Famílias e casais **115**

Etapa 1: ampliar a queixa apresentada

LUIS: Os filhos concordaram em vir para ajudar a mãe. Estamos todos preocupados. Ela é muito nervosa, tudo a irrita. Ela discute com os filhos e comigo pelas menores coisas.

Luis está se definindo como o porta-voz da família.

ELENA: Sou muito nervosa. Fui ver o doutor na fábrica, e ele me deu alguns comprimidos que me ajudaram um pouco, mas continuo estressada no trabalho. Somos sete pessoas trabalhando no escritório e não temos tempo para respirar. Tudo precisa ser feito para já. Vou para casa, e a situação se repete. Os filhos precisam de coisas, e sou aquela que responde. Senão, a casa fica uma bagunça.

O primeiro comentário de Elena é definir-se como a paciente, concorrendo para uma descrição precisa dos problemas que sua doença traz para a família. Sua fala é rápida, quase sem pontuação. Não sei se é algo característico da região, ou uma pressão na fala devido à ansiedade, mas foco essa característica para minha primeira intervenção.

Dr. MINUCHIN: Por favor, meu espanhol é bom, eu cresci na Argentina, mas falamos um pouco mais devagar lá. Você poderia me ajudar e falar mais devagar para mim?

No início da terapia, com frequência desafio o comportamento do paciente identificado como parte de minha contribuição. É essa a sua única forma de funcionar? O quão flexível ele é? Faço isso automaticamente. Meu comentário não tem o objetivo de ser confrontador. Como muitos clínicos, estou demonstrando curiosidade e interesse. Então, nesse caso, peço a Elena para mudar o seu padrão de fala, apresentando isso como uma necessidade minha, e não como um desafio a ela, e ela sorri enquanto continua a falar mais lentamente.

ELENA: Estou em movimento contínuo, como se estivesse viajando em alta velocidade.

Ainda que o conteúdo seja uma continuação da sua descrição anterior, a forma como ela fala indica flexibilidade e disposição de cooperar. Agora, peço permissão para falar com os filhos, e ela, naturalmente, concorda. Meu padrão de fala é lento, modelando um ritmo mais relaxado. Maria responde primeiro.

MARIA: Ela está sempre irritada. Qualquer coisinha a aborrece. Sempre há tensão entre nós.

CARLOS: Ela não está sempre irritada comigo.

Elena responde ao comentário de Maria e diz que é verdade. Irrita-se com as menores coisas.

ELENA: Maria não pendura suas roupas. Ela deixa na cadeira ou no chão. Já é uma maneira de ser. Ela sabe que isso me irrita, mas faz mesmo assim.

O intercâmbio entre mãe e filha afasta a narrativa da patologia interna de Elena em direção aos conflitos normais entre uma mãe e uma filha adolescente. Minha intervenção é direcionada a manter em foco o processo interpessoal.

Dr. MINUCHIN *(para Maria)*: Você acha que sua mãe é injusta?

MARIA: Ela está sempre irritada. Eu não preciso fazer nada para que ela se irrite.

O que vejo aqui é um padrão familiar constantemente repetido e irei persegui-lo como parte de minha avaliação. Vou nos afastar da descrição intrapsíquica dos sintomas ("Sou ansiosa") para um foco nas transações interpessoais ("Eu me irrito quando minha filha joga sua saia na cadeira, apesar de saber que não gosto disso"). Antes que eu possa comentar, porém, Luis fala, ecoando as palavras de Maria.

LUIS: Ela chega em casa irritada. Ninguém precisa fazer nada para ela ficar irritada.

Levanto minha mão em um gesto de "pare". Frequentemente, pontuo narrativas com gestos não-verbais, então um sinal de "pare", mesmo no início da sessão, não é algo incomum, mas sei que este "pare" em particular teve mais energia. Eu me irritei com Luis, e, ainda que reconhecesse o sentimento, o mesmo havia influenciado a minha forma de responder a ele.

Dr. MINUCHIN *(para Luis)*: Se você me permite, Luis, eu gostaria de explorar a forma como os filhos experienciam sua mãe. *(para Maria)* Você pode me falar sobre algum incidente recente?

Tem sido uma marca característica da terapia estrutural ver coalizões entre os membros da família como parte do processo de manutenção do sintoma. Sempre que observo esse processo, busco formas pelas quais posso desafiar ou modificar o que considero um padrão disfuncional.

MARIA: Bem, eu estava ouvindo música no rádio, e minha mãe achou que o volume estava muito alto, mas não estava alto.

ELENA: Estava *muito* alto. Você apenas não percebia o quanto estava alto.

Dr. MINUCHIN *(para Maria)*: E o que você fez?

MARIA: Diminuí o volume, mas ela ainda não ficou satisfeita.

ELENA: Sua música é mais um barulho.

Ao me unir a Elena em um ponto de concordância mútua, estou diminuindo o ritmo precipitado da sessão e utilizando a minha proximidade para apoiá-la.

Dr. MINUCHIN *(virando para Carlos)*: O que acontece entre você e sua mãe?

CARLOS: Ela se irrita quando eu saio para brincar com meus amigos. *(Lágrimas surgem, e ele começa a chorar. Luis levanta-se, preocupado, e gesticula para Maria sair de onde está. Ele senta perto de Carlos e acaricia sua perna gentilmente, enquanto Carlos continua a chorar.)*

Dr. MINUCHIN *(para Luis)*: Luis, por favor, você pode voltar para sua cadeira? *(Luis atende e vai.)*

Dr. MINUCHIN (*para Elena*): Luis parece sentir que precisa proteger Carlos de você.

Dr. MINUCHIN (*para Luis*): Se Carlos tem um problema com a mãe dele, é melhor se eles puderem resolver esse problema entre eles.

Aqui posso ter sido desnecessariamente confrontativo; em vez de repreender Luis, poderia ter explorado esse sentimento protetor para com seu filho. Entretanto, eu estava experienciando a insistência de Luis quanto a Elena ser doente como um desafio aos meus objetivos terapêuticos. Infelizmente, meu compromisso emocional de resgatar o paciente identificado poderia ameaçar minha efetividade.

Dr. MINUCHIN (*para Elena*): Você precisa de ajuda nesse ponto?

ELENA: Ele pula muito rápido por causa da minha doença, porque sou nervosa. Às vezes preciso que ele intervenha, mas não sempre.

Uno-me a Elena, mas isso é parte de uma coalizão contra Luis. Peço a ela que conforte Carlos, e ela o faz com ternura. Ajuda-o a vestir a blusa e fala baixinho com ele. Maria, que está sentada perto de Carlos, junta-se à mãe. Carlos se acalma.

Dr. MINUCHIN: Seria uma pena se Carlos sentisse que precisa de seu pai para protegê-lo de sua mãe.

A essa altura, Elena já relaxou consideravelmente. A agitação na sua fala desapareceu, e ela fala mais lentamente. Luis, porém, parecia bem contrariado com meu desafio à sua autoridade. Estávamos em uma conjuntura difícil. Eu me ressentia com a insistência de Luis de que as coisas não podiam mudar, e havia sido protetor para com Elena. Eu havia agido como um guarda de trânsito, bloqueando os movimentos protetores dele em relação ao filho, porque os mesmos qualificavam Elena como inútil, só que nesse processo eu o havia afastado.

É preciso que percebamos os sinais amarelos, observando com cuidado o que estamos fazendo. Eu sabia que era necessário desafiar a visão rígida de Luis a respeito de sua esposa e o apoio dele aos sintomas, mas percebi que o havia incomodado. Ele havia interferido com "meu trabalho", e minha resposta nos havia colocado em uma disputa de poder.

Dr. MINUCHIN (*continuando com Maria*): Quando você discute com sua mãe, o seu pai intervém em seu favor?

MARIA: Sim.

Dr. MINUCHIN: Então não há nada entre dois de vocês que não envolva uma terceira pessoa?

MARIA: Bem, se ela não está certa, ele precisa vir me defender, porque eu não consigo convencê-la.

Dr. MINUCHIN: Isso é um problema, porque você nunca aprenderá a negociar com sua mãe.

(Nesse ponto, Luis toca no ombro de Maria e a lembra sobre um incidente com sua mãe.)

Dr. MINUCHIN *(para Luis)*: Estou tentando entender Maria, que parece ser uma moça muito inteligente. Se você me permite, gostaria de continuar falando com ela. *(para Maria)* Se você está sozinha com sua mãe, como vocês resolvem os problemas?

Nesse ponto, o sistema terapêutico está repetindo a dinâmica familiar. Luis vem resgatar Maria de meu desafio, e eu o ataco. Tomei a posição de Elena em relação a Luis,* e talvez aos filhos, e isso certamente não é útil. Torna-me um participante do drama familiar e priva-me da chance de ser um crítico objetivo.

MARIA: Não posso fazer nada. Ela nunca aceita que eu esteja certa. Quando se enraivece, ela vai para seu quarto e fecha a porta. Acho que ela chora.

DR. MINUCHIN: Quando você precisa que seu pai intervenha?

MARIA: Quando ela bate em mim. Então ele vem e segura seus braços e não permite que ela me bata.

No silêncio que sucede a essa acusação, parece que cada um deles estava pensando sobre esse momento de violência, cada um do seu jeito.

Dr. MINUCHIN *(para Elena)*: O que você sente quando ele segura suas mãos?

ELENA: Sou nervosa, não consigo me controlar. Não quero bater nela, mas não me controlo.

Dr. MINUCHIN: Então você *precisa* dele para controlá-la?

ELENA: Sim, claro. Preciso dele para me controlar.

Peço a Elena para afastar sua cadeira do restante da família. Com frequência, utilizo o espaço como uma metáfora para distância. O ato de mover é gráfico, e as famílias entendem que estou enfatizando proximidade, distância, ou agrupamentos específicos dentro da família.

Dr. MINUCHIN *(para os demais)*: Então vocês têm uma família com um pai, mas sem uma mãe.

LUIS: Não é que as crianças não tenham uma mãe, mas quando ela sai do escritório e vem para casa já está irritada.

De novo, Luis insiste: é com ela. Voltamos à primeira fase: todos concordam que o problema é Elena.

LUIS: As crianças ficam atentas ao humor dela. Elas sabem que ela é doente e estão tentando ajudá-la.

Dr. MINUCHIN *(para Elena)*: Como é que eles a protegem?

ELENA: Carlos é muito sensível, muito emotivo. Quando ele vê que estou enlouquecida, vem falar comigo e tenta me acalmar.

---

* N. do T. No original, *vis-a-vis*.

Carlos começa a chorar de novo. Percebo, é claro, que Carlos está com problemas e necessita de atenção, mas terapia é seletiva, em cada momento, e agora estou focado em um tema diferente. Estou tentando introduzir incerteza, e cada vez que apresento uma perspectiva interpessoal, a família salta de volta para sua visão predominante. Isso não é algo incomum: a terapia usualmente tem a característica de uma gangorra,* e no processo o terapeuta e os membros da família discutem suas diferenças.

Dr. MINUCHIN (*para Elena*): O que você fará para ajudar os filhos a crescerem normalmente? Carlos pensa que precisa ser seu enfermeiro. Ele não consegue funcionar como uma criança agora, sua tristeza é muito contagiosa. O que você pode fazer para ajudá-lo?

Estou estimulando: essa é minha parte na gangorra. Estou tentando usar o sentimento maternal de proteção e responsabilidade pelos filhos como um motivador para mudanças.

LUIS: Ela se torna histérica e não consegue se controlar. Preciso proteger as crianças.

Ele está desestimulando: é a parte dele na gangorra.

Dr. MINUCHIN (*para Elena*): Você está controlando seus nervos, ou eles estão controlando você? Como seria possível você se controlar, a partir do amor por seus filhos?

Aqui estou tentando uma direção diferente.

ELENA: Meus nervos me controlam.

Essa é a parte de Elena na gangorra.

Dr. MINUCHIN (*para Luis*): Você consegue pensar numa situação na qual você a ajudou a se controlar e a ficar calma?

LUIS: Já são sete anos da mesma luta. Acho que você não entende o quanto temos sofrido. Ela se irrita e grita, e insulta a mim e aos filhos, e eu preciso proteger as crianças.

Minha aliança com Elena e minha inabilidade em me aproximar de Luis resultou em um impasse. Luis continua a me desafiar, enquanto Carlos continua a chorar mansamente.

Dr. MINUCHIN: Durante os últimos sete anos, vocês devem ter tido sucesso em algumas situações. Elena não consegue lembrar dessas situações, mas estou tentando descobrir se vocês têm algumas opções. Se Elena sente que somente você pode ajudá-la a se controlar, isso não produzirá qualquer mudança, a longo prazo.

---

* N. do T. Em inglês, a palavra gangorra (*seesaw*), que Minuchin hifenizou (*see-saw*) no texto original, significa literalmente "ver" e "viu", duas diferentes possibilidades de olhar.

LUIS: Ela não consegue controlar-se. Quando está irritada, vai para seu quarto, fecha a porta e chora.

Continuamos indo e vindo na gangorra. Entretanto, dessa vez, consegui me distanciar e abordar Luis de maneira diferente.

Dr. MINUCHIN (*para Luis*): Luis, presumo que você queira minha ajuda.

LUIS: Sim, eu preciso.

Dr. MINUCHIN: Estou tentando encontrar alternativas. Nem você nem Elena veem qualquer esperança. Continuo tentando, mas vocês quatro estão de acordo e talvez vocês acabem me convencendo.

ELENA: Quando estou nervosa, preciso ser controlada. Não consigo acalmar a mim mesma.

Agora me sinto bloqueado por Elena, que está reafirmando sua posição como paciente. Eu me levanto, peço a Elena para fazer o mesmo, e ela me acompanha até pararmos perto de Carlos. Não sei por que me levantei. Provavelmente o movimento refletiu meu sentimento de impotência: a necessidade de fazer algo foi transformada em energia cinética. Viro-me para Elena.

Dr. MINUCHIN: Quando você tem uma discussão com Carlos e quer evitá-la, o que você faz?

ELENA: Eu saio. Saio dali, e choro, choro, mas não consigo me acalmar, e fico com raiva.

Dr. MINUCHIN: De quem?

ELENA: Primeiro de Carlos e depois de Luis.

Dr. MINUCHIN: E se a discussão começou com Maria?

ELENA: É o mesmo. Fico com raiva de Maria, depois de Luis. Mas se começa com Luis, pode passar para Maria ou Carlos.

Dr. MINUCHIN: Não há limites?

ELENA: Não.

Estávamos de pé falando por uns dois ou três minutos. Constituímos um subsistema com proximidade emocional, e o resto da família tornou-se a audiência. Voltamos para nossas cadeiras. Ela conectou-se, investiu em nossa conversa, e sua fala está lenta e controlada.

Esse é um bom momento da sessão para declarar uma pequena vitória. O primeiro passo, o desafio ao sintoma, foi bem-sucedido. Elena parece calma. Seu comportamento acelerado acalmou-se, e ela está refletindo sobre as transações interpessoais que contribuem para sua agitação. A mudança é parte resultado de sua proximidade com o terapeuta e parte porque introduzi na sessão um foco sobre amor e responsabilidade que os adultos sentem em relação aos filhos; isso colaborou para que ambos os pais interrompessem sua tendência automática de culpar a doença de Elena pelos eventos cotidianos. Está na hora de nos movermos para a próxima etapa do processo.

Etapa 2: destacar o problema – interações mantenedoras

Dr. MINUCHIN (*para Elena*): Fale com Carlos e veja se há formas de você ajudá-lo, de ele ajudá-la.
ELENA: Ele é muito jovem para entender.
MARIA (*sendo prestativa*): Quando você parou de trabalhar, você era mais relaxada.
ELENA: Sim, é verdade. Estive em casa por uma semana, em licença médica do meu trabalho.
Dr. MINUCHIN: Há ocasiões em que você sai? Você vai ao cinema? Às vezes você sai com Luis?
ELENA: Nos finais de semana, vamos caminhar nos bosques.
Dr. MINUCHIN: Por quanto tempo?
ELENA: Três ou quatro horas, às vezes o dia todo.
Dr. MINUCHIN: O que vocês fazem?
ELENA: Caminhamos, conversamos.
LUIS: Ela é bem falante e interessante. Ela gosta de caminhar, e eu gosto de caminhar com ela. Ela fica muito relaxada, então. Nós dois ficamos.

Enfim, após 40 minutos de trevas, alguma luz! Subitamente, temos informações que estão completamente em desacordo com a história anterior.

Dr. MINUCHIN (*intrigado*): Estou confuso. Então há situações nas quais você se sente relaxada, e é quando você está sozinha com Luis?
ELENA: Sim, gosto de caminhar com ele. É relaxante. Às vezes, quando o clima está bom, ficamos fora o dia inteiro.
Dr. MINUCHIN: E vocês não se aborrecem?

Continuo a fazer o que chamo de perplexidade terapêutica, convidando a família a instruir-me.

LUIS: Não! Às vezes ficamos fora e vamos a um restaurante de que gostamos.

Estendo a conversa, pedindo detalhes de seus passeios. Então, volto-me para Elena.

Dr. MINUCHIN: Você me disse que esses momentos não existiam.
ELENA: Eu havia esquecido.

Ela parece recuperar a memória, dizendo que às vezes ela e o marido saem com amigos, às vezes incluem os filhos, e que eles têm bons momentos.

LUIS: Ela gosta de caminhar, e eu também, e caminhar tem uma qualidade especial. Você contempla a natureza, e você caminha, e o tempo passa, e você nem nota.

Pela primeira vez, sua voz é amigável, e ele toma parte em nossa conversação mais otimista.

Dr. MINUCHIN: Eu me sinto mais esperançoso agora. Todos vocês começaram dizendo que pensavam que Elena era louca, ou algo assim, mas agora estão dizendo que existem momentos de prazer tranquilo e que eles acontecem na relação com Luis e com as crianças.

ELENA: Às vezes, vamos à praia e temos momentos maravilhosos.

Ela está amplificando os momentos de normalidade, e Carlos e Maria começam a brincar, dizendo que não conseguem ensinar sua mãe a nadar. O ambiente mudou, e todos, incluindo a mim mesmo, sentem-se gratos. Nada de tão importante aconteceu, mas houve uma expansão da narrativa que incluiu o prazer junto com o estresse.

Agora Elena fala sobre seu trabalho no escritório. Há mais sete empregados, e muito trabalho, então fica impossível que eles conversem entre si. Enquanto conta, ela retorna ao seu antigo padrão de fala. Foco no ombro dela, lembrando-a da minha dificuldade, e ela diminui o ritmo. Faço perguntas, prestando atenção aos detalhes. Luis une-se a nós, falando sobre seu trabalho como encarregado em uma fábrica. Elena diz que, por ela haver permanecido em casa na semana anterior, as coisas melhoraram, e ela sentiu-se mais conectada com Maria. Nesse ponto, Carlos, que estivera sentado esquecido, mas quieto em sua cadeira, começa a chorar de novo. Elena vira e fala baixinho com ele, e Luis junta-se a ela.

Dr. MINUCHIN: Ajude-me a entender por que ele chora agora.

ELENA: Ele é muito sensível à minha dor. Ele me ama muito, e vê meu sofrimento.

Fico tentado a focar Carlos, mas penso que isso nos levaria de volta para uma exploração da patologia, em vez de expandir nossa observação da capacidade de Elena de ter um comportamento competente.

Dr. MINUCHIN: Você percebeu que está falando mais devagar agora?

ELENA: Sim, percebi isso.

Dr. MINUCHIN: É porque nesse momento você não está concentrada em si mesma, mas em Carlos. Estou procurando momentos em que você é diferente.

Foco Elena como uma cuidadora, dedicando atenção a aspectos positivos. A família tornou esses momentos de competência invisíveis, ao destacar a agitação de Elena.

LUIS: Vejo isso agora, mas você não viu Elena em casa, quando ela vai de um estado de controle para uma absoluta incapacidade de acionar o freio.

A ênfase no lado positivo foi demais para Luis, que retorna ao ponto de partida.

Dr. MINUCHIN (*para Elena*): Luis não quer esquecer sua doença.

ELENA: Aprendi a me ver como uma doente porque todo mundo me diz isso. Vejo a mim mesma como uma pessoa nervosa.

Essa é uma nova descrição. Com efeito, Elena aponta para a sua família como quem a rotula como uma pessoa doente: "todo mundo me diz isso". Esse comentário parece ser o resumo da segunda etapa, na qual exploramos formas pelas quais a família está mantendo o sintoma.

LUIS: As crianças estão sendo prejudicadas. Elas veem a forma como ela me trata. Ela se torna abusiva. Ela grita comigo. Outro dia, ela começou uma discussão com Maria sobre um colar, e eu precisei intervir porque ela estava perdendo o controle.

Elena havia começado a corresponder à minha insistência de que ela era mais do que uma pessoa doente, mas Luis mantinha sua descrição que diminuía Elena e colocava Maria contra a mãe.

LUIS: Ela está em guerra comigo e com os filhos.

Dr. MINUCHIN: Você a provoca?

LUIS: Não, ela que começa. Ela me ataca. (*Seu gesto indica que ela é impossível.*)

Isso é um retorno ao foco na patologia de Elena, mas agora sei que um apoio direto a Elena será algo desafiador para Luis. Evito isso, direcionando-me para os filhos. Ao pedir-lhes que descrevam o conflito entre os pais, atribuo a eles o papel de observadores. Essa posição dilui a animosidade entre os esposos e permite a eles verem a si mesmos causando juntos essa dor aos filhos.

Dr. MINUCHIN (*para os filhos*): Vocês os veem brigando.

MARIA: Sim, claro. Eles fazem muito barulho. Eles gritam um com o outro. Uma vez minha mãe agarrou meu pai pela camisa e a rasgou, mas eles não batem um no outro.

Dr. MINUCHIN (*para os filhos*): O que vocês fazem?

MARIA: Não podemos fazer nada. Apenas os observamos discutindo.

CARLOS: Eu queria separá-los, mas não posso fazer nada. Eles dizem que não é da minha conta.

Ele começa a chorar de novo, e Elena vai para perto dele. Sinto que isso é importante e útil. Estamos nos afastando da patologia de Elena e lidando com as interações nas quais os problemas são compartilhados. Esse é um padrão recorrente entre os esposos, afetando as crianças também.

LUIS: Ela começa a me insultar. Eu tento acalmá-la.

É extraordinário como as pessoas podem ser repetitivas quando estão presas no conflito. Provavelmente Luis imagina estar dizendo algo novo, ou talvez pense que precise repetir a si mesmo de modo a me convencer de que estou errado ao apoiar Elena. Ele toca no ombro de Maria, e pede a ela para falar do incidente da última semana, mas eu o interrompo com um gesto.

Dr. MINUCHIN: Luis, você quer minha ajuda?

LUIS; Sim, é claro.

Dr. MINUCHIN: O que você acaba de fazer não foi útil.

LUIS: Ela gritou com Maria.

Dr. MINUCHIN: Estou falando sobre como você pediu a Maria para ficar do seu lado contra a mãe dela. Você está criando um problema para ela, uma situação impossível.

Dr. MINUCHIN (*virando para Elena*): E isso acontece também com Carlos. Ele precisa decidir a quem deve ser mais leal, e por isso sofre. Se as crianças são colocadas nesta situação, isso irá destruí-las. Elas sentem que vocês estão em guerra e que vocês disputam sua lealdade.

LUIS: Não é que *nós* estejamos em guerra. Ela está em guerra com todo mundo. Ela tem raiva das crianças, e eu preciso defendê-las.

> *O foco mudou. Estamos lidando com as crianças, que estão trianguladas entre pais guerreando. Elena está calma e tornou-se uma "co-terapeuta". Ela está interessada no que estamos explorando e preocupada com os filhos. Entretanto, Luis sente que estou ficando do lado de sua esposa, e enraivece.*
>
> *Utilizo o desequilíbrio com frequência, geralmente com efeito terapêutico, mas o desequilíbrio nesse casal resultou em Luis sentir-se culpabilizado. Se eu pudesse repetir a sessão, tentaria me aproximar de Luis antes de desafiá-lo. Sua convicção sobre Elena ser o problema havia me causado irritação, e eu reagira ao que parecia ser injustiça de sua parte. Então, ao invés de tornar-se um aliado na busca por uma nova forma de pensar sobre o problema, eu me tornara um adversário dizendo a ele que estava errado. Rumo ao final da sessão, porém, fiz algum progresso no sentido de estabelecer uma conexão com Luis.*

Dr. MINUCHIN (*para Elena*): Todos, inclusive você, chegaram aqui considerando que você tem alguma forma de loucura, mas você mudou ao longo dessa hora. (*para Luis*) Você também me disse que vocês têm alguns momentos de prazer.

LUIS: Mas às vezes ela é impossível. Bem, preciso lhe dizer que às vezes perco minha paciência. Também tenho um temperamento forte.

Dr. MINUCHIN (*para Luis*): O que pude ver é que você trabalha em tempo integral para manter sua família funcionando. Talvez você não precise trabalhar tanto.

> *Num esforço para me aproximar de Luis, descrevo sua intervenção como a de um pai preocupado, em vez de fazê-lo como se fosse uma intrusão.*

LUIS: Preciso fazer isso porque ela não o faz. Ela se ampara em mim, pedindo que eu assuma. Às vezes, acho que seu nervosismo é uma forma de evitar de fazer as coisas, de me pedir para tomar conta da casa.

Dr. MINUCHIN: Então você não acha que ela seja louca, mas que seja preguiçosa?

LUIS (*sorrindo*): Sim, penso que isso é possível.

Dr. MINUCHIN: Luis, na fábrica você é um encarregado, mas em casa você também está trabalhando em turno integral. Você tem dois empregos. Você tem certeza de que pode continuar trabalhando em ambos sem ficar cansado e com raiva?

LUIS: Não sei. Às vezes duvido disso.

Mantenho o foco em Luis, aproximando-me dele enquanto exploramos o stress de carregar a família nos seus ombros.

Estamos chegando ao fim da sessão. Marcamos um encontro dentro de três dias, e sugiro uma tarefa de casa para Elena. Pegando duas folhas de papel, indico que no dia seguinte ela deve controlar-se em situações que geralmente resultam em discussões com os filhos e escrever sobre esses incidentes. No dia posterior, ela está livre para ser tão louca quanto quiser e deve fazer uma descrição desses eventos também.

A técnica de dar tarefas de casa originou-se, acredito, com Jay Haley[1] – ao menos eu aprendi com ele. O propósito é tornar o paciente responsável pelo sintoma, ajudando-o a tornar-se um observador dos gatilhos que desencadeiam os problemas. Com frequência suficiente, mas nem sempre, o paciente não segue a sugestão para o segundo dia e simplesmente abandona os sintomas.

NOTAS SOBRE A SESSÃO

Como sempre, há algo mágico quando, no final de uma primeira sessão, os membros da família veem a si mesmos dentro de uma nova estrutura. Sei que senti e agi de forma protetora em relação a Elena, irritei-me com Luis, senti preocupação com Carlos e apreciei um sentimento de conexão com Maria. Um pouco de tudo isso foi resultado de *indução*, ser levado a desempenhar um papel na família. Pode ser relativo apenas a mim e ao modo como reagi a essas pessoas. Como prova disso, penso que, em sua maneira idiossincrática, cada um deles me incorporou um pouco, bem como algumas de minhas ideias, e deixaram a sessão mudados. É impossível avaliar o quanto mudaram exatamente, ou por quanto tempo tal mudança durará, mas a próxima sessão pode nos dar alguma indicação.

SEGUNDA SESSÃO

A segunda sessão pode incluir a terceira e a quarta etapas, ainda que isso dependa de circunstâncias específicas, incluindo a idade dos filhos. Se os filhos são adolescentes, usualmente os convido a tomarem parte na sessão e a serem participantes ativos na quarta etapa. Na ocasião em que acompanhei esta família, porém, eu ainda não havia introduzido a ideia da quarta etapa, então esse caso não ilustra a sequência completa.

Desde que chegaram para a segunda sessão, parecem uma família diferente. Vieram sorridentes e saudaram-me como a um velho conhecido.

Maria começa, dizendo que ela quis vir porque achara o último encontro interessante. A família me diz que não havia discutido sobre a sessão em casa. Luis não conversara com os filhos sobre o tema porque achava que a sessão havia sido difícil, especialmente para Carlos, e não queria afligi-lo.

Elena, porém, havia trazido um caderno e estava claro que ela havia feito as anotações da sua tarefa de casa.

Etapa 3: investigar o passado com foco na estrutura

LUIS: A verdade é que Elena mudou. Ela está mais relaxada e sente-se melhor do que eu. Vejo a mim mesmo como mais agitado, e ela... Eu não sei.

ELENA: Estou mais relaxada. Talvez a medicação esteja fazendo efeito. (*Ela abre seu caderno e começa a me falar sobre sua tarefa de casa.*) Na quinta-feira, as crianças estavam discutindo sobre a televisão. Cada um deles estava interessado em um programa diferente, então eu disse que, se eles não chegassem a um acordo, eu desligaria a televisão e que isso era tudo. Saí, e então eles chegaram a um acordo sobre o canal.

Dr. MINUCHIN: Então você está dizendo que as crianças mudaram.

LUIS: Não, foi Elena. Antes, a discussão teria aumentado, mas ela parou.

ELENA: No dia seguinte, não encontrei uma situação que merecesse uma discussão, então deixei essa página vazia. (*Ela mostra-me a página vazia em seu caderno.*)

Dr. MINUCHIN (*para Luis*): Eu lhe pedi para fazer menos, então ela poderia fazer mais. Como isso funcionou?

LUIS: Não lembro de você me pedindo isso, mas estou sempre preocupado com as crianças. Não quero que elas sofram.

Dr. MINUCHIN (*para Elena*): Luis sempre foi uma pessoa responsável? Eu o vejo constantemente alerta.

ELENA: Sim, ele sempre foi preocupado com a segurança das crianças.

Dr. MINUCHIN (*para Luis*): Vejo você trabalhando em dois, talvez três, empregos.

LUIS: Penso que não.

Dr. MINUCHIN: Assim é que vejo você. Você presta atenção nos detalhes. Você é um bombeiro, sempre esperando pela possibilidade do próximo incêndio.

LUIS: Bem, isso é verdade.

Claramente, estamos em novo território. Estou definindo seu comportamento em termos positivos. Ele é responsável, preocupado, suas intervenções são parte de sua proteção às crianças. Ele aceita essa definição de si mesmo. Na sessão anterior, eu definira seu comportamento como intrusivo e controlador, mas, tendo refletido sobre minhas dificuldades em me aproximar de Luis, decidi adotar uma postura diferente em relação a ele.

LUIS: Antes de casar, eu não era assim. Eu adorava não me preocupar. Tinha muitos amigos e apreciava me divertir, mas quando casei, Elena era asmática e precisei cuidar dela e aos poucos mudei para acomodar-me às necessidades dela. E então a mãe dela adoeceu e tomei conta dela também.

Dr. MINUCHIN: Parece ser uma tarefa que você já fazia antes. Você é como um cuidador nato. Não posso imaginar que essa forma de ser tenha começado somente após você casar.

Enquanto falo, Luis faz gestos de assentimento, mas ele está esperando, impaciente, para continuar seu relato. Pretendo dar-lhe espaço, mas primeiro sublinho minha percepção – não um desafio, mas uma visão que convida à discussão.

Dr. MINUCHIN (*continuando*): Vejo você como um time de futebol completo. Você é o goleiro, o lateral e o centroavante. Onde você aprendeu a ser dessa forma?

Estamos na terceira etapa. Tendo prestado atenção às interações entre os esposos, pergunto então como eles aprenderam a ser desse modo. Luis assumiu o papel de narrador, e a família tornou-se sua audiência.

LUIS: Venho de uma família grande. Éramos muito pobres, em cinco filhos. Vivíamos em uma fazenda, e minha mãe se sacrificava por nós. Ela estava sempre trabalhando. Meu pai era mais velho. Ele era um trabalhador, mas já não podia trabalhar. Então, quando meu irmão mais velho precisou cursar o ensino médio em uma cidade maior, foi decidido que eu deveria parar de estudar e começar a trabalhar para ajudar a família. Nunca terminei a escola média. Eu era o segundo filho. Havia três irmãos mais jovens, e precisei ajudá-los.

Dr. MINUCHIN: Então você aprendeu muito jovem a ser um cuidador.

LUIS: A vida me ensinou. Eu precisava ajudar.

Dr. MINUCHIN: Por que você? Por que não seu irmão mais velho?

LUIS: Não sei. É uma das coisas que perdi na vida. Muitos de meus amigos foram estudar e agora são profissionais. Minha mãe queria que todos nós estudássemos, mas éramos muito pobres, e alguém precisava ajudar, e fui eu.

Dr. MINUCHIN (*para Elena e as crianças*): Ele foi escolhido pela família para ser o único responsável.

A atmosfera na sala é de atenção silenciosa, como se a família estivesse sentada em torno de uma fogueira ouvindo o contador de histórias. Ainda que a história provavelmente fosse conhecida, havia um elemento de orgulho na narrativa, e a família aquecia-se nesse clima.

Etapa 4: descobrir/cocriar formas alternativas das relações

Dr. MINUCHIN: Então, quando você se casou, você assumiu outra responsabilidade.

LUIS: Ela evita conflitos, e, quando sua mãe adoeceu, eu precisei assumir.

Dr. MINUCHIN: Posso ver o quão difícil é para você fazer menos, soltar. Esse parece o seu jeito de ser.

LUIS: Normalmente é isso mesmo. (*Ele se vira para Elena.*) Quando há problemas, você me deixa com eles. Você se estressa, você deixa estar, e eu assumo. Mesmo com sua mãe... Nós vamos toda semana visitá-la, porque ela está doente, mas você não gosta de visitar minha mãe.

Dr. MINUCHIN: Essa é uma família diferente da que vimos há três dias atrás. Por favor, ajude-me a entender a mudança.

LUIS: Ela mudou. Está mais tranquila.

ELENA (*relaxada e sorrindo*): É verdade. Estou mais controlada.

Dr. MINUCHIN: Isso é extraordinário. Como foi que aconteceu? Você disse que a doença controlava você.

LUIS: A conversa. Falar as coisas em vez de mantê-las dentro de si.

Dr. MINUCHIN: Vejo que Luis mudou.

ELENA: Acho que não. Não vejo que ele tenha feito alguma coisa para ajudar a me tranquilizar.

Dr. MINUCHIN; Estou interessado em você, Luis, porque vejo que Elena pode mudar. Ela mudou da sessão anterior para esta. Mas você consegue mudar? Você vê o mundo como um lugar onde há problemas para resolver, e você é o solucionador de problemas.

Dr. MINUCHIN (*para Elena*): Ele recebeu a tarefa de ser responsável e está sobrecarregado com essa tarefa.

ELENA e LUIS (*falando juntos e concordando*): Sim. Ele é – Eu sou – assim.

> A definição da situação mudou. Como na alquimia da peça de Pinter, "O Servidor", onde o servo assume o controle sobre seu mestre, o problema de Elena agora aparece como consequência das boas intenções de Luis, e a sina dele, como um padrão de ajudar por toda a vida.

Dr. MINUCHIN: Parece que você fez um belo trabalho com os filhos, mas algo está errado com vocês dois. Vocês não veem como afetam um ao outro. Não acho, Luis, que você perceba como constrói o nervosismo de Elena.

ELENA: A verdade é que às vezes eu posso fazer as coisas, mas prefiro não fazer nada, e sei que Luis vai fazer.

Dr. MINUCHIN: Então você está pedindo que ele controle você.

ELENA: Sim. Não sei o que vai acontecer amanhã, mas até agora é assim que tem funcionado.

LUIS: Evito o conflito com ela e permaneço no controle.

Dr. MINUCHIN (*para Elena*): Sua tarefa será ajudar seu marido. Ele foi organizado pela sua infância, pelo amor por sua mãe e pela necessidade de proteger seus irmãos. Ele precisa do seu auxílio para diminuir o ritmo.

LUIS: Comecei com 12 anos e estou com 47.

Dr. MINUCHIN (*para Elena*): Será difícil para Luis mudar. Vocês têm uma tarefa dura, mas ele mudou pelos filhos, então talvez possa mudar por você. Vou dizer uma coisa absurda: Luis tornou você incompetente pelo simples fato de ser responsável.

ELENA: Temos sido assim por 18 anos.

Dr. MINUCHIN: Você gosta de ser alguém que é inútil, enquanto ele faz tudo?

LUIS: Preciso mudar. Nós precisamos mudar. Estou sob um estresse terrível. Sei que sou um líder. Sempre fui. Eu fui o fundador do sindicato em meu distrito, e trabalhei no sindicato por muitos anos. Numa das ditaduras militares, quase fui preso, e, quando percebi que o sindicato estava tomando conta de minha vida, parei. Simplesmente me demiti. Sinto-me desse jeito agora. As coisas precisam mudar.

De repente, sinto-me conectado com Luis. Eu também fui preso durante uma ditadura e queria compartilhar isso com ele, mas me contive. Não era apropriado, nesse momento.

Dr. MINUCHIN: É necessário continuar como líder com sua esposa?

LUIS: Sim, porque ela é preguiçosa.

Essa é uma mudança significativa na sua rotulação de Elena. Ela não é louca, nervosa, ou descontrolada. Antes, ela requisita que ele assuma os problemas. Ela é preguiçosa. Seu problema não é intrapsíquico, mas interpessoal.

Dr. MINUCHIN (*para Luis*): Sabe, líderes precisam de seguidores, e Elena aceitou, mas ressente-se desse papel.

LUIS: Quero me liberar de ser o responsável.

A responsabilidade de Luis torna-se um sintoma, como a agitação de Elena, e eles percebem que precisam trabalhar juntos. Eu finalizo a sessão falando com os filhos. Hoje, perguntaria às crianças se elas queriam conversar com os pais sobre o que haviam ouvido e o impacto disso em suas vidas, mas falei com elas sobre o que haviam testemunhado. Expliquei a ideia de complementaridade, a qual descrevi com palavras simples para Carlos. Estruturei o conceito para Maria em termos de como selecionar o namorado certo, indicando que, "quando o outro assume as coisas, nos torna desnecessários". As crianças haviam testemunhado as brigas repetitivas entre seus pais. Elas compreendem a ideia de superfuncionamento e subfuncionamento e quase seguramente compreendem que algo havia mudado durante esta sessão.

Reflexões

Eu estava surpreso, e ainda estou, com as mudanças de Elena e Luis. Era como se houvessem comparecido à terapia em uma conjuntura da qual estavam exaustos e prontos para mudar. É também possível que a proximidade entre as duas sessões, e o conhecimento de que a consultoria iria encerrar-se com o segundo encontro, tinha provocado um efeito catalisador, acelerando o processo tanto para a família quanto para o terapeuta. O intervalo entre as sessões havia me permitido rever minha reação a Luis e pensar sobre como eu poderia ser capaz de apoiá-lo mesmo quando desafiava a limitação de seu repertório. Foi útil, também, na segunda sessão a família haver incorporado um pouco dos meus conceitos terapêuticos, gradativamente empregando uma linguagem de mutualidade e interconexão.

ESTRUTURA TERAPÊUTICA

Organização da família

Esta família estava organizada pela depressão da mãe, como uma doença crônica que servia para formatar os padrões transacionais de todos os membros do grupo. O pai, em sua tentativa de ser útil, estava em coalizão com os filhos contra a mãe. A mãe aceitava totalmente o papel de paciente que seu marido havia designado para ela.

Em famílias com filhos, é importante ter em mente que os pais e os esposos são dois subsistemas diferentes. Enquanto um está paralisado no conflito, o outro pode proporcionar uma abertura para maiores possibilidades. Ao final da segunda sessão, cada um dos esposos havia aceitado a ideia de que seu comportamento era produto da relação. Elena estava descrevendo a si mesma como organizada pela rápida intervenção de Luis, enquanto Luis estava aceitando que seu funcionamento como encarregado tornava Elena "preguiçosa".

Perspectivas individuais

Luis havia sido eleito por sua mãe para tornar-se o cuidador da família e tornara-se o controlador "prestativo" da sua esposa. Ainda que eu não tenha explorado o passado de Elena e não tenha compreendido a origem de sua agitação, utilizei o padrão de relação entre marido e esposa como uma ferramenta para introduzir formas alternativas de ela ver a si mesma e relacionar-se com os outros membros da família. Neste caso, focalizei marido e esposa como um casal complementar em vez de tratá-los de forma individual.

Estratégias de intervenção

Falando pela família, a afirmação inicial do pai foi: o problema é a mãe, "tudo a irrita". Ela concordou: "Sou eu". O primeiro teste em face de uma apresentação assim é considerar que o paciente identificado pode estar respondendo a pressões interacionais na família. Com um pequeno estímulo, Elena revelou que nem "tudo a deixava nervosa", mas que se irritava com seus filhos por deixarem roupas no chão e ouvirem música em alto volume pela casa. Quando Elena aborrecia com os filhos, Luis saltava para resgatá-los e, nesse processo, definia a irritação de Elena, e não o comportamento dos filhos, como o problema.

Em famílias com um doente crônico, o terapeuta frequentemente vê-se em luta com a forma estabelecida dos membros da família de verem uns aos outros.

Ao ir contra essa norma estabelecida, usualmente me aproximo do membro sintomático e redefino sua posição na família. Esta estratégia tem um risco inerente, porque o ato de desequilibrar pode convidar membros da família a fazerem coalizões contra o terapeuta. Minha disputa de poder com Luis durante a primeira sessão foi um exemplo desse dilema. Eu estava tão envolvido em mostrar a força de Elena que recusei aceitar qualquer interferência de Luis.

Um terapeuta deve entender uma disputa de poder com um cliente como um sinal para diminuir o ritmo. Isso indica que ele está operando perto demais da família e foi envolvido pelos padrões familiares. Por que Luis estava defensivo? O que ele temia? Essas importantes questões são aspectos perdidos quando o terapeuta é apanhado em uma disputa.

É necessário não haver incompatibilidade entre empatia e confrontação. Confrontação deve sempre ser precedida por aproximação. Senão, o desafio pode ser sentido como antagonismo. Somente quando há uma proximidade adequada, os membros da família sentem que o confronto é em seu favor.

Felizmente, minha relação de antagonismo com Luis mudou na segunda sessão: primeiro pela minha redefinição da superproteção de Luis como preocupação e, então, por explorar por que ele se preocupava e como havia se tornado uma pessoa preocupada. Assim que Luis começou a sentir que eu apreciava sua posição, tornou-se mais aberto a uma exploração da complementaridade rígida que caracterizava sua relação com Elena.

Técnicas

Como eu disse, aproximação é um pré-requisito para fazer os membros da família sentirem-se suficientemente compreendidos, de modo a confiar no terapeuta que pede que reexaminem suas interações.

Uma família buscando auxílio é como alguém com um ferimento grave. Antes de a pessoa ferida dispor-se a tentar algum exercício terapêutico, ele ou ela precisa sentir-se seguro/a de que o médico entende o ferimento e as limitações que ele causa. Da mesma forma, os membros da família precisam saber que o terapeuta compreende que têm uma razão para fazer o que estão fazendo e podem hesitar em tentar algo diferente por medo de que possa tornar a situação pior do que está.

Um padrão de complementaridade rígida, como o de por um lado ser muito prestativo e por outro ser desamparado, como ocorre entre Luis e Elena, pode ser desafiado pelo assinalamento: "Que interessante! Ele parece pensar que você..." ou "Quanto mais ele faz X, mais você faz Y; quanto mais você faz Y, mais ele faz X." Papéis rígidos também podem ser desafiados ao se explorar possibilidades assim como limitações. Desse modo, quando Luis interrompeu os esforços de Elena em confortar Carlos, perguntei a Elena, "Você precisa dessa ajuda?". Também testei sua flexibilidade ao pedir a ela que diminuísse o padrão de velocidade de fala, e assinalei que Elena ficava mais relaxada quando ela cuidava de Carlos.

Quando a família retornou para o segundo encontro, Elena mostrava uma mudança notável. Ela estava consideravelmente mais calma e mais relaxada com a família. Este princípio de mudança na esposa, ajudou Luis a sentir mais positivamente a consultoria. Marquei um ponto ao tentar dar a Luis crédito pelas mudanças na esposa, dizendo que ele devia estar fazendo menos se sua esposa estava fazendo mais. Esse comentário salientava a complementaridade da sua relação e lembrava aos parceiros que eles podem ajudar nas mudanças do outro, ao mudar a sua parte na equação.

Esta consultoria ocorreu antes de sistematizarmos o quarto passo de nosso modelo: desenvolver uma visão compartilhada dos caminhos para a mudança. Acrescentar este passo salienta a importância de fazer da terapia um empreendimento colaborativo. A ideia de que uma avaliação é algo feito por um terapeuta implica que a terapia será uma operação realizada na família. Contudo, porque só os membros da família mesmo podem na verdade mudar o que estão fazendo, a avaliação que importa deve incluir o que a família vê que precisa mudar. Neste caso, eu continuei a partilhar com Luis e Elena minha avaliação de sua complementaridade até que eles também percebessem. Quando Luis finalmente disse "Eu preciso mudar. Nós precisamos mudar," estava claro que tanto ele quanto Elena haviam se unido ao consultor ao ver a complementaridade que o mantinha paralisado como o super-responsável e o bloqueio dela no papel de parceira inútil. Havia, é claro, mais trabalho a se fazer, mas isso era um início.

NOTA

1   Haley, J. 1963. *Strategies of psychotherapy*. New York: Grune & Straton.

A mulher cujas mãos estavam sempre sujas[1]

7

A família Ramos espelha a família do caso anterior como a segunda peça de um par de apoio de livros. Em ambos os casos, a esposa era quem se apresentava sintomática, e ambas as famílias insistiam que o problema estava apenas na paciente identificada.

Em ambas as consultorias, utilizei meu conhecimento sobre complementaridade para guiar minhas intervenções, focando o marido como um cúmplice do sintoma e promovendo-o como um instrumento para introduzir inovação e cura no sistema. Entretanto, a minha posição como consultor em cada uma dessas famílias foi notavelmente diferente. Enquanto na família anterior descrevi seu poder de induzir-me a participar do seu sistema, com a família Ramos operei como um clínico neutro e desapegado.

Ler estes dois relatos sequencialmente pode encorajar a reflexão sobre a arte da aproximação terapêutica. Em *Famliy Therapy Techniques* [*Técnicas em Terapia de Família*],[2] escrevi que, nessa aproximação, o terapeuta torna-se um ator no drama familiar. Atua como um diretor, e também como um ator. Deve adaptar-se suficientemente à organização familiar, de modo a ser capaz de participar dela, mas também deve manter a liberdade de fazer interven-ções que desafiem a organização familiar, levando seus membros a acomodarem-se ao terapeuta de modo a facilitar o movimento em direção aos objetivos terapêuticos. A entrevista relatada a seguir, com a família Ramos, é um bom exemplo da interação entre o aproximar-se da família e o desafiar sua construção do sintoma.

Eu estava na Espanha, e a família foi encaminhada para mim em função do ato compulsivo de lavar as mãos da Sra. Ramos. O Sr. Ramos trabalhava como operário em uma fábrica de produtos químicos, e a Sra. Ramos era dona-de-casa. Ambos estavam com mais de 40 anos. Tinham três filhos: Sara, de 11 anos, Tomas, de 13, e Juan, de 18. O mais velho trabalhava na mesma fábrica que seu pai.

A Sra. Ramos descrevia sua vida como controlada pelo nojo. Sempre que tocava em algo sujo, sentia náusea, palpitações e sudorese até que pudesse esfregar as mãos.

* * *

Quando entrei na sala, eles estavam sentados em um semicírculo, com os filhos posicionados entre os pais. Sara estava sentada próximo de sua mãe, a qual apresentava uma imagem de desamparo e resignação. Comecei por pedir à Sra. Ramos que me mostrasse suas mãos. As mesmas estavam vermelhas e irritadas pelas lavagens. Examinei-as cuidadosamente, sem tocar. Os filhos, Sara, Tomas e Juan, e também o Sr. Ramos, ouviam enquanto a Sra. Ramos descrevia a horrível ansiedade que sentia quando ela mesma ou qualquer outra pessoa da família tocava em qualquer coisa suja.

Etapa 1: ampliar a queixa apresentada

Sr. RAMOS (*começando a sessão*): Minha esposa tem uma obsessão, acho que é chamada de compulsão. Parece como se ela nunca estivesse limpa. Ela lava as mãos sempre que toca em alguma coisa que pense estar suja. E isso pode ser um copo que ela mesma tenha acabado de lavar. (*Ele continua falando mais rápido, como se temesse ser interrompido.*) E nós precisamos passar pela inspeção também. Quando chegamos do trabalho, Juan e eu precisamos tirar os calçados e trocar nossas roupas. E quando Sara e Tomas voltam para casa após a escola, precisam lavar as mãos e mostrar para minha esposa, que frequentemente pede-lhes para lavarem de novo até que realmente estejam limpas. Ela já tem essa doença há anos, e a vida da família inteira tem sido um inferno.

Dr. MINUCHIN (*para a Sra. Ramos*): Não compreendo. Seu marido disse que quando *eles* estão limpos você pode relaxar. É isso que acontece, Sra. Ramos?

Sra. RAMOS: Sim, quando quer que eu toque em algo sujo, começo a suar, tenho náuseas e palpitações. Às vezes, sinto que vou desmaiar e preciso me lavar de novo e de novo, até que a ansiedade desapareça.

Dr. MINUCHIN: Isso é muito interessante. Já vi pessoas com problemas similares, mas você é a primeira cuja ansiedade fica reduzida se outros membros da família lavam suas mãos. Isso é muito interessante.

Levantei e fui para perto da cadeira dela. Estava com as mãos cruzadas atrás das costas. Pedi à Sra. Ramos para mostrar-me suas mãos.

Dr. MINUCHIN: Pode virar as mãos para que eu possa ver as palmas? (*A Sra. Ramos assim o faz.*) Pode virá-las de novo? Pode cerrar os punhos?

Sinto-me como se estivesse personificando Jean Charcot, o grande neurologista francês do século XIX, que podia ouvir, ver, cheirar e sentir o gosto da doença. Até onde ia essa compulsão? Toda a vida familiar era controlada pela lavagem das mãos? Por que a família não se rebelava contra o absurdo dessa situação?

Dr. MINUCHIN: Às vezes você sente seus dedos dormentes?

Sra. RAMOS: Sim, mas nem sempre.

Dedicamos alguns minutos a esse exame, e a Sra. Ramos parece tranquilizar-se com minha investigação minuciosa. Sentei-me e pedi a Sara para ficar em pé na minha frente.

Dr. MINUCHIN: Sara, pode mostrar-me suas mãos?

Ela estendeu suas mãos, e pedi permissão para tocá-las.

SARA: Sim, pode tocar.

Examinei suas mãos cuidadosamente, palma e dorso. Ela fecha e abre as mãos.

Dr. MINUCHIN: Você se sente ansiosa quando suas mãos estão sujas?

SARA: Não, mas minha mãe fica ansiosa. Lavo as mãos para que ela possa se sentir melhor. Às vezes, preciso esfregar minhas mãos duas ou três vezes antes de que ela fique satisfeita.

Dr. MINUCHIN: Isso acontece com *suas* mãos?

Peço então a Tomas e Juan para virem e me mostrarem suas mãos e faço-lhes perguntas similares às que fiz a Sara. Ambos expressam preocupação com a doença da mãe.

Dr. MINUCHIN: Você tem filhos maravilhosos, Sra. Ramos. Eles são muito amáveis e cuidadosos.

Sra. RAMOS: Sim, eles se preocupam muito comigo.

Como de hábito, dedico um tempo considerável ouvindo e fazendo perguntas sobre o sintoma. Desacelero o processo, ouvindo por momentos, quando posso fazer uma pergunta que apresente uma inovação.

Sr. RAMOS: Não podemos mais comer ovos, porque ovos são sujos.

Dr. MINUCHIN (*olhando atônito*): Como é isso, Sra. Ramos? Como é que *ovos* se tornam sujos?

Sra. RAMOS: É por causa de onde eles vêm.

Dr. MINUCHIN: O que aconteceria se alguém descascasse os ovos?

Sra. RAMOS: Ah! Então eles estariam limpos.

Dr. MINUCHIN: Você compra as galinhas sem os seus traseiros?

Sra. RAMOS: Sim, compro somente partes das galinhas.

Esses momentos em uma sessão são familiares a todo terapeuta. A família Ramos vem solicitar ajuda para um problema firmemente incrustrado na Sra. Ramos, e cabe-me ser respeitoso com a forma como eles vivenciam e articulam suas dores. Entretanto, ao mesmo tempo que prestava atenção às suas narrativas, também apresentava desafios ao enredo: "Como é que a repulsa da Sra. Ramos pode ser amenizada por outra pessoa lavar as mãos?" e "Por que os ovos são sujos?".

A primeira etapa do processo de acessar a família envolve curiosidade, respeito e desafio a esse foco no sintoma e no portador do sintoma. Nesse ponto, peço aos filhos para deixarem a sala de modo que eu possa conversar de forma privada com os pais.

Etapa 2: destacar o problema – interações mantenedoras

Dr. MINUCHIN: Vocês têm relações sexuais?

Sra. RAMOS: Às vezes, acho que meu marido gosta demais de sexo. Às vezes, fico com pena dele e permito fazermos sexo aos sábados. Ele pode me tocar onde quiser, desde que não toque em minhas mãos. Minhas mãos são sagradas.

Dr. MINUCHIN: Por que você não confia em seu marido?

Essa é uma daquelas perguntas que um terapeuta que não teme errar irá arriscar fazer uma vez ou outra.

Sra. RAMOS: Muitas vezes sonho que acordei e descobri que ele foi embora.

A Sra. Ramos esquece brevemente do seu sintoma e começa a falar sobre sua relação com seu marido. Era como se tivesse aberto uma torneira.

Sra. RAMOS: Ele é muito crítico. Eu tento lhe agradar... mas o que quer que eu diga está errado. Choro quando ele grita comigo, e os filhos vêm me consolar...

Perguntei se sua filha Sara a protegia e, quando a Sra. Ramos concordou, chamei Sara de volta para o consultório.

Dr. MINUCHIN: Sua mãe nos contou que você está muito preocupada com ela. Pode nos falar mais sobre isso?

SARA: Lamento por minha mãe quando meu pai grita com ela.

Dr. MINUCHIN: O que você faz para ajudá-la?

SARA: Afago seus cabelos quando ela chora e beijo sua testa até que ela se acalme.

Peço que os outros dois filhos retornem à sessão, e eles contam histórias similares sobre proteger sua mãe das críticas do pai. Usualmente, desencorajo esse tipo de coalizão – crianças protegendo a mãe do pai é um padrão de relação que interfere com a resolução de conflitos entre os esposos –, exceto em casos de violência familiar, onde essa configuração pode ser necessária.

Nesse ponto, o sintoma havia sido afastado do centro do palco, e a consultoria chegava ao drama conhecido de crianças capturadas no conflito entre os pais. Eu havia encorajado a Sra. Ramos a desafiar a falta de compreensão do seu marido e pedira às crianças para "ouvirem". Uma ou duas vezes eu os impedira de se intrometerem na conversa entre os pais, dizendo-lhes que sua proteção à mãe não era algo útil para nenhum de seus pais.

Sra. RAMOS (*para seu marido*): Você acha que estou sempre errada. Mesmo quando lhe faço comidas especiais, você reclama que não tem sal ou pimenta suficiente, ou que tem demais, que a carne não está cozida o bastante, ou que cozinhou demais.

Sentei para trás na cadeira enquanto a Sra. Ramos pela primeira vez falava abertamente de seus ressentimentos.

Sr. RAMOS: Isso não é nada. Olhe o que faço por você. Troco de roupa quando vou para a fábrica e troco de roupa quando chego em casa. Você me faz lavar as mãos até que esteja satisfeita e ache que não tenho mais nenhum germe. Sinto-me como que vivendo em uma dessas bolhas onde estamos protegidos de tudo. Aceito tudo isso porque sei que não é sua culpa. Isso é uma doença, e eu e as crianças queremos ajudá-la.

Sra. RAMOS: Mas você sempre grita comigo e diz que estou errada.

Fiquei sentado ouvindo esse padrão de agressão velada e pedidos de desculpas sem resposta. E após alguns minutos, voltei-me para a Sra. Ramos.

Dr. MINUCHIN: Os seus pais eram muito críticos?

Sra. RAMOS: Sim, muito mesmo. Eu sempre era considerada a menos atraente na minha família. Quando criança, esforçava-me mais que minhas irmãs para fazer com que meus pais me amassem. Mas eles sempre preferiram minha irmã.

Sr. RAMOS: Ela está sempre tentando agradar às pessoas da sua família, e eu a acompanho quando ela visita seu velho tio que está doente. Digo que ela se empenha demais e que eles não consideram isso.

Como a sessão aproximava-se do final, concluí dirigindo-me ao Sr. Ramos.

Dr. MINUCHIN: É ótimo que agora mesmo você apoiou sua esposa. Talvez você possa descobrir maneiras de fazer isso mais vezes, de agora até a próxima sessão. Eu não a conheço, mas você pode lembrar de quando a cortejava. (*Direcionando-me para a Sra. Ramos*). Penso que você deve largar as mãos de seus filhos.

Dr. MINUCHIN (*para Sara*): Você pode ficar de pé na frente da sua mãe e dizer a ela que as suas mãos pertencem a você e que você só vai lavá-las quando achar que é necessário?

Assim que Sara o faz, repito o mesmo ritual com os outros dois filhos. Como o encontro chegava ao seu final, levantei e apertei a mão de todos. Somente após eles terem saído, lembrei-me de que as mãos da Sra. Ramos eram sagradas e que a ninguém era permitido tocá-las. Ambos tínhamos esquecido temporariamente do seu sintoma.

Na segunda etapa, eu troquei o foco da Sra. Ramos enquanto paciente para investigar como os outros membros da família se relacionavam com ela: um pas de deux *entre o Sr. e Sra. Ramos, que havia começado com a exploração do seu relacionamento sexual, direcionou-se à falta de apoio do marido e continuou na investigação da forma como os filhos formavam uma barreira de proteção em torno da mãe.*

Sabendo agora um pouco mais sobre a família, decidi que na próxima sessão me encontraria apenas com o casal. Preparei a cena para um final romântico encomendando uma dúzia de rosas que o Sr. Ramos poderia dar para sua esposa, embora estivesse longe de ter a certeza de que a ocasião se apresentasse por si mesma.

SEGUNDA SESSÃO

Quando o casal retornou, a Sra. Ramos estava vestida com sua melhor roupa. Tanto ela quanto o marido descreviam mudanças em seus comportamentos.

Etapa 3: investigar o passado com foco na estrutura

Sra. RAMOS (*com iniciativa*): Você me fez perceber que eu estava prejudicando as crianças e decidi desobrigá-las das minhas necessidades. Durante os últimos dias, senti por momentos que elas estavam sujas e que isto me deixava ansiosa, mas percebi que precisava me controlar, então não disse nada a elas. Foi muito difícil, mas vi que o amor delas por mim as prejudicava.

Sr. RAMOS: Não lembro o que fiz, mas sei que prestei mais atenção em Carmen, e quando vi que a estava criticando, parei.

Sra. RAMOS: Isso é verdade, ficou claro que ele mudou a forma de me tratar.

Dr. MINUCHIN: Talvez nós três juntos possamos descobrir a razão dos seus sintomas. Mas eu gostaria de começar sabendo um pouco mais sobre a sua infância. Você parece se sentir como se não tivesse quaisquer direitos. Como você desenvolveu essa ideia?

A Sra. Ramos começou uma narrativa na qual o Sr. Ramos inseriu as suas memórias da família dela, mas nem sempre apoiando sua esposa.

Sra. RAMOS: Vivíamos em uma fazenda. Éramos pobres, e a vida era difícil. Lembro que desde muito jovem fui a filha que mais trabalhava para ser apenas tão boa quanto os demais.

Sr. RAMOS (*interrompendo*): Carmen tenta sempre agradar a todo mundo, e é assim que ela está sempre auxiliando seus pais e irmãs. Tento lhe dizer que ela faz demais, mas ela diz: "É minha família", e isso me faz calar.

Sra. RAMOS: Minha mãe morreu no ano passado, e era de se esperar que eu e minhas irmãs estivéssemos no hospital para ajudá-la todas as semanas, mas elas não vinham. Sempre tinham uma desculpa. Estive sozinha ao lado dela, cuidando dela dia e noite por semanas, quando ela estava morrendo. (*Quando ela começa a chorar, Hernando gentilmente a conforta.*) Na noite em que ela morreu, ela ficou agitada e se debatia na cama. Então, eu amarrei suas mãos, como as enfermeiras haviam feito para evitar que ela se machucasse. Sinto-me muito culpada por ferir suas mãos.

Havíamos chegado à causa do sintoma de Carmen, o vínculo crítico com o passado? Talvez, mas eu estava no presente tentando exorcizar a intromissão dos fantasmas do passado na relação entre Carmen e Hernando.

Etapa 4: descobrir/cocriar formas alternativas das relações

Tendo observado mudanças positivas entre os esposos, e, no intuito de estimular o processo, fui apanhar as rosas que havia encomendado. Retornei com as flores e entreguei-as a Hernando. Hernando fez menção de levar as flores para Carmen, mas eu o interrompi.

Dr. MINUCHIN: Por que você não as entrega a ela mais tarde, quando estiverem a sós e no clima adequado.

Como nos aproximávamos do final da sessão, sugeri que Carmen havia estado sob o controle de sua necessidade de trabalhar mais que todo mundo para se sentir aceita.

Dr. MINUCHIN: Carmen, na sua família você aprendeu algo que não é de utilidade para você. Você precisou ser a "Gata Borralheira" para se sentir aceita. Você me faz lembrar de Cinderela.

(Nenhum dos dois parecia conhecer esse conto de fadas, então fui em frente e contei a história. Quando terminei, pedi a Carmen para tirar seu sapato e dá-lo a Hernando, de modo que ele pudesse colocar de volta no seu pé, tal como na história. Finalizei dizendo que Carmen devia relaxar e aceitar o afeto de seu príncipe.)

A complementaridade dos comportamentos nesse casal requer que consideremos o passado de ambos os parceiros e que essa investigação focalize aqueles aspectos necessários para gerar mudanças no padrão disfuncional atual. Contudo, no caso específico de Carmen Ramos, seus sintomas eram tão dramáticos, e de tão longa duração, que me concentrei principalmente na história dela e dediquei apenas uma escuta rápida à história de Hernando.

A seleção da história de Cinderela como uma metáfora de cura para o casal foi surpreendente. No início da primeira sessão, Carmen havia me dito que considerava sapatos algo sujo e que todos na família deviam trocar seus calçados quando entravam na casa. Eu havia esquecido sua história, ou talvez resgatei Cinderela e seu sapatinho de cristal estimulado por essa lembrança. Realmente não sei.

(Carmen sorriu. Hernando sorriu. Claramente, ambos haviam sido tocados. Eles estavam gratos, e Carmen não hesitou em apertar minha mão. Dessa vez, tanto ela quanto eu reconhecemos a importância desse gesto. Era uma declaração de independência da tirania do sintoma.)

Reflexões

Tentei comunicar o processo pelo qual um sintoma dramático começou a mudar em uma consultoria de duas sessões. A família era única, e assim foi a consultoria. Nunca antes eu havia comprado rosas para clientes.

Devo acrescentar que este caso foi visto há mais de uma década atrás, muito antes de o modelo de acessar a família em quatro etapas ter sido concebido. Ainda assim, todos os pontos fundamentais no nosso procedimento atual já estão contidos nele. Você pode considerar que a entrevista desta família permitiu-nos vislumbrar o desenvolvimento de nosso modelo e serviu de base para ele.

ESTRUTURA TERAPÊUTICA

Organização da família

Carmen e Hernando Ramos estavam presos em uma relação complexa e complementar de trocas passivo-agressivas. Carmen controlava seu marido e seus filhos ao requisitar uma série de rituais "necessários" para amenizar sua ansiedade. Hernando obedecia à doença de Carmen, mas a criticava e depreciava.

Os filhos também estavam presos no conflito entre os pais, como membros de duas coalizões alternantes. Uniam-se ao pai quando aceitavam e ressentiam-se pelas demandas absurdas de limpeza da mãe, e uniam-se à mãe para confortá-la e apoiá-la contra as críticas e requisições do pai.

Perspectivas individuais

Carmen, a personagem principal neste drama familiar, em sua fase de crescimento lutava por aceitação na família de origem. Convencida de que não era merecedora, buscou aprovação por meio do autossacrifício, mas sem sucesso. Seus sintomas neuróticos, porém, traziam-lhe várias vantagens: ela era capaz de exercer controle e de manifestar agressão e competência sem os riscos inerentes à expressão direta do seu ressentimento com as injustiças alheias. Como em outras famílias com um membro seriamente doente, o desenvolvimento dos filhos era prejudicado pela necessidade de acomodação aos problemas da mãe.

Que podemos dizer a respeito do marido? Algo em seu passado, que não tive tempo de investigar, tornava Hernando autorizado a criticar sua esposa, mas não a desafiar seus sintomas. Poderíamos dizer que Carmen somente poderia conquistar sua solidariedade ao tornar-se doente. Contudo, devemos reconhecer que havia algo na natureza de Hernando que o tornava disposto a ser compreensivo na medida em que reconhecia a necessidade disto. O desafio da consultoria foi ajudá-lo a ver que a necessidade da esposa por solidariedade não devia depender de ela ficar doente.

Estratégias de intervenção

Como é usual em casais nos quais um dos membros é o portador do sintoma, as estratégias giraram em torno do conceito de *complementaridade*. Quando um casal é visto como uma unidade em vez de dois indivíduos separados, as intervenções são direcionadas para a clarificação da forma como o parceiro assintomático controla o sintoma.

A primeira investigação nesse caso foi *diádica*. Quando Carmen disse que permitia que Hernando a tocasse em qualquer parte do corpo, exceto nas mãos, perguntei por que ela não confiava nele. Esse teste trazia o caso de uma visão pseudomédica para o tema mais tratável de um casal em conflito.

Sabendo que conflitos resistentes são com frequência enrijecidos por interações *triangulares*, perguntei a Carmen se seus filhos a protegiam contra as críticas de Hernando. Quando ela disse que eles o faziam, a sequência inteira tornou-se clara: do *individual* (Carmen transformando seu desamparo em uma arma) para a *díade* (o padrão complementar do controle evidente de Hernando e a rebelião passiva de Carmen), e daí para o nível da *tríade* (a aliança dos filhos com sua mãe contra a rudeza do pai).

Uma vez construído tal padrão triangular, a estratégia era simples: encorajar os pais a tratar de seus conflitos diretamente, sem o envolvimento excessivo dos filhos.

Técnicas

O poder de um sintoma é preservado por uma forma invariável da família ao representá-lo. É como uma história infantil, contada sempre da mesma maneira. Se o terapeuta expande a história, incluindo outras pessoas, apresentando inovações de algum tipo, o automatismo do sintoma é desafiado. O sintoma da Sra. Ramos havia sido reforçado por anos de repetição diária. Conduzi uma investigação detalhada das particularidades para conferir validade à minha tentativa de liberar os membros da família desse controle.

O que tornou meu desafio à complementaridade mais bem-sucedido que no caso anterior foi fazer questionamentos – "Eu não compreendo", "Que interessante!" – sem criticar. Expressei surpresa pela forma como o sintoma da paciente identificada espalhava-se e incluía a família inteira. Surpresa levanta questões e convida a família a unir-se para decifrar um enigma, em vez de se colocarem na defensiva contra o que percebem como um ataque.

Meus desafios foram velados, a princípio: "Tenho visto muitos casos que são parecidos, mas essa é a primeira vez que vejo...". Quando pedi a cada uma das crianças para mostrarem-me as mãos, explorei detalhes: "Ovos são sujos?", "Sexo é algo limpo?", acompanhando minhas perguntas com exclamações de surpresa, que na sua repetição desafiavam a realidade do sintoma.

Como sempre, trabalhei com vários subsistemas. Comecei com a família inteira, mas, quando passei a desafiar a intromissão dos filhos no conflito do casal, pedi às crianças para saírem, depois pedi a elas para retornarem, quando o processo de mudança novamente requeria sua participação.

Assim, como em todas as minhas consultorias, estive embasado na crença de que as pessoas constroem umas às outras. Dessa forma, os sintomas da Sra. Ramos foram considerados como parte de uma transação entre ela e seu marido. Uma vez que o casal se tornou comprometido junto comigo no processo de tentar entender *por que* eles se comportavam daquela forma, encorajei-os a expressarem abertamente o conflito e, daí, aproximei-me da Sra. Ramos para ajudá-la a desafiar o marido.

O fermento para o processo foi minha convicção de que os pais quase sempre querem ajudar seus filhos. Dessa forma, dei à Sra. Ramos a tarefa de controlar sua ansiedade em prol de seus filhos, na expectativa de que ela controlaria seu sintoma, e ela assim o fez.

A investigação da história veio somente após termos examinado em profundidade o presente e foi uma maneira de observar como as dificuldades do passado podem distorcer as possibilidades do presente. A segunda sessão foi dedicada quase que inteiramente à exploração do desenvolvimento histórico do senso de desvalia pessoal da Sra. Ramos, em sua família de origem, e às possibilidades de introduzir mudanças na sua visão atual de si mesma, por intermédio da mobilização de respostas positivas e apoio por parte do marido. Nossa breve incursão ao passado não foi uma incursão sem propósito, nem uma tentativa de explicar tudo como resultado de experiências traumáticas. Ao contrário, focou especificamente a compreensão de como os atores nesse drama familiar haviam aprendido seus papéis. Com um pouco de compreensão e um pouco de reenquadramento, foi possível entender porque Carmen tinha receio de queixar-se abertamente e envolver Hernando na nova posição de curador.

NOTAS

1 Partes desse caso apareceram em *The evolution of psychotherapy*, editado por Jeffrey K. Zeig (New York: Brunner/Mazel, 1997).
2 Minuchin, S. & Fishman, H. C. 1981. *Family therapy techniques.* Cambridge, MA: Harvard University Press.

Parte IV

Famílias psicossomáticas

A terapia familiar, que se desenvolveu originalmente em oposição ao modelo médico, amadureceu ao ponto de agora os terapeutas desejarem colaborar com médicos e outros profissionais da área da saúde. A área da medicina familiar e comunitária evoluiu a partir das tentativas iniciais de entender a influência recíproca entre contexto social e saúde física (McDaniel, Hepworth e Doherty, 1992). O interesse pela medicina familiar e comunitária expandiu-se rapidamente na década de 1980, como relatado no texto de referência *Family Therapy and Family Medicine*, de autoria de William Doherty e Macaran Baird (1983). Lá está descrito como a abordagem de sistemas familiares pode ser integrada na prática de família e nos cuidados primários. Em 1982, o Ackerman Institute promoveu a conferência "Terapia de Famílias com Doenças Físicas", a qual levou à criação da revista *Family Systems Medicine*, agora chamada *Family Systems and Health*, editada por Donald Bloch. Esta revista oferece um fórum para discussão entre profissionais das áreas de cuidados em saúde e de saúde mental, sobre problemas médicos, teoria dos sistemas e temas ligados à colaboração – sendo *colaboração* a palavra-chave.

A terapia famliar médica adota uma perspectiva *biopsicossocial,* na qual os terapeutas trabalham juntos com as famílias e com os profissionais de cuidados em saúde, de modo a oferecer um enfoque integrador para a saúde e a cura. Um terapeuta que entende como os sistemas familiares são organizados pode ser capaz de trabalhar de forma mais efetiva com a não-adesão ao tratamento médico, ou com dificuldades de modificar hábitos de saúde destrutivos, tais como fumar ou comer em demasia. A terapia familiar médica trabalha com doenças e deficiências crônicas, doenças infantis e seus impactos nas famílias, conflitos entre provedores de cuidados em saúde e as famílias, impasses nos tratamentos, sintomas somáticos sem etiologia física evidente, gravidez e infertilidade, morte e luto, e demasiada utilização de serviços de saúde.

Quando a ênfase passa do impacto da doença na família ao impacto da vida em família no processo da doença, entramos na área da medicina psicossomática. A descoberta de que algumas doenças são indicadores psicossomáticos apontam para o fato de que o estresse e a ansiedade podem ter poderosos efeitos destrutivos no corpo. Os esforços iniciais para entender as doenças psicossomáticas focavam quase que exclusivamente a dinâmica individual. Um texto clássico é o de Hans Selye (1960), *The stress of Life,* o qual explica como o corpo luta por se adaptar, mas eventualmente sucumbe sob o estresse crônico. Pesquisas de Meyer e Haggerty (1962) demonstraram uma relação entre estresse familiar e suscetibilidade a doenças, e a escala de adequação social de Holmes e Rahe (1967) mostrou como vários eventos familiares estressores agravam doenças físicas e emocionais. Entretanto, a abordagem dos sistemas familiares para as doenças físicas é relativamente recente. Em 1972, Lawrence Grolnick registrou que "Não há um corpo de conhecimento referente a aplicações da terapia familiar em transtornos psicossomáticos" (Grolnick, 1972, p. 476). Em 1977, o artigo de John Weakland intitulado "Family Somatics: A Neglected Edge" desafiava os terapeutas familiares a aplicarem seu saber ao mundo da saúde e da doença. Dentre aqueles que aceitaram o desafio estava Salvador Minuchin e seus colegas na Philadelphia Child Guidance Clinic.

O "modelo da família psicossomática" (Minuchin, Rosman e Baker, 1978) foi o primeiro a incluir de forma sistematizada o nível da família ao considerar os fatores psicobiológicos nas doenças da infância. Esse modelo evoluiu a partir de estudos com crianças portadoras de diabete melito que sofriam episódios recorrentes de acetoacidose, apesar do manejo adequado do diabete e da dieta. Essas crianças tinham famílias que demonstravam padrões característicos de interação: aglutinação, superproteção, rigidez, baixo nível de resolução de conflitos ou evitação, e triangulação das crianças pacientes. O modelo propunha uma interação circular, na qual a doença da criança interagia com os padrões familiares: os processos interacionais da família desencadeiam reações fisiológicas na criança paciente, a qual então exacerba seu processo da doença. Por sua vez, o agravamento da doença da criança reforça tais padrões familiares, estabelecendo um processo reverberativo e progressivo (Minuchin et al., 1975).

O modelo psicossomático da família recebeu apoio empírico de Beatrice Wood e seus colaboradores (1989), que descobriram que as cinco características da configuração familiar psicossomática estavam altamente inter-relacionadas e que, em particular, a triangulação e as disfunções conjugais se associavam com a exacerbação da atividade da doença. Para pesquisadores, permaneciam questões sobre a extensão do desenvolvimento de todos os cinco fatores do modelo psicossomático na promoção da patologia, mas havia poucas dúvidas de suas premissas fundamentais:

    1. A família é um sistema que tem particular significação para as crianças.

2. O funcionamento individual e os padrões interpessoais de interação influenciam-se reciprocamente.
3. Esses padrões interpessoais interagem com processos biocomportamentais, alguns dos quais são relacionados com as doenças.

Consideremos, por exemplo, no caso da família austríaca relatado a seguir, como Konrad, de 16 anos, tem cólicas estomacais quando estressado. A família rotula o problema como uma doença, e não como ansiedade, e ele "adoece" cada vez que se sente emocionalmente incomodado. Em algumas famílias, as pessoas não falam sobre sofrimento psicológico. Nessas famílias, as crianças recebem atenção por dores físicas, mas não por dores emocionais. Em tais condições, crianças como Konrad vivenciam seus problemas emocionais como sendo físicos e geram um padrão conhecido como *somatização*.

A teoria psicanalítica define somatização como parte da estrutura de caráter do indivíduo – uma defesa contra experiências emocionais angustiantes (Greenson, 1967). Contudo, a terapia individual não tem se mostrado eficaz no caso desses pacientes. Uma abordagem que considere a família pode ser mais eficaz porque permite abordar o estresse emocional na sua fonte. Os terapeutas familiares podem expandir seu foco sobre os sintomas psicossomáticos por meio da escuta das metáforas de dores emocionais. Sintomas são uma forma singular de comunicação. O papel do terapeuta não é o de reduzir sintomas psicossomáticos a explicações psicológicas, mas sim o de ajudar as famílias a entender e administrar intercâmbios emocionais que as afetam.

A relação entre processos emocionais e fisiológicos sugere que a hiperreatividade fisiológica de uma criança e a reatividade emocional da família podem ser fatores de risco que se potencializam. Padrões estruturais familiares e hierarquia geracional desempenham um papel importante na modulação ou exacerbação desses padrões. Por exemplo, a vigilância parental pode tornar uma criança ansiosa, o que por sua vez torna os pais mais vigilantes, o que deixará a criança mais ansiosa, e assim por diante.

Há um extenso corpo de pesquisa indicando que famílias com alto nível de "emoção expressa" (demasiado envolvimento emocional e críticas constantes) produzem estimulação fisiológica que influencia o curso de doenças físicas e mentais (Vaughn, 1989). Assim, vemos que não é apenas o estresse que aumenta a predisposição de úlceras, asma, dores de cabeça e hipertensão, mas o modo como a família se organiza para apoiar e proteger seus membros.

"Doenças psicossomáticas" ainda não aparecem como uma categoria no DSM-IV. Em vez disso, a nomenclatura oficial se refere a "fatores psicológicos afetam condições médicas" e "transtorno de somatização". O termo "psicossomático" perdeu prestígio porque sugere uma influência unidirecional, e pode ser interpretado como culpa das famílias pelos problemas médicos de seus filhos. No passado, algumas doenças eram consideradas "psicossomáticas", enquanto outras eram tidas como puramente orgânicas. Na verdade, essa é uma dicotomia falsa: a relação é, naturalmente, circular.

Lamentavelmente, a noção de "doenças psicossomáticas" pode ainda levar ao conceito dicotômico de que os sintomas se devem a problemas físicos *ou* ao estresse psicológico. Pais com filhos doentes são compreensivelmente resistentes à sugestão de que mereçam a culpa. Entretanto, do mesmo modo que com "emoção expressa" e esquizofrenia, o ponto não está em a família *ser a causa* da doença da criança, mas em estresses familiares exacerbarem os sintomas.

O fato de que o estresse desempenha um papel fundamental em doenças psicossomáticas conduz de forma natural à ideia de que o objetivo deveria ser "reduzir o estresse". Esforçar-se para reduzir o estresse tem um efeito paradoxal. Reprimir o conflito não é algo simples como colocar de lado algo que você preferiria não ver. É necessário um esforço ativo para manter o conflito fora da consciência, e tal esforço é exaustivo, tanto para o espírito quanto para o corpo. Então, nosso objetivo quanto a famílias psicossomáticas deveria ser resolver as questões que causam estresse. Isso significa encarar o conflito, em vez de evitá-lo e torná-lo mais dissimulado. Assim, a chave para trabalhar com famílias psicossomáticas é focar a transformação de um sintoma psicossomático em um conflito interpessoal manifesto.

REFERÊNCIAS

Doherty, W. J., & Baird, M.P. 1983. *Family therapy and family medicine.* New York: Guilford Press.
Greenson, R. R. 1967. The working alliance and the transference neurosis. *Psychoanalytic Quarterly,* 34: 155-181.
Grolnick, L. 1972. A family perspective of psychosomatic factors in illnesss: A review of the literature. *Family Process,* 11: 457-486.
Holmes, T. H., & Rahe, R.H. 1867. The social readjustment scale. *Journal of Psychosomatic Research,* 39: 413-F431.
Kellner, R. 1986. *Somatization and Hypochondriasis.* New York: Praeger-Greenwood.
McDaniel, S., Campbell, T. & Seaburn, D. 1990. *Family-oriented primary care: A manual for medical providers.* New York: Springer.
McDaniel, S., Hepworth, J., & Doherty, W. (Eds.). 1992. *Medical family therapy: A biopsychosocial approach to families with health problems.* New York: Basic Books.
McDaniel, S., Hepworth, J. & Doherty, W. (Eds.). 1995. Medical family therapy with somatizing patients: The co-creation of therapeutic stories. In: R. H. Mikesell, D-D. Lusterman & S. H. McDaniel (Eds.), *Integrating family therapy: Handbook of family psychology and systems theory.* Washington, DC: American Psychological Association.
Meyer, R. J., & Haggerty, R. J. 1962. Streptococcal infections in families: Factors altering individual susceptibility. *Pediatrics,* 29: 539-549.

Minuchin, S., Baker, L., Rosman, B. L., Liebman, R., Milman, L. & Todd, T. 1975. A conceptual model of psychosomatic illness in children: Family organization and family therapy; *Archives of General Psychiatry,* 32: 1031-1038.
Minuchin, S., Rosman, B. L. & Baker, L. 1978. *Psychosomatic families: Anorexia nervosa in context.* Cambridge, MA: Harvard University Press.
Selye, H. 1956. *The stress of life.* New York: McGraw-Hill.
Vaughn, C. E. 1989. Annotation: Expressed emotion in family relationships. *Journal of Child Psychology and Psychiatry.* 30:13-22.
Weakland, J. 1977. "Family somatics": A neglected edge. *Family Process,* 16: 263-272.
Wood, B. L., Watkins, J. B., Boyle J. T., Nogueira, J., Zimand, E., & Carroll, L. 1989. The "psychosomatic family": An empirical and theoretical analysis. *Family Process,* 28: 399-417.

8 | Édipo com dor de estômago

Esta família austríaca compõe-se de três membros: uma mãe divorciada com uma filha e um filho. A mãe estava na casa dos 40 anos, vestia-se com elegância, cuidadosamente penteada, delicada e com um sorriso espontâneo. Heidi é a filha casada, uma morena atraente, versão mais jovem de sua mãe. Konrad é o paciente identificado; ele tem 16 anos. Konrad foi à sessão diretamente do hospital onde tem sido paciente nas últimas oito semanas. O problema de Konrad começou há três anos, quando ele começou a ter dores abdominais persistentes. Ainda que aparente ser um simples caso de indigestão, um clínico geral que acompanhou o caso de Konrad não conseguiu encontrar razões orgânicas para a dor. Konrad visitou, então, um gastroenterologista em busca de auxílio adicional e depois foi a um hospital onde passou por múltiplos exames e avaliações. Novamente, os exames não identificaram qualquer causa física para a dor de Konrad, e os sintomas persistiam. Com um novo diagnóstico de dor psicossomática, Konrad buscou auxílio em diversos especialistas, e o último deles recomendou hospitalização em uma enfermaria para pacientes psicossomáticos. Konrad esteve internado nessa enfermaria nas últimas oito semanas, sem melhoria do quadro.

A sessão começa com Konrad.

KONRAD: Fiquei muito impressionado com o que li na internet sobre você.

Dr. MINUCHIN: O que chamou sua atenção sobre minha descrição?

KONRAD: Bem, primeiro a fotografia, seu sorriso era agradável. E quando li que você trabalhou com famílias pobres das favelas, fiquei impressionado. Pensei que você está fazendo coisas boas. Estou feliz de conhecê-lo.

Dr. MINUCHIN: Você ficou interessado pelo fato de eu ter trabalhado com pessoas pobres? Politicamente, você é de centro-esquerda?

KONRAD: Sim, sim.

Dr. MINUCHIN: Maravilhoso.

Esse é um início incomum para uma sessão terapêutica. Konrad inverte as regras do jogo e começa me entrevistando. Com uma afirmação simples, ele quebra as barreiras que separam doutor e paciente e cria uma área de iguais em proximidade. Ainda que eu não percebesse isso no momento, ele estava, com tal abertura, apresentando o modelo de transações preferido pelos membros da família.

Dr. MINUCHIN (*para a mãe*): Pode me dizer como você vê os problemas de Konrad?

MÃE: Seu problema no início não era um problema da mente, era um problema de estômago. Primeiro, eu pensei que seu problema era causado por algum tipo de germe ou bactéria latente que despertasse periodicamente. Vivemos na Índia por dez anos, e pensei que ele tinha contraído uma doença lá. Ele consultou várias clínicas, e um dos médicos disse que era um problema na sua cabeça. E pensei, sim, essa é uma possibilidade.

Dr. MINUCHIN: De que forma o problema no estômago ou abdômen era um problema na cabeça dele?

MÃE: Eu não acreditei no início, mas, como o problema persistiu, pensei que seu problema podia estar na cabeça e também no estômago.

Dr. MINUCHIN: Konrad, quando você teve essa dor, com quem você falou? Com sua irmã Heidi? Sua mãe? Seus pais já estavam separados?

KONRAD: Bem, minha mãe disse que primeiro começou como uma dor de estômago e então se tornou uma dor na cabeça, mas penso que foi o contrário. Não sei como colocar. Sempre tive problemas comigo mesmo... Nunca fui satisfeito comigo mesmo. Quando tinha 6 anos e fui para a escola pela primeira vez, eu não tinha amigos. Eu era diferente. Meus colegas faziam travessuras com os outros e não levavam a escola tão a sério quanto eu. Por não ter amigos, decidi me adaptar ao ambiente. Desisti de todos os meus princípios e valores para tentar ser como qualquer um dos outros. Mas em vez de fazer amigos, me tornei mais excluído, porque passei a ser imprevisível para as outras pessoas. Não estou certo se minhas dores de estômago têm algo a ver com minha mente. Mas suponho que deve haver alguma conexão, porque por mais de um ano e meio tenho passado por todos esses exames físicos sem encontrar qualquer explicação para meus sintomas.

Dr. MINUCHIN: Agora sei que seu cérebro funciona muito bem... (*Para a irmã Heidi*) Como você vê Konrad?

Etapa 1: ampliar a queixa apresentada

O primeiro passo é orientado para desafiar a definição do sintoma apresentado. Konrad inicia reavaliando a localização do sintoma: não em seu estômago, não em sua cabeça, mas em ser um estrangeiro no mundo de seus pares. Sua irmã Heidi irá depois colocar a dor na experiência dele de sentir a dor alheia; no fato de ele ser um solucionador de problemas; em ser ele um escudo para as dores de seus pais. Então, irei localizar a sua dor no seu coração e sugerirei que o corpo dele está fundido com o de sua mãe, e a dor será localizada nesse estranho animal que tem um corpo e duas cabeças. Nesse processo de mudar a fonte e a localização da dor de Konrad, eu não nego a dor, mas apenas troco o foco de investigação, do corpo de Konrad para o contexto de suas relações.

HEIDI: Eu não havia percebido que ele tem um problema na mente, porque converso muito com ele. Desde que éramos crianças, conto a ele todos os meus problemas, inclusive aqueles que não conto para minha mãe. Ele sempre compreende e vê meus problemas com clareza. Realmente, acho que ele tem uma visão e uma percepção mais clara que as outras pessoas, e penso que isso ocorre porque ele às vezes não se ajusta ao meio em que está.

Dr. MINUCHIN: Você está falando sobre a habilidade dele de vivenciar a sua dor?

HEIDI: Sim, ele tem um talento para ajudar os outros.

Dr. MINUCHIN: Antes de seus pais se separarem, havia conflitos em casa?

HEIDI: Sim, muitos.

Dr. MINUCHIN: E ele era o solucionador dos problemas?

HEIDI: Sim, ele queria ajudar. Ele precisa ter paz, sempre tenta fazer a paz entre nossos pais e falar com eles para compreender suas posições.

Dr. MINUCHIN (*para a mãe*): E você poderia me dizer como ele intervinha nos conflitos entre você e seu marido?

MÃE: Nós brigávamos quando as crianças estavam dormindo... tentávamos não brigar na frente dos filhos, ou pelo menos não queríamos que eles ouvissem...

Dr. MINUCHIN: Isso é uma fantasia... (*risada*) Os filhos tomavam o seu partido?

MÃE: Sim, penso que sim.

Dr. MINUCHIN: Os dois?

HEIDI: Sim, mas não queríamos causar dor a meu pai. Tive problemas com a separação, mas percebi que era algo bom porque vi como minha mãe e meu pai estavam sofrendo. Depois da separação, minha mãe se tornou uma mulher forte. Ela progrediu muito em termos profissionais. Passou de secretária de um consultório médico para proprietária de seu salão de beleza.

(*A mãe começa a chorar, e Konrad ajoelha-se perto dela confortando-a, enquanto a abraça, e ela inclina-se para ele e chora no seu ombro.*)

Dr. MINUCHIN (*para Konrad*): Você foi para o hospital por causa das dores estomacais e disse que as dores são na sua mente, mas vejo agora que você também tem dores no seu coração. Não apenas as partes do seu corpo estão conectadas, mas apenas agora vejo que seu corpo está conectado ao corpo de sua mãe. Isso está correto?

HEIDI: Ahã...

Dr. MINUCHIN: Então veja, acho que o psicólogo do hospital estava ajudando você com a dor de estômago, mas ele não podia ajudar nesse outro aspecto, que é o modo como vocês dois estão ligados, quão intensa é a empatia pela dor de sua mãe. Vi que vocês dois são muito ligados, e era legal. (*Para a mãe*) Você se sente apoiada? Acha que ele está lhe ajudando?

Observei o espelhamento de Konrad e sua mãe como uma manifestação de sua aglutinação. Não queria que o evento permanecesse como algo cotidiano e despercebido. Respondi de forma automática ao ampliar a intensidade da experiência, trazendo o foco para o fenômeno e sugerindo uma maneira nova de perceber e vivenciar.

MÃE: Quando nos mudamos, ele automaticamente tentou desempenhar o papel de homem da casa. Depois de três anos, desejei encontrar um novo namorado, e era engraçado que, quando eu trazia alguém lá em casa, Konrad me dizia: "Oh, mamãe, pense se essa pessoa é boa o bastante..."

Dr. MINUCHIN: Então ele é um observador, não apenas de sua dor como também de sua experimentação adulta.

MÃE: Às vezes, penso que as crianças podem julgar outra pessoa com mais facilidade... quando eles veem alguém, dizem a mim o que pensam.

Dr. MINUCHIN: E isso é útil?

MÃE: Sim, é muito útil vindo de qualquer um dos dois. Quando temos um problema, falamos abertamente sobre ele e sempre brincamos muito. O problema se torna mais fácil de resolver.

Dr. MINUCHIN: Então os filhos se tornaram uma proteção contra os problemas da vida.

MÃE: Sim, sempre falo a eles dos meus problemas, embora não em demasia. Sempre penso neles como crianças, e tento não sobrecarregar os dois com muitos de meus problemas.

Enquanto ainda estou investigando e expandindo a definição e a localização da dor de Konrad, inicio a segunda etapa, focando a forma como os membros da família mantêm os sintomas. Estou surpreso com a cegueira seletiva da mãe em relação à influência que exerce sobre Konrad. Ela menciona Konrad assumindo o papel de "homem da família" quando ela se divorciou, mas não conecta isso ao convite que faz para Konrad aprovar ou desaprovar sua seleção de amigos homens.

Dr. MINUCHIN: Heidi, quando você se sentiu apta a casar?

HEIDI: Quando eu me senti apta a me casar? Oh! É uma longa história. Você quer ouvir a versão longa?

Dr. MINUCHIN: A versão média.

HEIDI: Bem, eu tinha 18 anos quando saí da casa de minha mãe. Fui morar em uma cidade próxima e lá conheci meu marido numa discoteca. Depois de nos encontrarmos por quatro meses, ele disse que queria ficar comigo, e eu recusei essa proposta porque pensei que ele não era meu tipo. Mas depois de outros quatro meses, eu o aceitei e viramos namorados. Conheci a família dele mais tarde, e eles me aceitaram também; na verdade, eles me amaram como se fosse uma filha. Foi muito bom ter essa sensação de ser parte de uma grande família. Passei a morar com ele depois de estarmos juntos por dois meses, e casamos depois de um ano. Meu marido tem um bom coração. Ele sorri muito e tem um bom caráter.

Dr. MINUCHIN: Eu quero saber se você se sentiu culpada por deixar sua mãe?

HEIDI: Foi difícil, foi muito difícil. Apesar de me mudar, ainda telefonava muito para ela. Quando me casei, percebi como é bonito ver uma família intacta... como a família de meu marido.

Dr. MINUCHIN: Sabe, admiro como você foi capaz de se separar da família e desenvolver a sua própria. Olhando para sua mãe, parece que olhamos para um corpo que tem três cabeças. É uma espécie interessante de animal. (*Para a mãe que agora estava chorando*) Você começa a chorar, e logo vocês três estão chorando. Então, estamos tendo um fenômeno que transcende seu corpo... Não é apenas seu corpo, é esta família muito sensível.

Afastei-me do meu foco sobre Konrad para explorar as características familiares que ditam o comportamento dele. Estou construindo novas imagens. Tomo um evento da família: – Konrad apoiando a mãe quando ela chora – e os convido a olharem para si mesmos como um animal mitológico: uma fêmea nascida com três cabeças. Essa nova descrição foi apresentada com uma reflexão humorística da minha parte, mas não acho que os membros da família experienciaram o desafio contido no humor. Repetirei a mensagem mais tarde de outras formas, até que seja registrada como a descrição de uma regra familiar problemática.

MÃE: Consigo fazer *você* chorar? (*Diz ela, sorrindo sedutoramente, convidando o terapeuta a entrar na intimidade da família.*)

Dr. MINUCHIN (*Sorrindo de volta*): Estou muito velho para chorar as lágrimas alheias. (*Para Heidi*) Quando você saiu de casa, você sentiu que Konrad assumiria a tarefa de proteção?

Minha resposta é uma suave repreensão para a ideia de que esse nível de aglutinação seja uma brincadeira.

HEIDI: Sim, conversamos muito ao telefone, e ele ajuda muito a mim e à família. Quando fico deprimida, mas percebo que Konrad está me apoiando emocionalmente, sinto-me bem melhor. Ele me ama tanto que, mesmo quando estava no hospital, ligava para me dizer oi e saber como eu estava.

Dr. MINUCHIN (*Para a mãe*): Quero lhe fazer uma pergunta delicada... Sendo uma mulher jovem e atraente, presumo que você imagina uma relação com outro homem no futuro.

MÃE: Sim, eu encontrei outro homem, e ele é muito legal. Eu o amo, mas não quero viver junto ou casar novamente, então coloco esses planos para o futuro.

Dr. MINUCHIN: Ah! Isso é maravilhoso.

MÃE: Sim, pedi a meus filhos para me ajudarem a selecionar qual homem é bom e qual não é. E também pedi para lembrarem dos nomes dos homens que conheci.

Dr. MINUCHIN: Você acha que eles permitirão que você tenha uma boa relação com um homem?

MÃE: Penso que sim.

Dr. MINUCHIN: Não estou tão certo disso, porque eles estão muito preocupados em proteger você. Vocês três são uma família muito próxima e fascinante. (*Para Konrad*) Você está com 15 anos?

KONRAD: Dezesseis.

Dr. MINUCHIN: Dezesseis... Alguma garota legal de 15 ou 16 anos na sua escola?

KONRAD: Não, neste momento, não.

Dr. MINUCHIN: A sua mãe permite que você tenha uma namorada?

KONRAD: Claro, com certeza.

Dr. MINUCHIN: Pergunte a ela, porque sua família faz as coisas de modo muito diferente das outras famílias... Se ela pergunta a você sobre que tipo de homem ela deveria amar, então certamente você deve perguntar a ela sobre que tipo de garota você deveria amar.

KONRAD: Não, ainda não. Gosto de garotas e gostaria de ter uma namorada, mas antes disso preciso encaminhar minhas questões pessoais porque não quero afligir minha mãe com meus problemas.

Dr. MINUCHIN: Um rapaz muito sensível e muito preocupado a respeito de magoar os outros... Isso é muito bom. Mas Konrad está criando uma prisão para si mesmo. Ele está vivendo em uma gaiola dourada. Muitas vezes, as pessoas não percebem que é uma gaiola porque é dourada. Quem não gosta de ouro? Mas você não pode voar em uma gaiola. Sendo o protetor dos outros, Konrad está criando uma gaiola para prender a si mesmo.

MÃE: Lembro quando ele tinha 3 anos. Vivíamos na Índia e tínhamos um cozinheiro que morava conosco. O cozinheiro certa vez serviu a meu marido comida de cachorro, e meu marido quis dar a ele uma punição. Mas Konrad pediu ao pai para perdoar o cozinheiro... Desde os 3 anos, Konrad sempre foi muito sensível. Sempre que vamos a algum lugar, ele leva presentes para todos, para deixar todos felizes. Ele sempre tenta ser querido, mesmo quando as crianças estão brigando.

Dr. MINUCHIN: Vou dizer a você o que eu penso. Acho que Konrad está sentindo dor no abdômen, dor no coração, dor pela separação e dor como uma resposta por sentir a dor dos outros. (*Olhando para Konrad*) Viu como você é complexo? (*Todo mundo ri.*) Então, penso que ele está respondendo a uma cultura da família. Konrad aprendeu a criar essa tremenda proteção para os outros com você, com seu marido, e por tentar proteger você de seu marido. (*Para a mãe*) De que forma você contribui para essa dor abdominal?

Etapa 2: destacar o problema – interações mantenedoras

Definir o ponto de início da segunda etapa é algo arbitrário. Eu a havia iniciado antes: ao questionar Heidi sobre sua sensação de trair a família quando se casara, nas imagens de aglutinação familiar, na ênfase sobre a sensibilidade à dor como uma norma cultural da família. Agora, oficialmente eu fazia a pergunta: "Se você olha para o comportamento de Konrad como uma resposta ao seu envolvimento com ele, o que você vê?".

MÃE: Meu marido queria que voltássemos a ficar juntos, mas Konrad era quem mais queria isso... Mas eu deixei claro que, quando saio de uma relação, estou saindo definitivamente. (*Ela olha apreensivamente para Konrad e para de falar.*)

Dr. MINUCHIN: Percebi que você olhou para ele e ficou sem saber como continuar. Você está com medo de magoá-lo?

MÃE: Sim.

Dr. MINUCHIN: É fascinante como uma fala se conecta a todos na família.

KONRAD (*Levantando a mão*): Gostaria de dizer algo. Minha mãe disse há um minuto atrás que eu desejava que eles voltassem a ficar juntos, e resolvessem a relação deles... Isso não é verdade. (*A mãe começa a chorar de novo, Konrad demonstra sinais de desconforto físico: seu rosto expressa dor, e sua mão vai para o abdômen.*)

Dr. MINUCHIN (*Para Konrad*): Parece que você terá uma dor de estômago hoje.

KONRAD: Talvez amanhã de manhã.

Dr. MINUCHIN: É fascinante como o seu cérebro trabalha... Como trans-forma vida em dor de estômago... Muito interessante. Mãe, você gosta do novo homem em sua vida? Ele é protetor? É alguém cuidador e afetivo?

MÃE: Muito mais que meu marido. Ele também gosta de meus filhos.

Dr. MINUCHIN: Você pode demitir Konrad do cargo de ser seu protetor. Eu lhe imploro. Se você tiver um homem, pode demitir o outro.

MÃE: Nunca vou demitir Konrad.

Dr. MINUCHIN (*Para Konrad*): Você não tem saída.

MÃE: Mas eles são crianças, vão crescer e voarão como pássaros.

Dr. MINUCHIN: Não... Não se a gaiola for dourada. (*Para Konrad*) Quando conheço jovens que transformam conflitos em dor física, como você faz, sempre fico pensando... O que eles estão engolindo? (*Para Heidi*) Estou impressionado que você tenha alçado voo para longe, e você acha que ele pode possuir o próprio corpo? Ou ele será para sempre uma parte do corpo comunitário?

HEIDI: Como ele não tem amigos, é uma grande parte da família.

MÃE: Ele faz teatro, toca trompete, mas essa não é uma vida dele mesmo.

Dr. MINUCHIN: Às vezes, ele tem 30 anos, e em outras ele tem 8. Às vezes, como ele é muito inteligente e tem muitos interesses, ele tem 30. E às vezes, quando ele permanece agarrado ao seio da mãe, ele tem 8.

(*Konrad sorri, mostrando sinais de desconforto, coloca sua mão no abdômen; indica que está sentindo dor.*)

Dr. MINUCHIN: Eu disse que isso aconteceria. Você engole o leite de sua mãe nessa sua idade, e ele coalha. (*Para a mãe*) Agora que você tem um homem adulto, ainda precisa da proteção de seus filhos? Ou você se sente confortável e forte o suficiente na sua relação, e eles podem voar, não para longe, mas para fora de suas gaiolas?

MÃE: Aprecio que eles voem... (*Olhando preocupada para Konrad*)

Estou consciente do desconforto físico de Konrad, mas continuo meu diálogo com sua mãe, modelando uma resposta que não faz parte do vocabulário da família. Eu havia ligado os sintomas de Konrad às dores da sua mãe e agora queria ajudar a mãe a não buscar em Konrad uma proteção desnecessária.

Dr. MINUCHIN: Intelectualmente você aprecia essa ideia, mas seu coração sofre. Você vê por que estou me referindo a uma gaiola?

MÃE: Hum... Compreendo.

Dr. MINUCHIN: Essa gaiola tem uma pequena janela, e Heidi escapou.

MÃE: Não preciso dos filhos para me manter viva.

Dr. MINUCHIN: Muito bom! Você pode convencê-los disso?

MÃE: É difícil. Vou lhe dizer a verdade, minha cabeça diz para deixar meus filhos voarem, empurrar os dois para fora, mas meu estômago diz que eles são tão pequenos...

HEIDI: Eu quero dar apenas um exemplo. Antes de meu casamento, ela não queria que eu casasse com esse homem. Ela telefonava para ele e contava a todos os meus defeitos, falando sobre como casar comigo não era uma boa ideia...

Dr. MINUCHIN: Ela fez fofocas sobre você ao seu namorado?

HEIDI: Sim... Sim...

Dr. MINUCHIN: Isto não é legal.

HEIDI: Não, não foi legal, e fiquei muita brava. Mas compreendi que tudo o que ela queria era me proteger. Quando éramos pequenos e nos comportávamos mal, primeiro ela nos batia, mas logo depois dizia "Eu lamento". Ela nos abraçava e dizia "Não quero bater em você, mas você me deixa com raiva, você não ama sua mamãe?".

Dr. MINUCHIN: Ok, isso foi muito interessante. Se vocês puderem, eu gostaria de vê-los no domingo. Claro, isso depende se Konrad pode ter a sua dor de estômago hoje e amanhã, e não no domingo.

KONRAD: Farei o meu melhor.

(*Heidi, respondendo à expressão de dor dele, chega para perto e o abraça, enquanto a mãe olha apreensivamente para eles.*)

KONRAD: Por mim, tudo bem.

Dr. MINUCHIN: Está tudo certo? Heidi pode afastar-se só um pouquinho? Essa dor é uma parte dele, e ele é capaz de sofrer sozinho. Vocês são uma família de curadores, cada um de vocês. Vocês precisam de auxílio para ajudá-lo a crescer. (*para a mãe*) No domingo, vou concentrar-me em como você vivenciou sua infância, porque quero descobrir como você desenvolveu a capacidade de requisitar tanta ajuda e proteção.

SEGUNDA SESSÃO

A primeira sessão investigou o vínculo forte e às vezes sufocante que ligava os membros da família, mas também conectou o sintoma de Konrad à sua mãe, tornando-o responsável pela proteção dela. De fato, passamos de Konrad como paciente identificado ao foco em sua mãe como sua carcereira. Esta transição é difícil e, se não for conduzida com cuidado, pode provocar resistência. A terceira etapa é orientada para a remoção da responsabilidade da mãe para a sua geração anterior: para a maneira como a mãe foi "recrutada" a necessitar de proteção. Diferente de outras famílias, nas quais o pedido de abandonar o presente seria difícil devido às experiências do passado, eu insisto durante meia hora para que a mãe "abandone" seus filhos e vá para sua própria infância.

Etapa 3: investigar o passado com foco na estrutura

Dr. MINUCHIN: Você pensou sobre o que estivemos conversando dois dias atrás?

MÃE: Sim, eu pensei sobre aquilo. Imaginei como as crianças estão conectadas a mim por essa forte ligação de dominação ... E imaginei o que causa isso. Vivemos na Índia por dez anos, e meu marido é que foi mandado ao exterior, mas fui eu que tive de preparar as coisas e tornar possível a mudança. Eu mesma cuidava das crianças – essa era minha obrigação, e por conta de todas as coisas que tinha que fazer, tive que deixar os dois sozinhos por muitas vezes. Também tivemos que fazer muitas mudanças. Ainda que houvesse tantas mudanças, mesmo assim permaneci próxima de meus filhos. Essa é a principal razão pela qual nos sentimos tão conectados.

Dr. MINUCHIN: Eles são tão sensíveis ao que você sente, são tão próximos emocionalmente de você... Como isso aconteceu? As crianças nasceram aqui ou na Índia?

MÃE: Elas nasceram aqui.

Dr. MINUCHIN: As crianças também eram conectadas com seu marido?

MÃE: Quando elas eram pequenas, o pai brincava com elas e as mimava às vezes, mas, quando elas cresceram, isso passou para mim. Como em uma divisão de trabalhos – ele traz dinheiro para casa, e eu faço o restante.

Dr. MINUCHIN: Estou imaginando se essa conexão com seus filhos está de alguma forma relacionada com a desconexão com seu ex-marido.

MÃE: Eu fiz a mim mesma essa pergunta, mas essa desconexão com meu marido somente começou nos últimos dez anos, e foi um processo de afastamento muito lento.

Dr. MINUCHIN (*para os filhos*): Sabem, essa sessão é principalmente para sua mãe. Irei falar com ela e fazer perguntas a vocês para ajudar a clarear as coisas. Vocês concordam com sua mãe que o conflito com seu pai começou mais tarde?

HEIDI: Não, eles nunca foram muito conectados.

KONRAD: É um tanto difícil... Eu sempre admirei e respeitei papai. Eu gostaria de ter passado mais tempo com ele. Às vezes, quando eu me aproximava dele e queria dar um abraço nele ou um beijo na face, ele era como... Ele não gostava e ele era assim também com minha mãe.

(*A mãe começa a chorar. Konrad e Heidi olham para ela.*)

Dr. MINUCHIN: Sabe, uma das coisas sobre a sua família é que as pessoas não podem ter dor sozinhas.

(*Para Konrad*) Sua mãe está chorando, você não causou isso, então você consegue deixar ela chorar?

Esses comentários são relacionados com delimitação de fronteiras, a inabilidade da mãe de lidar com seus sentimentos e o problema de contágio emocional, mas eram ouvidos como uma demanda por sofrimento estoico e por isso rejeitados.

KONRAD: O que há de errado em oferecer ajuda a ela?

HEIDI: Eu me fiz essa pergunta muitas vezes ontem e não consegui encontrar a resposta.

KONRAD: Você quer dizer que talvez seja bom ajudar até uma certa medida, mas a partir dali todas as pessoas precisam de autonomia.

HEIDI: Eu me senti muito sozinha algumas vezes. Sinto falta da minha família quando estou sozinha. Sou uma pessoa que sempre seguiu seu próprio caminho, mas gostaria de contar com minha família para me apoiar.

(*Konrad levanta-se e leva um lenço para sua mãe, que está chorando.*)

Dr. MINUCHIN: Você é uma mãe adorável, mas não consegue ser deixada sozinha. Konrad precisa olhar por você, e ele não sabe como deixar de fazê-lo. Você precisa que lhe tragam um lenço ou pode pegar por si mesma?

MÃE: Certamente, eu não preciso. Posso imaginar uma vida sem minha família.

Dr. MINUCHIN: Eles não acreditam em você. Konrad não acredita em você

KONRAD: Não totalmente.

MÃE: Eu disse que tinha um novo namorado e um novo parceiro, e meu plano é de me mudar para a Espanha quando Konrad concluir o ensino médio.

Dr. MINUCHIN: E ele vai deixar você fazer isso?

MÃE: Eu vou tornar possível que eles venham me visitar.

Dr. MINUCHIN: Veja, essa é a resposta para a pergunta de Konrad. Vocês podem estar juntos e separados ao mesmo tempo? Podem ser próximos e mesmo assim autônomos? Você pode chorar sozinha? Consegue ficar triste sem que Konrad cuide de você?

HEIDI: Não, não acho que ela possa.

Dr. MINUCHIN: Esse é o problema. De onde vocês adquiriram essa necessidade de proximidade? Vocês têm uma forma de ser que necessita de proximidade. Vocês têm um modelo de olhar a vida que é quase como se fossem gêmeos siameses. Como isso aconteceu quando criança?

MÃE: Eu era muito ligada à minha mãe.

Dr. MINUCHIN: E com relação a seu pai?

MÃE: Ele era alcoólatra... Era uma pessoa boa, mas muito doente.

Dr. MINUCHIN: Conte-me mais.

É frequente nas famílias em que um dos pais é alcoólatra que o filho e o outro dos pais criem um vínculo intenso de proteção.

MÃE: Minha mãe se divorciou quando eu tinha 14 anos. Ela quis fazer isso outras vezes antes, mas não havia levado adiante.

Dr. MINUCHIN: Está me dizendo que você era o escudo de sua mãe?

MÃE: Minha mãe frequentemente dizia que sem mim não haveria nenhum sentido ou propósito na vida.

Dr. MINUCHIN: Então, sua mãe ensinou você a ser sua protetora.

MÃE: De fato, éramos muito próximas desde minha adolescência. Ela não era muito rígida. Eu podia sair e estar com amigos. Após um ano na cidade, fiz novos amigos e consegui um novo trabalho e não queria estar em casa o tempo todo com minha mãe. Isso foi muito difícil para ela.

Dr. MINUCHIN: Sua mãe ainda está viva?

MÃE: Sim.

Dr. MINUCHIN: Vocês são conectadas?

MÃE: Sim, ela vive na casa ao lado da minha. Ela está com 70 anos. Fisicamente, não está muito bem, mas tem uma mente muito lúcida.

Dr. MINUCHIN: Com que frequência ela vai à sua casa?

MÃE: Todos os dias. Ela ajuda a cozinhar todos os dias, porque tenho que trabalhar.

Dr. MINUCHIN: Então você continua sendo o escudo de sua mãe?

(*A mãe balança a cabeça, afirmativamente.*)

Dr. MINUCHIN: A necessidade de proteger sempre esteve presente para você?

MÃE (*chorando*): É responsabilidade demais cuidar da minha mãe e das crianças.

Dr. MINUCHIN: Então às vezes você deseja ser livre?

MÃE: Às vezes, sim, mas eu cresci dentro disso. Estou sob extrema pressão financeira, porque meu marido nem sempre paga a pensão das crianças. Minha mãe tem uma pequena pensão, então isso é algo que ajuda a amenizar a pressão financeira. Às vezes, penso o que aconteceria se eu caísse doente.

(*A mãe começa a chorar, e Konrad sai de sua cadeira e vai abraçar sua mãe.*)

Dr. MINUCHIN: Não, não, não. Sua mãe é uma mulher crescida. Ela não precisa de você nesse momento. (*para a mãe*) Espero que o seu namorado tenha a capacidade de lhe dar a intimidade de que você precisa.

MÃE: Essa é uma das razões pelas quais me apaixonei por ele. Ele é muito afetivo, quase o oposto do meu primeiro marido.

Dr. MINUCHIN (*para a mãe*): Então você será capaz de se separar de Konrad. Qual o comprimento do seu cordão umbilical?

MÃE: Do tamanho do mundo. Acho que permaneceremos conectados pela mente. Na mente, continuaremos sentindo essa ligação.

Dr. MINUCHIN: Konrad precisa que você o autorize a crescer.

MÃE: Quero que ele cresça logo porque a adolescência é muito difícil.

KONRAD: Não acredito no que você disse. Quando éramos crianças pequenas, ela estava sempre conosco, mais do que qualquer outra mãe. Quando entrei para o ensino médio, ela dizia para fazer as tarefas por mim mesmo, você faz por si mesmo, torna-se independente.

Dr. MINUCHIN: Duvido que você possa deixar sua mãe.

KONRAD: Eu a amo. Eu a amo, e não há nada de errado nisso.

Penso que essa relação com a mãe é mais como o apego de uma criança pequena, mas quero enfatizar o componente erótico na afirmação dele. Brinco em torno da conotação sexual da relação deles, de modo a tornar a experiência desconfortável para a mãe e também para Konrad.

Dr. MINUCHIN: A sua mãe tem uma irmã gêmea, Konrad? De forma que você possa casar com ela?

MÃE: Ele me disse, algum tempo atrás, que queria uma namorada com o mesmo temperamento que eu para assim poder falar com ela da mesma forma que comigo.

Dr. MINUCHIN (*para a mãe*): Fale com ele porque ele precisa de um conselho. Sabe, ele quer casar com você.

KONRAD: Quero dizer algo. Não é a imagem da mãe, mas os atributos que minha mãe tem, que eu penso para a pessoa com quem desejaria estar... compaixão, carinho e, claro, sua aparência física.

Dr. MINUCHIN: Entendo. Estou dizendo para sua mãe que a menos que você seja auxiliado a voar... Você não irá voar. Amor não deve ser uma gaiola.

MÃE: Pois estive pensando... Como eu posso resolver isso e não vi uma resposta.

Dr. MINUCHIN: Você começa por entender que isso é um problema. Deve ser permitido que você chore sozinha. Seu modelo de ser o escudo de sua mãe se tornou o modelo para Konrad. Você transmitiu um modo de olhar a vida.

MÃE: Compreendo... Mas eles viram que eu deixei o meu marido, que tenho outro homem, outra carreira... Eles viram isso.

Dr. MINUCHIN: Konrad vai se meter entre você e seu homem.

Estou apoiando a mãe, tentando usar suas necessidades adultas como um desafio para seu apego disfuncional com Konrad.

MÃE: Sim, eu percebo isso. Quando saímos outro dia, meu parceiro tentou ser engraçado, e Konrad tentou ridicularizá-lo para mostrar que ele é burro.

Dr. MINUCHIN: Ele é perigoso.

MÃE: Mas eu sei o que ele está fazendo, meu parceiro sabe o que ele está fazendo, e eu posso entender por que ele faz isso.

Dr. MINUCHIN: Então ele já começou a perturbar sua relação?

MÃE: Não vou permitir que ele faça isso.

KONRAD: O primeiro encontro... Ele não era engraçado, ele era ridículo. Ele tinha esse dialeto estranho da Bavária, e eu quero alguém para minha mãe que seja do seu nível, alguém como você. Quando o encontrei novamente depois, vi que ele era muito bondoso e diferente de qualquer outro parceiro que minha mãe teve.

Dr. MINUCHIN: Tenha cuidado.

MÃE: Robert não é burro, mas ele pode agir em público do modo que quiser.

Dr. MINUCHIN: Quero perguntar a Konrad se ele teve dor de estômago ontem ou no dia anterior?

Etapa 4: descobrir/cocriar formas alternativas das relações

Tenho dificuldade para identificar quando a quarta etapa inicia nessa sessão. Parece que não tive a habilidade de criar uma terceira etapa com fronteiras definidas, na qual a mãe tivesse tempo para definir a si mesma separada de seus filhos. Decidi definir o início da quarta etapa nesse ponto, porque estou voltando a Konrad e seus sintomas. Vou reforçar a natureza relacional de seus sintomas e a possibilidade de cura por meio de uma ampliação da autonomia, tanto da mãe quanto de Konrad.

KONRAD: Sim, dormi uma hora durante a noite. Estive pensando toda a noite e tive dores de estômago em ondas e ciclos.

Dr. MINUCHIN: Quando a dor começou, você ficou na cama ou chamou sua mãe?

KONRAD: Permaneci sozinho.

Dr. MINUCHIN: Ok... O choro de sua mãe e a sua dor de estômago precisam ser contidos. Esse tipo de proximidade entre você e sua mãe aumenta a dificuldade de controlar a dor. Veja, eu tenho uma dor crônica em meu quadril, ela me pertence. Mas as lágrimas de sua mãe pertencem a você, e a sua dor de estômago pertence a ela. Isso cria um problema – a perda de controle da dor. Quando você a protege, ela chora mais. Vi isso na última vez. (*Para a mãe*) Você começa a chorar, ele a abraça, você chora, ele chega mais perto, e você chora ainda mais. Isso é um contágio de emoção. Você pode mudar isso?

MÃE: Eu vou tentar.

Dr. MINUCHIN: Vejo você como uma pessoa que deseja se curar. Vejo você como uma pessoa que quer ajudá-lo a crescer. Vejo você como uma pessoa que deseja ter uma relação satisfatória com Robert. Levante-se. (*Dr. Minuchin move a cadeira da mãe para longe dos filhos.*) Sente-se. Bom. Pode fazer isso agora?

MÃE: Sim, muito bom.

Dr. MINUCHIN: Ele vai ficar muito ansioso? Sim, vai. Ele vai ter uma dor de estômago?

MÃE: Espero que não.

Dr. MINUCHIN: Quando vocês dois se separarem... isso vai acontecer.

MÃE: Essas dores de estômago acontecem porque eu dedico muito tempo para minha carreira e trabalho e me afastei dele?

Dr. MINUCHIN: Não sei as raízes do problema... Sei o que conserva o problema atuante. Pense sobre o seu choro. Seu choro se torna uma via de comunicação. Em vez de se comunicar com palavras, você chora e eles tornam-se escudos imediatamente. Você não precisa de palavras, seu corpo fala e eles respondem.

MÃE: O oposto também é verdadeiro.

Dr. MINUCHIN (*preparando o final da sessão*): Claro, claro. Acho que já causei problemas o bastante.

HEIDI: Eu estava justamente pensando que tudo aconteceu ao mesmo tempo – eu me mudei, minha mãe começou a trabalhar mais, e meu pai afastou-se.
Dr. MINUCHIN: E Konrad desenvolveu essa dor?
HEIDI: Sim.
Dr. MINUCHIN: Então, separação é algo perigoso, mas necessário, às vezes, para se manter vivo.
MÃE: É melhor fazer uma separação radical do que ter um efeito de vaivém.
Dr. MINUCHIN: Perguntas para mim? Estou certo que vocês têm.
KONRAD: Eu tenho muitas perguntas e não sei por onde começar. Digo a mim mesmo como, em tão pouco tempo e com tão poucas informações, você pode entender tanto.
Dr. MINUCHIN: Porque vocês me disseram muitas coisas e foram muito claros. (*Para a mãe*) Seria importante para você e para seus dois filhos a continuidade desse tipo de terapia, que lhes ajudará a se tornarem três em vez de um.
MÃE: Convido você a vir para cá por dois meses e viver conosco.

ESTRUTURA TERAPÊUTICA

Organização da família

Em *Psychosomatic Families*[1], expusemos que essas famílias se caracterizam por serem demasiado desenvolvidas, o que chamamos de aglutinadas: elas têm códigos morais rígidos, são superprotetoras e evitam conflitos. Estresse, sugerimos, expressava-se na forma de respostas somáticas, e um membro da família porta o sintoma.

Estamos sempre respondendo às famílias com conhecimento e predisposições de experiências anteriores. Quando conheci a família Schmidt, eles me pareceram um exemplo de livro desse tipo de família: havia um contágio de emoções – sempre que a mãe ou Konrad começavam a chorar ou expressar estresse, quase imediatamente todos os três envolviam-se em operações de resgate. A imagem de um corpo com três cabeças era de imediato reconhecível. Eles convidavam-se mutuamente a participarem da experiência que viviam. A mãe pedia aos filhos para selecionar seus parceiros, e ela tomou para si a tarefa de entrevistar o futuro marido de Heidi e fofocar com ele sobre a filha. Konrad desenvolvia dores de estômago sempre que a mãe mostrava sinais de tristeza.

Perspectivas individuais

Eu via Konrad como um jovem inteligente que tomou para si a tarefa de "dissolvedor" de conflitos entre seus pais antes de eles se divorciarem; então assumiu a tarefa de ser o cavaleiro de armadura brilhante da mãe, enquanto ao mesmo tempo insistia em sua lealdade para com o pai. Ele via a si mesmo como o defensor dos fracos e relacionava-se comigo como um aliado dos "trabalhadores pelos pobres". Seu estilo de contato é principalmente por meio da proximidade e responde ao estresse de separação com dor somática. Na literatura psicodinâmica, ele seria descrito como portador de um complexo de Édipo.

A mãe torna-se o foco da sessão quando é convidada a investigar o recrutamento de seus filhos como protetores, seu convite ao terapeuta para chorar por ela, bem como seu último comentário na sessão, quando ela convida o terapeuta a viver com sua família por dois meses, são manobras para recrutar cuidadores. O comportamento dela é compreensível em uma organização familiar monoparental. Para encorajar autonomia em uma família de tal forma envolvida, temos que estimular seus pontos fortes, em vez de seu senso de desamparo.

Estratégias de intervenção

O movimento a partir de uma "massa indiferenciada de egos" (para emprestar a linguagem de Bowen[2]) para três pessoas capazes de lidar com suas experiências individuais torna-se, então, o objetivo da terapia. Na maior parte do tempo, encorajei os familiares de Schmidt a expressar seus conflitos interpessoais e auxiliei os membros da família a ver que podiam sobreviver aos conflitos. Poderíamos, como Jay Haley[3] costumava fazer, direcionar os membros da família a aumentar sua proximidade emocional até que sua intrusividade mútua se tornasse desconfortável e eles buscassem espaços separados. Independente de qual caminho o terapeuta toma, o objetivo permanece sendo o encorajamento da autonomia dos membros da família.

Técnicas

É claro que as técnicas variam, dependendo da experiência, ideologia e recursos do terapeuta. Com essa família, uni-me a cada um deles como um ser separado, convidando-os a ver o animal de três cabeças que constituíam. Encorajei a mãe a rejeitar o papel de Konrad como o chefe da família, interrompi suas tentativas de aliviar a dor dos outros e os envolvi na visão dos benefícios de se relacionarem como seres separados.

NOTAS

1 Minuchin, S., Rosman, B., & Baker, L. 1978. *Psychosomatic families: Anorexia nervosa in context*. Cambridge, MA: Harvard University Press.
2 Bowen, M. 1961. Family psychotherapy. *American Journal of Orthopsychiatry*, 31: 40-60.
3 Haley, J. 1963. *Strategies of psychotherapy*. New York: Grune & Stratton.

9 | Um jovem chinês com anorexia nervosa – mesmo mapa, terapeuta diferente

Essa é uma família de três pessoas: o pai é um bem-sucedido professor universitário, a mãe é enfermeira, e seu único filho tem 26 anos e chama-se Xia,[1] estudante que sofre de anorexia desde que deixou sua casa ao ir para a universidade e foi viver em outra cidade, há seis anos. Começou por vomitar todo o alimento que ingerisse. Chegou ao ponto de perder tanto peso que foi hospitalizado.

A perda de peso de Xia foi tão grave que os médicos suspeitaram de doença de Crohn, mas uma série de exames afastou tal possibilidade, assim como de outros possíveis problemas médicos. O caso foi encaminhado a mim para uma consultoria como parte de um seminário de treinamento durante minha visita ao Dr. Cheung, o psiquiatra que estava tratando a família nos últimos nove meses. Tanto a terapia individual quanto a familiar haviam sido tentadas sem resultados, ainda que o peso de Xia estivesse estável quando da presente consultoria. Dr. Cheung também relatou que Xia havia dormido na cama da mãe desde bebê até a 8ª série.

A família sentou com tranquilidade na sala ampla, temporariamente adaptada como uma sala de entrevistas, para nosso propósito. Era uma cena familiar, como muitas outras sessões de consultoria, exceto quanto ao fato de que, neste caso, ocorria em WuHan, uma antiga cidade do norte da China, com uma história de 3.500 anos. Sou chinesa, uma mulher, e não apresento qualquer semelhança com Dr. Minuchin. Não tenho uma barba branca a sugerir anos de experiência adquirida, não possuo a figura carismática de um guru que captura a imaginação da audiência que está sentada atrás do espelho unidirecional. Gênero diferente, outra nacionalidade, conectada por anos de colaboração próxima, o que temos em comum é o mesmo modelo de quatro etapas para acessar a família, e assim é que minha jornada com essa família tem início.

Etapa 1: ampliar a queixa apresentada

O pai inicia a conversa e vai direto ao ponto.

PAI: Meu filho é o paciente, e nossa preocupação principal é a saúde dele. Ele tem anorexia há vários anos.

MÃE: Seis anos.

PAI: Certo, seis anos. Ainda assim, sentimos que, por conta da terapia, ele tem mudado de alguma forma. Ele está começando a falar mais conosco.

XIA: Eu sei que é muito tempo. Lentamente tenho percebido que minha doença é psicológica.

A família deu uma avaliação bem coordenada sobre o problema que os levava à terapia. Essa abertura de forma direta me levou a responder da mesma forma.

Dra. LEE: Sobre que tipo de problemas psicológicos você está falando?

XIA: Antes de ver o Dr. Cheung, eu sentia que meu problema era comportamental, que minha doença era relativa somente a mim mesmo. Mas depois da terapia, sinto que minha família tem um efeito definido sobre minha doença.

Dra. LEE: É mesmo? Que tipo de efeito?

XIA: Algo sobre a estrutura da minha família e a relação entre os membros da família. Minha doença reflete os problemas da minha família... Quero dizer, minha família é harmoniosa demais. Os membros são ligados de forma próxima demais. Eu queria ter mais liberdade, mas eu realmente não sou independente o suficiente para encarar o mundo externo.

Como em muitas famílias chinesas, o primeiro passo para descentralizar o sintoma apresentado não era difícil demais, porque é natural aos membros da família atribuírem problemas aos fatores relacionais. Ainda assim, neste caso, um crédito deve ser dado ao Dr. Cheung, que obviamente havia obtido sucesso ao introduzir uma perspectiva familiar para uma patologia que de outra forma seria considerada individual. Contudo, ainda que eles tivessem iniciado a ver o problema como algo relacional, pareciam atribuí-lo simplesmente a um estilo parental rígido que não permitia a autonomia adequada a uma pessoa jovem, mesmo para os padrões chineses. Sendo pais responsáveis, concordavam com o veredito de que era a sua falta de habilidade parental que causava problemas ao filho. Assim seu objetivo com o tratamento era desenvolver uma melhor comunicação com o filho. Esse ponto de vista mantinha o foco no paciente individual e tratava "os pais" como um, como uma entidade única.

Estudos em famílias psicossomáticas demonstraram que, quando você vê um filho psicossomático, provavelmente você verá um casal em conflito[2]. Eu sabia que precisava investigar a relação do casal, mas comecei por fortalecer Xia ao requisitar sua voz. Ao meu convite, Xia atendeu descrevendo como foi crescer com pais muito conservadores.

XIA: Bem, eu sou filho único, e meus pais me amam e cuidam muito de mim. Cresci sob sua proteção extrema. Mas quando entrei para a universidade... Eu queria estudar em outra cidade, então saí de minha casa pela primeira vez. Então, me senti como que pisando em um mundo novo e estranho, onde havia perdido o amor e os cuidados de meus pais. Foi aí que o conflito começou.

Dra. LEE: Como o conflito começou?

XIA: Eu não conseguia encarar o mundo externo. Fiquei doente antes do fim do primeiro semestre de aulas.

Dra. LEE: Que idade você tinha então?

XIA: Dezoito.

PAI: Naquela ocasião, ele não tinha que se preocupar com nada, porque sempre iríamos tomar conta dele e fazer as coisas por ele. A única coisa que pedíamos a ele era que tirasse boas notas na escola. Isso foi um erro de nossa parte.

MÃE: Nós não soubemos como ser bons pais para Xia. Por cuidarmos tanto dele, foi difícil para ele se defrontar com o mundo exterior. Quero dizer que influenciamos muito a vida dele em relação à sua forma de viver e seus hábitos sanitários. Lembro que quando ele estava no ensino médio, não ia ao banheiro na escola. Ele esperava e esperava até chegar em casa.

Aparentemente, os pais mantinham-se observando de perto seu filho. Davam detalhes minuciosos de cada movimento do filho. Pensei da minha parte: aposto que eles investigaram até os movimentos intestinais dele. Tentei expandir essa versão limitada da história familiar.

Dra. LEE (*curiosa*): O ambiente da sua casa é muito diferente do exterior?

PAI: Deixe que eu lhe diga que a mãe dele é muito asseada e muito conscienciosa sobre hábitos sanitários, e aos poucos essa forma dela de viver foi adotada por ele. Eles nunca se separaram até ele ir para a universidade.

XIA: Meu pai normalmente é muito ocupado no trabalho e passa pouco tempo em casa. Minha mãe é responsável por minha educação. Talvez seja por sua própria educação, ela usa métodos muito tradicionais, que podem ser restritivos. Pais se sacrificam por seus filhos, mas pedirão aos filhos para serem obedientes em troca, querendo que os filhos realizem seus desejos.

Quando o pai deu a entender que a proximidade entre mãe e filho podia ser problemática, Xia saltou imediatamente em defesa de sua mãe. A aliança de Xia com sua mãe incentivou-me a explorar a relação entre mãe e filho.

Dra. LEE: Sua mãe tem regras muito estritas?

XIA: Sim.

MÃE: É verdade, eu concordo.

XIA: Mesmo quando discordo de minha mãe, sigo sua orientação e guardo meu ressentimento. Todos os meus colegas andam na última moda e têm como modelo as estrelas de cinema, mas minha mãe quer que eu mantenha meu foco nos estudos. Ainda lembro quando eu estava no ensino médio e queria usar sapatos de couro, mas minha mãe disse que não, que eu devia usar somente tênis. Eu queria me vestir como os outros jovens, mas minha mãe não queria que eu fosse vaidoso.

E por aí foi. Típico de filhos anoréxicos, os pais submetem-se à doença e alternam de um extremo a outro; nesse caso, do restritivo ao permissivo. Contudo, eu sabia que essa história oficial apresentada pela família era um pouco simplista demais para uma doença crônica como esta. Obviamente, Xia havia repetido essa história muitas vezes nas sessões com o Dr. Cheung. Eu estava mais interessada em como os pais ouviam tão atentamente enquanto ele falava, o que confirmava minha especulação de que a relação pais/filho era de fato muito próxima, e a doença de Xia havia propiciado uma proximidade ainda maior com seus pais. No tratamento de doenças psicossomáticas, nosso objetivo é estimular a individuação. Comecei por buscar um novo acesso na dinâmica familiar.

Etapa 2: Destacar o problema – interações mantenedoras

A segunda etapa é uma investigação sobre quais relações familiares servem para manter o sintoma problemático. Na ausência de uma separação clara entre essas duas etapas, tracei uma distinção arbitrária e defini que a segunda etapa começou com a reflexão da mãe.

MÃE: Eu admito, utilizo regras muito estritas para meu filho. Meus pais não tinham muita educação e me criaram com valores tradicionais. Tenho refletido sobre isso muitas vezes desde que meu filho ficou doente. Seis anos. Tem sido um tempo longo e doloroso. No princípio, olhava para o problema que havia em meu filho; agora, estou olhando para o problema em mim mesma. Qual é o problema? Como ele evoluiu? Temos vivido junto com a vó dele desde que ele nasceu. Minha sogra tinha só 49 anos quando o marido dela morreu. Ela teve uma vida difícil, e era muito, muito exigente. Nós a chamávamos de "A Imperatriz".

Dra. LEE: O seu marido também é um filho obediente?

MÃE: Ele é muito obediente! Minha sogra era tão exigente que mesmo sua própria filha não podia olhar para ela nos olhos. Quando nosso filho nasceu, ela dizia para não o pegarmos no colo, não ficarmos tão próximos dele, e que devíamos obedecer a ela. Já que tanto meu marido quanto eu tínhamos que trabalhar, ela tornou-se a principal cuidadora de nosso filho. Ela assegurava que meu filho estivesse limpo e arrumado, e voltasse limpo e arrumado. Ela nunca permitia que ele estivesse descuidado de nenhuma maneira.

PAI: Ela tinha padrões muito altos.

MÃE: Muito altos.

PAI: Pode ser por esse tipo de dinâmica familiar que minha esposa sentiu alguma pressão. Imagino que esse sentimento de estar pressionada foi transmitido para nosso filho.

Dra. LEE: Penso que o que você acabou de dizer é muito importante. Como os sentimentos de sua esposa se tornaram os sentimentos de seu filho?

O pai havia feito uma série de comentários aludindo à proximidade entre sua esposa e o filho. Eu não havia respondido a ele até esse momento. Senti que ele havia tido um ótimo insight *sobre a interconexão de três gerações de sua família. Entretanto, ele parecia se posicionar mais como um observador do que como um participante na dinâmica familiar. Decidi me aliar a ele antes de desafiar a sua resignação.*

XIA (*protestando*): Não, não é assim.

Dra. LEE: Podemos ouvir seu pai primeiro?

PAI: Acho que uma nora tradicional não deveria contrariar a vontade de sua sogra. Então, quando ela se sentia triste ou pressionada, devia ficar ressentida. O ressentimento devia ser passado em algum grau para o filho, através de suas ações cotidianas.

Dra. LEE: Como você lidou com esse dilema?

PAI: Só pude fazer o papel de mediador, tentando diminuir sua tensão.

Dra. LEE: Você sabe que esse papel não tem chance de obter sucesso.

PAI: Sim, agora posso ver que não fui bem-sucedido.

Dra. LEE: Aposto que tanto sua esposa quanto sua mãe se queixavam de você.

PAI: Certo. Eu dizia algo agradável para minha mãe e aconselhava minha esposa a conter suas emoções. Mas simplesmente não funcionava.

MÃE: Quando entrei para essa família, estava determinada a ser uma boa nora. Mas simplesmente não conseguia falar com ela. Ela era crítica demais.

PAI: Você não pode olhar só para um lado da história.

MÃE (*irritada*): Deixe-me concluir!

PAI: Está bem, mas estamos aqui para falar sobre a relação com nosso filho.

Esse era o primeiro sinal de conflito aberto entre o casal. Todavia, sua divergência era ocultada quase tão rápido quanto apareceu. Ainda que o pai fosse capaz de reconhecer a proximidade destrutiva entre mãe e filho, era óbvio que ele evitava lidar com sua esposa diretamente, e a mãe continuava a falar sobre o conflito entre ela e sua sogra.

MÃE: Quando meu filho tinha 2 anos, eu o levei comigo a um programa de treinamento profissional de dois anos. Quando retornamos, minha sogra reclamava que seu neto não era obediente. Eu o punia por isso, mas ela dizia que isso não ajudava em nada. Meu filho chorava porque eu batia nele, mas eu também me sentia triste e miserável.

Dra. LEE: Quando você se sentia miserável, culpava seu marido?

MÃE: Eu escrevia e contava a ele sobre meus sentimentos. Eu não podia afrontar minha sogra. Não tinha esse tipo de coragem. Meu marido estava sempre ocupado no trabalho, desde quando nos casamos. Ele trabalha duro e é muito bem-sucedido, e sinto que devo apoiá-lo cuidando bem de nosso filho. Imagino que meu filho se tornou alguém como eu, sempre se mantendo longe das encrencas quando está fora de casa. Ele não brigaria com ninguém.

Agora estava claro que a família estava repetindo seu padrão benevolente de contar histórias. Decidi fazer um movimento no sentido de aumentar a proximidade de forma a criar desconforto e trouxe algo sobre o que o Dr. Cheung havia me dito durante a apresentação do caso.

Dra. LEE: Posso perguntar algo delicado? (*virando para Xia*) Eu soube que você dormiu na mesma cama com sua mãe por muito tempo?

MÃE: Até a 8ª série.

Dra. LEE (*para a mãe*): Como foi isso? Por que você dormia com seu filho e não com seu marido?

MÃE: Porque a casa era muito pequena. Um quarto era ocupado por minha sogra. Então, Xia dormia conosco no único quarto restante.

XIA: Minha vó morreu quando eu tinha 10 anos. Não tenho uma memória clara sobre o que aconteceu entre minha mãe e minha vó.

Dra. LEE: Você lembra o quanto sua mãe era infeliz naquela ocasião? Como ela chorava?

MÃE: Nunca chorei na frente de meu filho.

Dra. LEE: Como você lidava com a tristeza, então?

MÃE: Eu só chorava sob as cobertas... quase todas as noites.

Dra. LEE (*virando para Xia*): Sabe, as lágrimas da mãe sempre fluem para o coração do filho. Você deve ter visto como ela era solitária, e como ela chorava sobre as cobertas?

A mãe estava chorando agora, enquanto falava. Ainda que Xia não estivesse olhando para ela, ele também estava em lágrimas.

XIA: Minha mãe é uma pessoa altruísta. Quando eu era pequeno, ela usava roupas velhas restauradas com remendos. Mas para o marido e o filho dela, ela dava o melhor. Isso era ainda mais verdadeiro durante as refeições: ela nos dava os melhores pratos e deixava a comida menos saborosa para ela mesma. Mesmo quando eu era pequeno, já sabia que ela era uma mãe bondosa e com espírito de autossacrifício. É por isso que tenho toda disposição de retribuir com meu amor por ela.

Dra. LEE: Você cuida muito de sua mãe. Você pensa que seu pai dedica a ela amor e cuidado tanto quanto você?

XIA: Sinto que o amor e o cuidado de meu pai não são suficientes.

Dra. LEE: Não são suficientes?

XIA: Certo, eu sempre pensei que o cuidado de meu pai com minha mãe é um problema. Mamãe adora comer peixe, mas meu pai não percebe isso. Ele pede o que ele gosta de comer, e eu peço peixe para mamãe. Quero dizer, eu só sou o filho, só posso fazer pequenas coisas. Dedico muito tempo a minha mãe, então eu noto esses pequenos detalhes.

MÃE: Xia não se afastou de mim desde que era pequeno. Quando frequentou a universidade em outra cidade, ele escrevia para mim todos os dias e partilhava todos os seus pensamentos comigo.

Dra. LEE (*para Xia*): Houve longos períodos de tempo em que você era a companhia de sua mãe, em vez de seu pai?

XIA: Sim, eu passava mais tempo com minha mãe, inclusive dormindo com ela, porque eu ficava assustado com facilidade quando era criança. Minha vó sempre me dizia que o tigre estava vindo para me pegar, então eu não conseguia dormir sem minha mãe.

Dra. LEE: Vocês três dormiam juntos? Como dividiam a cama?

XIA: Eu dormia no meio.

Dra. LEE: Você dormia no meio?

Ainda que não seja algo incomum na China uma criança compartilhar a cama com seus pais, nessa família isso era parte de um padrão de proximidade doentio. Como uma chinesa, sentia-me livre para chamar a atenção para o que podia ser visto meramente como uma norma cultural.

MÃE: Bem, eu tentei afastar, mas não funcionou. Eu acordava no meio da noite, e ele estava quieto em pé ao lado da nossa cama, dizendo estar com medo do escuro. Eu não conseguia mandá-lo embora.

Dra. LEE: É interessante que, quando ele ficava assustado, procurava você em vez do pai dele.

MÃE: Exatamente, ele nunca ia até o pai dele. Eu sinto que ele não consegue se separar de mim. Agora que ficou doente, ele também descarrega todo o ressentimento e ódio em mim, me tratando como seu "cesto de lixo".

XIA: Eu a odeio porque ela é a razão da minha doença. Eu a culpo, quero dizer, eu sei que ela está muito triste. Eu sei que ela realmente quer ajudar, mas está fazendo tudo errado, e seus esforços se transformam em pressão e estresse para mim... Minha mãe me vigia de muito perto, não posso ter uma namorada. Se eu falo por muito tempo no telefone, ela fica muito chateada. Mas também sei que ela se sacrificou muito pela família, e que ela está muito infeliz. Às vezes, eu desejo que minha mãe não seja tão boa comigo, pois seria mais fácil para mim discordar dela. Eles não me deixavam fazer nada até que eu adoeci.

Dra. LEE: De anoréxico a bulímico, de não querer comer a não querer parar de comer. Esse é o mesmo tipo de relação que você tem com sua mãe.

XIA (*suspirando*): Para mim, minha mãe é como uma fonte de nutrientes. Preciso de nutrientes para sobreviver, como preciso da minha mãe para sobreviver. Mas quando o amor de minha mãe cria conflitos para mim, ainda assim não consigo resistir a ela – como preciso vomitar depois de comer. A sensação é de vazio.

Dra. LEE: Sabe, usar o comer e vomitar depois como forma de resolver problemas não é uma coisa inteligente de se fazer.

XIA: Eu sei... e eu já estou com 26 anos.

Dra. LEE: Vinte e seis anos e ainda usando essa forma tola de resolver problemas? Somente bebês pequenos comem para resolver problemas, você sabe. O seu pai lhe ensinou formas de resolver conflitos quando você era pequeno, ou seu pai também evita conflitos como você faz?

MÃE: Não acho que o pai dele ou eu saibamos como ensinar. Ele nunca falou para o filho sobre como lidar com desafios ou o que fazer quando acontecem problemas.

XIA: Ele nunca me ensinou, mas em vez disso ele resolvia para mim.

Dra. LEE: Posso desafiar seu pai? Não acho que seu pai possa resolver os problemas dele mesmo. Se ele pudesse, saberia que tinha uma esposa infeliz e solitária, ele iria confortá-la e lidaria com o problema ele mesmo. Não deixaria para você a tarefa de confortar sua mãe, fazendo com que os sentimentos dela se tornassem os seus sentimentos. (*Utilizei as próprias palavras do pai.*)

MÃE (*acenando afirmativamente*): Acho que é verdade. Na verdade, Xia sabia que eu chorava quase todas as noites. Às vezes, ele levantava e me perguntava porque eu estava chorando de novo. Mas eu não sabia como falar a ele sobre os meus sentimentos. Era um sentimento de amargura, eu acho. Não podia falar com ninguém, nem mesmo para o meu marido, e me sentia muito amargurada, de fato. Às vezes, penso que, se não tivesse tido esse filho, teria dado fim à minha vida.

Dra. LEE (*para o pai*): Você sabia que sua esposa estava com tamanha dor?

PAI: Eu sei. E compreendo sua relação com minha mãe. Mas esse conflito nunca foi trazido à tona.

Dra. LEE: Sabe, qualquer conflito entre uma mulher e sua sogra é um conflito entre a mulher e seu marido.

PAI: Sou um filho respeitoso. Então, como disse antes, era muito difícil para mim ficar entre minha mãe e minha esposa. Só posso confortar minha esposa privadamente.

Dra. LEE (*para a mãe*): Nesse caso, aquele que conhece sua dor com mais clareza é seu filho.

> *Tendo feito uma série de questões exploratórias no início da sessão, eu havia atingido uma influência capaz de agora desafiar cada um deles. Ao entretecer suas narrativas em uma nova tecelagem do drama familiar, os membros da família tornam-se parte do processo experiencial e estarão menos inclinados a resistir à minha confrontação. A esse respeito, sou influenciada pela ideia da pintura chinesa, na qual se deve deixar bastante espaço vazio antes de unir as linhas em um traçado.*

> *Neste segmento, estamos afinal juntando os fragmentos e partes, e estabelecendo um quadro claro da posição triangulada do filho na relação parental. Sentindo que a tensão crescia na sessão, Xia veio em missão*

de resgate novamente, fazendo uma brincadeira sobre a sua futura esposa.

XIA: Quando me casar, minha esposa não precisará ser bonita, mas ela tem que ser respeitosa. Se ela brigar com meus pais, eu a renego imediatamente.

Dra. LEE: Nesse caso, sua futura esposa também irá produzir um filho anoréxico que absorverá a tristeza dela, que carregará a imagem de sua mãe chorando sozinha durante a noite, sem ninguém lá para confortá-la.

A mãe de Xia começou a chorar de novo. Xia imediatamente abandonou seu humor brincalhão e se tornou choroso. Fiquei satisfeita por não perdermos o momentum que eu havia tentado com tanto esforço estabelecer na sessão.

MÃE: As cartas que ele escrevia eram todas sobre como ele se preocupa e cuida de mim. Eu realmente posso sentir sua preocupação e amor por mim.

Dra. LEE: Sabe, esses filhos que crescem sendo tão protetores de seus pais não conseguem sair de casa.

XIA (*começando a chorar de novo*): Eu estava tão deprimido, então, que simplesmente não podia me afastar de meu pai e de minha mãe. Quero chorar agora... Parece que todos os meus sonhos estão quebrados. Às vezes, desejo que minha mãe me odeie. Isso tornaria as coisas fáceis para mim.

Dra. LEE: Você tem carregado sua mãe nas costas por um longo tempo. Essa é tarefa de seu pai, não sua. Por que você não a devolve para ele?

Xia apresentou todo tipo de razões pelas quais seu pai não podia estar ao lado de sua mãe, mesmo que o pai prometesse isso. O pai desejava se conectar ao filho, mas Xia não era receptivo. Pedi ao pai que falasse com o filho e dissesse a ele que era capaz de tomar conta de sua própria esposa. O pai tentou, mas Xia não estava convencido.

PAI: Você não confia que eu posso cuidar de sua mãe. Isso é porque sou muito ocupado no trabalho?

XIA: Você não é tão sensível aos sentimentos dela como eu. Você não consegue sentir sua tristeza como eu. Você não presta atenção suficiente ao que está acontecendo com ela, coisas que ainda a aborrecem. Você simplesmente não a observa tão atentamente quanto eu. Posso sentir quando ela está infeliz, ainda que seja só por um franzir das sombrancelhas. Quando ela sofre, eu também sofro. Eu quero partilhar com ela todas as suas tristezas...

PAI: O que a está aborrecendo agora?

XIA: Isso não é possível explicar para você. Pessoas têm necessidades básicas, desejos...

Xia continuou sem interrupções nessa representação pai e filho. Soava como uma versão chinesa da obra Filhos e Amantes de D.H. Lawrence. Xia não considerava um problema ser tão próximo da mãe. Ao contrário, ele aparentava ter orgulho em ser o cavaleiro branco de sua mãe. O maior desafio para terapeutas familiares que trabalham com problemas psicos-

somáticos é criar fronteiras e distanciamento, mas isso é exatamente ao que essas famílias resistem a todo custo.

Dra. LEE (*interrompendo-o*): Talvez você não perceba, porque dormiu muito tempo entre seus pais, mas o seu pai não tem a possibilidade de ficar próximo da esposa dele. Você pode dar a sua cadeira a seu pai, para que então ele possa conversar com a esposa dele?

(*Xia levantou-se. Ele disse que não queria ser o centro e o único tópico para seus pais, mas parecia relutante a se mover. Quando ele finalmente tomou assento longe de seus pais, sua mãe o seguia com os olhos. Perguntei a Xia se ele via seus pais de modo diferente olhando de longe, mas foi sua mãe que respondeu.*)

MÃE (*com lágrimas nos olhos*): Quando vejo meu filho sentado lá, tenho um sentimento de que ele está nos deixando. Ele não apenas está crescendo, ele está se tornando uma pessoa independente agora. De agora em diante, só podemos observá-lo à distância.

Esse era um momento intenso entre mãe e filho. As palavras que ela proferiu e a expressão em seus olhos transmitiam duas mensagens totalmente opostas. Preso entre sua necessidade de sair de casa e o imenso poder de apego das aspirações de sua mãe, Xia parecia congelado.

Dra. LEE (*virando para o pai*): Como você conforta sua esposa? Seu filho não acredita que você possa. Eles disseram que você é um homem chinês tradicional. Fica bem para você consolar sua esposa?

PAI: Certamente. Eu sei como fazer isso. Mesmo quando estou eu mesmo infeliz, ainda assim posso consolar minha esposa.

MÃE (*virando para o marido*): Sabe, nosso filho está bem, o problema é conosco.

A primeira sessão concluiu nesse ponto. Ainda que tivéssemos nos movido da questão parental para uma perspectiva relacional mais complexa envolvendo triangulação em três gerações, a entrevista não era uma linha reta. Esse "tango a trois" parecia tão emaranhado que era difícil distinguir os passos de cada um dos membros. Também havia um poderoso elemento subjacente de evitação nas polidas maneiras chinesas da família.

Quando a mãe olhava ternamente para o filho sentado a menos de dois metros dela e assinalava que devia deixá-lo ir, era o bastante para trazer lágrimas aos olhos não apenas da família, mas também aos observadores atrás do espelho unidirecional, alguns dos quais compartilhavam do mesmo dilema nessa cultura ancestral, que tende a glorificar a conexão mãe e filho a qualquer custo.

SEGUNDA SESSÃO

Encontrei a família de novo no dia seguinte. Eles haviam vindo de fora da cidade e passado a noite em um hotel. A vantagem de uma segunda entrevista é que, após a primeira sessão onde exploramos território desconhecido, há a sensação de que estamos mais próximos, mais familiarizados uns com os outros, tendo estabelecido uma conexão. Até agora, os personagens desempenharam seus papéis, e o drama foi encenado. O desafio para o terapeuta reside em como expandir a experiência sem incorrer em repetição. A terceira etapa do modelo foi útil nesse caso porque oferecia uma orientação terapêutica clara. Deslocar do presente para o passado aprofunda a compreensão do padrão comportamental que cada personagem traz para a relação em curso. Ainda que o objetivo seja relativamente direto, a forma de atingi-lo depende de quão bem o terapeuta prepara a família para revisitar o passado.

Comecei por uma breve conversação com o casal, perguntando sobre a sua noite na cidade. Xia havia ido visitar amigos, mas o casal não saíra. Perguntei se era normal para os pais na China estar todo o tempo no trabalho, sem diversão. Deve-se observar que, ainda que eu seja chinesa, sabia que era considerada "estrangeira" por essa família, porque vinha do exterior.

MÃE (parecendo mais relaxada dessa vez, ela suspirou e comentou): De fato, nosso tempo é utilizado no trabalho ou com a família, não há tempo para romance.

Dra. LEE: Há uma necessidade de romance?

MÃE (rindo): Sim, certamente é uma necessidade.

Ela elaborou que quando se fica mais velho, romance adquire outro significado. Estava claro que o sentido que ela dava para romance não requeria um parceiro romântico. Disse-lhe que tinha a impressão de que ela era uma pessoa que aprecia poder se divertir e expressar suas ideias. Como ela se tornara tão infeliz e tivera que chorar sob os lençóis? Com essa pergunta, iniciamos a terceira etapa.

Etapa 3: investigar o passado com foco na estrutura

MÃE: Sou a segunda de cinco filhos. Mas sempre fui a que tomou conta de meus pais. Sempre fui respeitosa. Quando casei e passei a fazer parte da família de meu marido, disse a mim mesma que já que minha mãe morrera quando eu ainda era jovem, trataria minha sogra como se fosse minha própria mãe. Mas não conseguia fazer nada certo, da maneira que ela considerava adequada. Ela ficou acamada por anos antes de morrer. Eu cuidava dela, fazendo coisas que até sua própria filha se recusava a fazer. Amigos comentavam com minha sogra sobre quão afortunada ela era por ter uma nora tão boa, mas ela respondia dizendo que era apenas a minha obrigação.

Interessa observar que o passado da mãe não era apenas uma história de sua própria família; ao contrário, também consistia na história de sua relação com a família do marido.

MÃE (continuando): As pessoas pensam que eu sou forte, mas na verdade sou muito vulnerável. Mas como pareço forte, ninguém reconhece isso.

Claro, isso não era verdade. Seu filho sabia muito bem quão solitária ela estava. O pai também sabia que Xia se identificava demais com os sentimentos da mãe. O que ele não conseguia perceber era que, se sua observação era precisa, então o ressentimento de sua esposa tornava-se também o ressentimento do filho. Não havia outra forma de ele se aproximar de seu filho a não ser primeiro tornando-se mais próximo de sua esposa. Assim, repeti para o marido meu desafio que havia iniciado no dia anterior.

Dra. LEE: Eu lhe disse ontem que tenho uma forma estranha de fazer as contas. Penso que todos os conflitos entre mães e noras na verdade são conflitos entre marido e esposa.

MÃE: Como isso é verdadeiro! Sabe, meu marido é também o filhinho de sua mãe como Xia. Ele nunca pode ir contra sua mãe.

PAI (*defendendo-se com alguma rispidez*): Não acho que eu seja insensível. Eu sabia que ela estava infeliz.

Dra. LEE: (*persistentemente*): Como é que ela não via as coisas desse modo? Como seu filho disse que tinha que proteger a mãe porque você não o fazia?

PAI: Era uma crença minha que, em uma família, há maneiras de equilibrar as diferenças entre seus membros, deve haver certos acordos. Talvez essa atitude minha criasse conflitos para minha esposa. (*Ele olha para ela e depois volta para a terapeuta*), quero acrescentar que algumas das pressões provêm da família dela. Ela é uma filha leal ao seu pai, um ancião cuja saúde está em declínio. Ainda que ela tenha irmãos mais velhos e mais jovens, nenhum deles é muito competente. Ela assume a maior parte da responsabilidade da família, que é muito exigente.

Dra. LEE (*para a mãe*): Então você toma conta de *duas* famílias?

PAI: Incluindo seus irmãos e a irmã. Nenhum deles vai indo bem. Por exemplo, quando seu irmão mais jovem perdeu o emprego, ela tomou a si a tarefa de apoiá-lo. Eu creio que, quando uma pessoa é casada, ela deve colocar sua energia na nova família, e não tanto na família de origem.

Eu estava satisfeita porque o pai começava a levantar suas próprias lamentações, do mesmo modo que era a primeira vez que eu o via abordar alguns dos conflitos que mantinham ele e sua esposa afastados. Já que eu havia trabalhado arduamente para atingir esse ponto, decidi continuar meu desafio a ele a fim de torná-lo mais envolvido.

Dra. LEE: Você conhece minha forma estranha de fazer as contas: se uma esposa não pode deixar a sua família de origem, isso ocorre porque seu marido não sabe como a manter ao seu lado.

MÃE: Exatamente!

Ao tentar apresentar uma perspectiva sistêmica para famílias que não têm familiaridade com tais noções, desenvolvi um conjunto de metáforas contábeis para mostrar como as coisas se conectam. Pelo fato de haver um caráter de diversão no uso de metáforas, elas frequentemente tornam mais fácil para as pessoas tratar assuntos conflituosos.

Todavia, como leal guardião da família, Xia não se conteve de intervir.

XIA: Eu acho que minha mãe é uma pessoa, ela...

Dra. LEE: (*interrompendo-o*): Posso lhe pedir para ouvir dessa vez? Vamos voltar a você mais tarde. (*virando para a mãe*) Penso que seu filho está tão acostumado a tomar parte em...

MÃE: Minha vida cotidiana?

Dra. LEE: Exatamente. Você acha que ele pode aprender a refrear-se de participar? Eu sei que não será fácil para ele.

Claro que era impossível para Xia não se envolver. Ele prestava muita atenção à nossa conversa, observando cada oportunidade de participar. Falhando em atrair a minha atenção, ele cochichara em meu ouvido: "Eu só quero lhe dizer que minha mãe não está sempre certa, tampouco. Ela tem dedicado tempo demais para a família dela. Todas as festividades chinesas importantes são celebradas com a família dela em vez de com a família de meu pai. Meu pai tem tolerado isso muito bem sem queixar-se".

Era um bom sinal Xia adotar uma posição contrária à de sua mãe. Obviamente, parte de seu conflito consistia em ele desejar separar-se, mas achar emocionalmente impossível se libertar. Agradeci a ele por sua informação, mas não queria tirar o foco do casal naquele momento. Sugeri que nós dois permanecêssemos calados enquanto os pais falavam um com o outro. Movi a cadeira do pai em direção da esposa e pedi ao casal que falasse diretamente um com o outro.

PAI (*continuando a falar com Dra. Lee*): De fato, eu sempre soube que meu filho é muito sensível à minha esposa. Como ele mencionou ontem, ele pode ler seu rosto, incluindo a expressão dos olhos dela.

Não é de surpreender que o marido desengajado responda à sugestão de uma dramatização com a esposa voltando a falar com a Dra. Lee. Essa resistência deve ser esperada e encarada com uma insistência suave, mas firme.

Dra. LEE: É por isso que quero que você fale com sua esposa. Se você aprender a ser sensível às dores dela, talvez seu filho aprenda a se desapegar. Se ele não acreditar que você pode cuidar de sua mulher tão bem quanto ele, não se afastará.

MÃE: Há muitas coisas que pesam muito em meu coração. É tão pesado que me sinto como prestes a explodir. Quero gritar bem alto, eu sou mesmo uma infeliz!

PAI (*para a mãe*): E você ainda não me falou sobre essas coisas... Lembro que quando eu estava trabalhando em Beijing, você nunca me escreveu para dizer que estava infeliz.

MÃE: Eu não ousava lhe dizer. Sempre senti que você não entenderia. Não acho que tenha falado para nosso filho também. Mas talvez ele tenha absorvido meus sentimentos inconscientemente.

Dra. LEE (*para o pai*): Nesse caso, o conflito real é aquele entre você e sua esposa. Como vocês resolvem os conflitos entre vocês dois?

PAI e MÃE: Não resolvemos!

Dra. LEE (*para o pai*): Como você desenvolveu essa forma de lidar com suas relações íntimas?

Ainda que tivéssemos começado a terceira etapa no início da sessão com a mãe, levou um tempo antes de chegarmos ao pai. Não queria apressar, porque acreditava que a investigação do passado de um indivíduo faz mais sentido se ocorre após alguma clarificação da relação do casal.

PAI: Sou o mais jovem, com um irmão e duas irmãs. Todos os meus irmãos foram trabalhar na cidade, e meu pai estava quase sempre fora, a negócios. Cresci ao lado de minha mãe. Nunca conheci realmente meu pai até que ele adoeceu durante seus últimos anos. Foi um período muito difícil para mim, porque eu tinha que viajar para ir e voltar entre a escola e o hospital, que ficava a uma distância considerável, mas isso foi uma experiência significativa, deu-me a oportunidade de estar com meu pai.

Dra. LEE: Você chegou a conhecer seu pai melhor?

PAI: Na verdade, não. Eu o respeitava, admirava, mas tinha medo dele. Eu sentia que nunca teria uma chance de conhecer meu pai até que ele foi para o hospital. Eu tinha 19 anos, e me sentia um adulto. Passei muitos meses ao lado de seu leito. Não nos falávamos muito. Era difícil. Mas foi importante para mim sentir que podia assumir alguma responsabilidade perante ele.

Dra. LEE: E como foi a morte dele?

PAI: Ele morreu muito repentinamente. Você não conseguirá entender totalmente o impacto da Revolução Cultural. Foi um período muito significativo na nossa história. Meu pai foi levado a julgamento porque ele era um homem de negócios antes da revolução, o que eles chamavam um capitalista.

Dra. LEE: Ele morreu pela perseguição?

PAI: Eles o mandaram de volta do hospital para a sua unidade de serviço, e o levaram a julgamento enquanto ele estava se recuperando. Ele sofreu um ataque do coração durante o interrogatório. Quando a notícia chegou em casa, ele já estava morto. Foi no meio da noite, durante uma tempestade de neve. Minha mãe e eu caminhamos por milhas e milhas por estradas nas montanhas, indo de uma cidade a outra, para recuperar o cadáver de meu pai. Transportamos seu corpo a pé e caminhamos milhas no retorno, até o local para a cremação. Foi algo tão cruel, tão desumano!

Dra. LEE (*tocada pela história*): De fato foi algo muito cruel. Estavam apenas vocês dois?

PAI: Sim, somente eu e minha mãe.

Você podia sentir a emoção aflorando nesse homem de aparência séria, levando-nos de volta ao longo do caminho dessa passagem traumática: a história de um filho leal acompanhando sua mãe em uma árdua jornada na busca por um pai morto. Como em uma cena de um antigo filme em preto-e--branco, eu podia visualizar um jovem homem protegendo sua mãe em montanhas remotas e lutando desesperadamente para mover-se contra a tempestade de neve. Podia-se sentir seu desamparo, sua tristeza, sua ira.

PAI: Por um longo tempo, eu simplesmente girei em torno de minha mãe, não conseguíamos ficar separados.

MÃE (*intervindo*): Sua mãe era uma pessoa muito severa, ela raramente sorria. Nunca falava sobre o marido, nunca visitava o túmulo dele. Sempre achei isso estranho.

Dra. LEE (*para a mãe*): Seu marido alguma vez falou sobre isso com você?

PAI: Não, ela não compreenderia.

MÃE: Ele mencionou algo, mas eu não cheguei a captar.

Dra. LEE (*para o pai*): Por que você acha que ela não compreenderia?

PAI: Porque eu nunca contei os detalhes – e ela nunca perguntou.

MÃE (*protestando*): Eu perguntei, eu sabia sobre a tempestade de neve...

Ainda que fosse tentador voltar para uma dramatização entre o casal nesse ponto, decidi postergar isso em benefício de uma maior investigação da jornada interior do marido. Afim de preparar o caminho para dramatizações produtivas entre casais desengajados (ou conflituosos), é útil dedicar tempo sondando as suas experiências individuais – ir além da superfície da amargura e da raiva até a solidão e as necessidades subjacentes. Dessa forma, decidi ir mais fundo na experiência emocional do marido, como uma forma de despertar curiosidade na esposa, que aparentemente não tinha se dado conta da importante jornada interior do marido.

Dra. LEE: Mesmo na condição de uma estrangeira, posso imaginar o que essa viagem deve ter sido para você, procurando por seu pai falecido, sob uma tempestade de neve. Você deve ter ficado muito enraivecido com o que aconteceu com sua família.

PAI (*citando um antigo ditado chinês*): "Ousar ter a ira dentro de si, mas ter a coragem de não expressá-la fora". Eu só posso aceitar.

Dra. LEE: Você só pode aceitar? E a sua raiva? Foi por isso que você se tornou calado?

PAI: Eu só posso conservar minha raiva dentro de mim. Eu escrevi para a unidade governamental específica e tentei mudar o veredicto.

À medida que ouvia, ocorria-me que Xia estava apenas repetindo a história de seu próprio pai. Ele, também, estava perdendo um pai que havia se tornado emocionalmente morto desde sua jornada na tempestade de neve. Fiz um comentário a esse respeito, mas nenhum deles respondeu, então abandonei a ideia, que devia ter soado um pouco freudiana demais para uma família chinesa.

De fato, o pai fora persistente e finalmente obtivera sucesso em limpar o nome de seu pai, anos mais tarde. Como muitos outros em sua geração, seus laços filiais eram fortes, muito mais fortes que sua ligação com seu casamento.

Dra. LEE: Como vocês se encontraram?

MÃE: Através de amigos. Eu tinha 29 anos, era tempo de casar. Ele pareceu ser uma boa pessoa, muito trabalhador. E também, eu acabara de perder minha mãe; queria descobrir uma nova mãe em minha sogra. Eu fiquei desconsolada, devastada, quando nossa relação azedou.

Parecia impossível para a mãe falar sobre a sua vida sem mencionar sua sogra. Ou ela estava expressando o que é culturalmente estabelecido na China quando uma mulher casa com um homem, casa também com a mãe do marido, ou ela estava sendo hostil com o marido ao criticar a velha senhora. As perguntas perduravam. Por que o casal não lidara com as questões entre eles quando não havia mais influências da geração anterior? O que os mantinha afastados? Qual era exatamente o ressentimento oculto sob sua fachada amistosa e responsável?

Havíamos claramente transitado pela terceira etapa de nosso mapa. O casal havia partilhado caminhos importantes de seu passado que tinham se enraizado na relação atual. A experiência trágica do pai havia emocionado todos na sala, e tornado claro que não havia apenas uma mulher solitária, mas também um homem solitário na relação. A próxima questão era como podíamos usar esse contexto para introduzir mudanças?

Etapa 4: descobrir/cocriar formas alternativas das relações

Nossa exploração do passado do casal teve êxito em estimular a inquietude de mãe em relação a reconectar-se com o marido, de quem ela havia se tornado distante, ou talvez nunca na verdade tivesse estado próxima. Seu casamento fora forjado em uma época turbulenta de revolução social e política na China, que drenou muita da energia que podia ter sido direcionada para estabelecer vínculos pessoais mais fortes. Magoadas pelo passado, essas duas pessoas, que tinham mais ou menos desistido um do outro, poderiam agora vislumbrar uma nova possibilidade. Se eles pudessem se voltar um pouco mais um para o outro, seria possível liberar o filho do triângulo parental. Repeti os desafios, dessa vez direcionavam-se a explorar novas possibilidades.

Dra. LEE (*para o pai*): Como é isso que vocês não compartilham coisas um com o outro? Por que você diz (*referindo-se à esposa*) "ela não iria entender"; e por que sua esposa diz "você não sabe"? Se vocês não gostam um do outro, então deveríamos apenas desistir. Mas vocês disseram que gostam. Como é que vocês dois estão presos nessa armadilha de ressentimento um contra o outro? Ficou claro na sessão de ontem que sua esposa está solitária, mas aparentemente você também é um homem muito solitário. Como é que vocês não buscam conforto um no outro?

Essa confrontação tornara-se possível pela experiência da etapa 3. Nesse momento, o casal estava mais receptivo a lidar com seus conflitos, que os tinham magoado por muitos anos. Aparentemente, enquanto a mãe ressentia-se com o demasiado envolvimento de seu marido com sua mãe, o marido também ressentia-se do apego de sua esposa com a família dela. O sistema conjugal havia ficado distanciado por esses dois conjuntos de demandas familiares. O marido tinha raiva pelo apoio financeiro que sua esposa provia aos irmãos. Após muitas tentativas malsucedidas para retificar a situação, os pais de Xia optaram por conservar sua distância e evitar discussões através da evitação um do outro. Isso explicava porque o casal continuava em conflito mesmo depois do falecimento da sogra. Como um filho leal, Xia tinha sido uma "testemunha especializada" para o dilema real de seus pais. Após ouvir por tanto tempo, Xia estava pronto para fazer um movimento. Dessa vez, eu o convidei a desempenhar o papel de um filho adulto e fazer comentários, e ele foi capaz de fazer isso.

XIA: Enquanto ouvia, comecei a pensar que o problema real é o conflito entre meus pais. Eles têm ideias muito diferentes sobre o que é sua família na realidade. Esse conflito é como um tumor em nossa família, mas ninguém está autorizado a tocar nele. Porque, se você o tocar, a família pode entrar em colapso. Eu não estava consciente do conflito entre minha mãe e minha vó, até que minha mãe me contou sobre isso. Não recordo de minha vó como tão rígida e controladora, porque ela era muito gentil comigo. Ela me amava ternamente. Mas, mais tarde, aprendi sobre o conflito entre mamãe e vovó. Lembro de minha mãe e meu pai reclamando um do outro, minha mãe estava chorando, não lembro o que havia acontecido depois, apenas sei que eles estavam brigando por causa de minha vó... É por isso que eu sentia que devia agir como uma corrente, para acorrentá-los juntos, incluindo a minha vó. Naquela época, nós quatro vivíamos juntos sob o mesmo teto, e eu estava no meio de todos os três. Eu era o mensageiro deles; observava cada movimento e expressão deles, incluindo os humores sutis entre meus pais. Eu já disse isso a eles antes, que faria qualquer coisa para fazer os dois felizes, ainda que tivesse que destruir a mim mesmo. Eu ficaria satisfeito se meus pais estivessem felizes.

Dra. LEE: Você é um filho leal.

XIA: Ontem senti como se estivesse somente desempenhando o papel de protetor da minha mãe, mas agora não acho que isso seja inteiramente verdade. Penso ter herdado a personalidade de meu pai também: não demonstro muita emoção, o que não significa que eu não tenha opinião... Até onde posso lembrar, mesmo antes de minha avó morrer, nossa família tem estado envolvida com os parentes do lado da família de minha mãe. Passamos todos os festivais e celebrações importantes com a família de minha mãe.

A celebração de festivais é uma parte importante dos rituais de família na cultura chinesa. Era altamente anormal para uma nora celebrar com sua própria família quando os parentes de seu marido ainda estavam vivos. Então, ainda que a mãe insistisse ser uma nora obediente, era interessante ver como tivera êxito em controlar os mais importantes rituais na família. Eu podia imaginar a magnitude do conflito que devia ter sido criado entre o casal nessa batalha entre dois clãs. Xia havia tentado levantar essa questão conosco antes na sessão, mas foi necessário ter a experiência da etapa anterior antes que a família entendesse o que ele estava tentando nos dizer.

Dra. LEE: Por que seu pai concordou com esse arranjo?

XIA: Isso foi por preocupação com minha mãe. Eles não discutiam muito sobre isso comigo... Mas eu me preocupava quando eles discutiam. Podia-se ver pela expressão do rosto deles que eram infelizes. Mas esse era um assunto que não podia ser tratado abertamente em minha família. E eu continuava pensando comigo mesmo que devia fazer mais por eles, sentia que era minha responsabilidade os dois felizes.

PAI (*suspirando*): O fato é que estamos os três juntos, eu estou tentando fazer minha esposa feliz. Minha esposa está tentando fazer meu filho feliz, e nosso filho está tentando tornar eu e minha esposa felizes.

Dra. LEE: Por isso é que continuo sugerindo que, de forma a libertar seu filho de estar na relação do casal, vocês dois devem lidar um com o outro diretamente.

XIA: Mas não acho que esse conflito pode ser resolvido. Quando cresci, percebi que minha mãe se excede um pouco em tomar o partido de sua própria família.

Dra. LEE: Alguma vez você falou com sua mãe sobre isso?

XIA: Não, isso ocorre pela sua devoção filial.

Isso, claro, não era inteiramente verdade, da mesma forma que ele não tinha reservas em confrontar seu pai. Todavia, quando a aglutinação de um filho com a mãe tem um componente de crença de que se trata de devoção filial, o objetivo terapêutico de separá-los torna-se ainda mais difícil.

Pedi a Xia para ajoelhar-se ao lado de sua mãe, com a cabeça no colo dela. Essa, naturalmente, não era uma posição confortável para um jovem homem. Perguntei se essa era a posição que ele queria assumir pelo resto da sua vida. Se não era, o quão longe ele desejava se afastar de seus pais? Dessa vez, Xia moveu sua cadeira para o outro lado da sala.

Dra. LEE (*movendo a cadeira do pai para ficar de frente para a mãe*): Quero que você fale com sua esposa diretamente. Se seu filho perceber que você é capaz de cuidar da mãe dele, poderá largar esse pesado fardo e finalmente sair de casa. Isso é muito importante. Você precisa descobrir se sua esposa acha que você está fazendo bem trabalho de cuidar dela, porque seu filho não acredita que você seja capaz.

Talvez eu estivesse sendo injusta, colocando as necessidades da esposa antes das do marido, mas o casal principiou a conversar – um pouco desajeitadamente no princípio. Conversaram um pouco e então trocaram para o seu dialeto nativo. Ainda que eu não tivesse a menor ideia do que estavam dizendo, sua conversação era muito intensa. Em diferentes pontos, a mãe lamentava-se de forma dolorosa, enquanto seu marido tentava acalmá-la. Xia observava com lágrimas nos olhos.

É claro que uma relação de casal nunca é realmente unilateral. Por muitos anos, esse casal havia desenvolvido uma forma de lidar com suas diferenças e com a dor existencial da vida cotidiana. Enquanto a esposa requisitava um marido mais envolvido emocionalmente, ela também havia se acostumado a levar uma vida sem a participação dele e até mesmo a gostar dela. Como ocorre com muitas mulheres, o sonho de romance dava lugar à realidade da vida cotidiana. Uma parceria com intimidade no senso ocidental do conceito poderia parecer estranha nessa antiga comunidade, na qual a lealdade aos clãs familiares ainda tinha prioridade sobre a relação do casal. De qualquer forma, à medida que eles iam despejando na sala de consultas seus anos de angústia represada, como se estivessem na privacidade de seu quarto, pareciam atingir um momento crucial. Desta vez, o casal tornava-se uma dupla, sem ninguém em seus pensamentos, além deles mesmos. Eu não sabia se essa interação sustentaria a si mesma, e, se isso ocorresse, por quanto tempo. Contudo, no momento, parecia suficiente para ambos.

Também para Xia, ver os pais nessa ótica era definitivamente uma experiência nova. Seus olhos lacrimejantes gradualmente afastaram-se de seus pais, para passar a olhar pela janela. Eu os deixei e fui me juntar a ele no outro lado da sala. Conversamos sobre a paisagem e admiramos algumas árvores antigas. Xia levantou-se em silêncio e saiu, deixando seus pais ainda falando um com o outro, do outro lado da sala. Sugeri que ele voltasse a ver o Dr. Cheung, que o assistiria no desenvolvimento de um plano para seu futuro pessoal

Por um momento, essa parecia uma família universal para mim, embora o cenário fosse numa parte remota do norte da China e, no momento em que se sentiram íntimos um com o outro, os personagens conversassem em um dialeto com o qual eu não tinha absolutamente nenhuma familiaridade.

REFLEXÕES

Dessa forma concluímos nossa jornada experiencial guiada pelo mapa de quatro etapas. É perceptível que meu processo em realizar as quatro etapas não é tão claro quanto o Dr. Minuchin ilustrou nas entrevistas de seus casos. Enquanto ele é minimalista nos seus esforços ao engajar as famílias no processo de mudança, meu caminho tende a ser mais obscuro, com muitas voltas. Como as diferentes concepções na arquitetura ocidental e oriental, ele busca uma via direta, e eu vou e volto, às vezes andando em círculos, antes de atingir o destino. Talvez essa seja a diversão e a aventura em mapear uma entrevista de família, porque o mapa define o território, mas nunca o processo da viagem.

Quando se chega a um processo de acessar sistemicamente uma família com problemas, cada jornada é a mesma, e cada jornada é diferente. E você descobrirá nuances em cada vez, que irão lhe manter maravilhado com a riqueza de todos os encontros humanos. O ponto não é imitar um mestre, mas tomar emprestado seu mapa e navegar com seu próprio estilo único para fazer suas próprias descobertas.

ESTRUTURA TERAPÊUTICA

Organização da família

Como a família austríaca do caso anterior, essa família chinesa demonstra as características clássicas de uma família psicossomática: demasiado envolvimento, superproteção e evitação de conflitos. O grau de aglutinação tornou-se mais agudo pelo moderno fenômeno do filho único na China. A relação muito próxima mãe e filho, com um pai periférico, e a estrutura familiar, que é considerada como uma norma cultural na opinião de muitos eruditos da Ásia, era nesse caso um bom exemplo de como esse arranjo pode gerar problemas psicossomáticos nas novas gerações. Quando o filho substitui o pai e torna-se o confidente da mãe, a estrutura familiar pode imobilizar todos os membros da família e impedir os descendentes de levarem adiante suas próprias vidas. Isso não quer dizer que deve haver um padrão de estrutura familiar; ao contrário, deve alertar para a observação de como existem contribuições da organização da família para o problema apresentado, a fim de se usar a força de membros periféricos da família que podem estar aguardando para envolver-se e descortinar novas possibilidades ao grupo.

Perspectivas individuais

Sendo o filho único na família, Xia havia carregado nos ombros os conflitos sem resolução de três gerações. Quanto mais se sentia necessário na família, mais difícil era para ele separar-se emocionalmente. Como é típico em filhos adultos que sofrem de doenças psicossomáticas, ele começou a perceber que a mãe não era perfeita como ele originalmente imaginava, mas que havia internalizado os sentimentos dela e não podia separar suas próprias emoções das da mãe. Isso criava grande ambivalência e sofrimento decorrente, o que levava à somatização.

Quando a solidão era demais, a mãe de Xia voltava-se para o filho em busca de conforto, como se fosse normal. Em algum momento, ela percebeu que tinha que deixá-lo ir, no entanto isso é a coisa mais difícil a se pedir a uma mãe de qualquer cultura. Ainda que ela dissesse todas as coisas certas – "Ele cresceu", "é uma pessoa independente agora" – seus olhos, cheios de apreensão, diziam-lhe que ela ainda precisava dele.

O fracasso de um marido em apoiar sua esposa em um conflito familiar pode criar tensão duradoura entre o casal, em qualquer cultura. Mesmo que agora ele percebesse que Xia e sua mãe eram inseparáveis, sua forma de afastar o filho da esposa só resultava em fazê-los ainda mais apegados um ao outro e deixá-lo como um estranho. Ele também, finalmente, percebeu seu equívoco e agora reivindica estar pronto para apoiar e confortar sua esposa. Contudo, para fechar a terrível lacuna que os havia mantido afastados por tanto tempo, ele teria que encontrar a coragem de expressar e trabalhar com alguns dos ressentimentos que haviam crescido dentro dele.

Estratégias de intervenção

Em muitas culturas, um casamento é mais uma ligação entre dois clãs do que a união entre dois indivíduos. Essa ênfase da família sobre o *self* pode ser um solo gerador de conflitos internalizados e tornar difícil para as pessoas atenderem suas próprias necessidades.

A despeito da norma cultural, ainda assim, meu objetivo para o tratamento de doenças psicossomáticas, no contexto familiar, é criar distâncias e fronteiras. Nesse caso, comecei com o paciente identificado e tentei ajudar Xia a reclamar sua própria voz. A seguir, usando Xia como um observador especializado da família, trouxe à tona o conflito entre seus pais. Então, engajei cada um dos membros na experiência de suas dores e na relutância em compartilhá-la, antes de tentar levá-los para a resolução de seus conflitos. Durante todo o tempo, Xia foi conduzido a vivenciar as múltiplas camadas de sua relação com cada um dos membros da família e preparado para sua separação dos pais. Essas intervenções seguiram um plano passo a passo direcionado por uma série de pontos de passagem, que finalmente conduziriam a uma conquista terapêutica.

Técnicas

Utilizando a linguagem e a cultura da família, a entrevista foi um processo de amalgamar as narrativas de cada membro em um novo drama. Dramatizações foram utilizadas com frequência, tanto para a exploração de padrões transacionais, quanto para impulsionar a família para ir além de seus limites normais. O uso dessas dramatizações também auxiliou a criar uma norma na qual os membros da família acostumaram-se a falar uns com os outros na frente do terapeuta. Principiei com perguntas inocentes e progressivamente propus questões mais provocativas, como uma forma de envolver os membros na expansão da sua versão limitada da relação familiar e de convidar à mudança. Com famílias de uma cultura mais reservada, é mais efetivo conduzi-los por meio de um caminho terapêutico que teça suas próprias experiências e perspectivas em um tecido de encontro vivencial. Essa abordagem orientada ao processo, que dedica grande atenção ao contexto familiar, é na verdade a fundação do pensamento estrutural. Todavia, ainda que o pensamento seja o mesmo, a forma de efetivá-lo distingue-se, dependendo dos diferentes terapeutas com seus diversos estilos.

NOTAS

O autor reconhece agradecido o apoio dado a esse projeto pelo Research Grants Council of Hong Kong Special Administrative Regim, China. Projeto HKU 7153/00tt.
1 Pronuncia-se "Zi-a".
2 Por exemplo, Woodside, D. & Shekter-Wolfson, L. (Eds.). 1991. *Family approaches in treatment of eating disorders.* Washington, DC.: American Psychiatric Press; Grigg, D., Friesen, J., & Sheppy, N. 1989. Family patterns associated with anorexia nervosa. *Journal of Marital and Family Therapy.* 15: 29-42.

Parte V

A família e os serviços sociais

Quando algum dos muitos sofrimentos que acontecem a crianças, velhos ou pessoas com deficiência excedem a capacidade de suas famílias para lidar com tais circunstâncias, a sociedade entra em cena com uma variedade de serviços humanos para suprir a necessidade. À medida que problemas de pobreza, delinquência, abuso de drogas, transtornos emocionais ou maus-tratos de crianças têm se multiplicado nos últimos anos, são criadas agências sociais para tratar esses problemas (Polsky, 1991). Algumas agências especializam-se em abrigar pessoas sem-teto, pessoas no trato com problemas escolares, no tratamento da adicção a drogas – a lista é longa e crescente.

A burocracia gerada para lidar com as muitas consequências de doenças e sofrimentos opera dentro de um emaranhado de normas e limites legais. Os trabalhadores das agências têm que se debater em uma areia movediça de regras restritivas e regulamentos, reforçados por mecanismos de financiamento que especificam os diagnósticos precisos que os clientes devem ter, antes que o auxílio seja fornecido. Há programas para adultos com retardo que necessitam de treinamento para o trabalho, há programas para crianças que sofreram abuso, há programas para pessoas viciadas em drogas e há programas para indivíduos com perturbações emocionais que não precisam de hospitalização, mas que não podem tomar conta de si mesmos. A proliferação de programas para lidar com tantos tipos de sofrimentos é uma evidência de nossa compaixão coletiva, mas a fragmentação imposta pelo financiamento categorizado tem significado que os serviços são direcionados para indivíduos fora do contexto de suas famílias e comunidades.

Minuchin, Colapinto e Minuchin (1998) enumeram, entre os obstáculos para uma abordagem sistêmica, os seguintes:

1. Burocracias dão origem a uma fragmentação dos serviços, já que os feudos se multiplicam mas não são integrados. Eles competem pelos

recursos, e a forma de ampliar seus orçamentos é aumentar a quantidade de casos.
2. Trabalhadores profissionais são treinados para identificar problemas individuais – como abuso de drogas e gravidez na adolescência – mas raramente para lidar com uma pessoa em seu contexto.
3. Atitudes sociais em relação aos pobres que incluem julgamentos moralistas nos quais as famílias são culpadas por seus problemas e vistas como um peso para a sociedade, como um incômodo. Elas são "abusivas", "negligentes", "indisponíveis". Frequentemente há um fundo de verdade nessas afirmações, mas responder com o afastamento do indivíduo de sua família, em vez de ajudar a família a recuperar seus recursos, é ter uma visão míope.

Do outro lado da moeda, as famílias pobres não manejam muito bem seus contatos com agentes sociais. Muitos dos problemas que bloqueiam as famílias também caracterizam sua interação com sistemas maiores: vias de comunicação confusas, fronteiras indefinidas e recursos limitados para resolver conflitos. Esses problemas são confundidos quando agentes sociais não tratam os clientes como iguais, mas sim como adversários ou fracassados, o que enfraquece sua autoridade e aparenta para os filhos que os pais não possuem poder.

Colocar o foco dos serviços no indivíduo tem o efeito não-intencional de tirar o poder da família. Há ocasiões em que as crianças não estão em segurança em suas famílias e devem ser removidas para um local seguro. O mesmo vale para esposas espancadas e viciados em drogas. Quando os indivíduos são tratados fora de suas famílias, apenas para ser devolvidos aos mesmos ambientes que geraram seus problemas em primeiro lugar, deveríamos realmente nos surpreender ao ver que os problemas ressurgem?

A abordagem sistêmica destaca a necessidade de intervir nas relações que perpetuam os problemas sociais. Desse modo, a abordagem sistêmica familiar acentua a necessidade de trocar o foco do paciente individual para as relações dentro das quais o comportamento problemático ocorre. Um modelo sistêmico também sugere mudanças na natureza dos serviços disponibilizados; assim, tais serviços são projetados para fortalecer em vez de substituir a capacidade cuidadora das famílias. Isso significa, entre outras coisas, uma troca para um modelo fortalecedor que constrói parcerias com famílias e comunidades. Enquanto isso, os trabalhadores das trincheiras, imersos na batalha contra a pobreza e negligência, não podem esperar para sempre pelas mudanças institucionais na forma como os programas são administrados. O que eles podem fazer é lembrar que os clientes a quem eles servem vivem em famílias, reais e potenciais, e que eles podem incluir essas famílias em seus planos de tratamento.

* * *

Os dois casos nessa seção tratam de serviços de assistência à infância e aos usuários de drogas, dois assuntos que têm provocado consideráveis debates sobre o papel das famílias. Historicamente, o foco dos serviços de assistência à infância tem sido no indivíduo. Todavia, nos anos de 1980, a crescente influência da terapia familiar e o grande aumento no número de crianças identificadas como abusadas ou negligenciadas tornou claro que a alocação fora de casa não era sempre a melhor alternativa, e que muitas famílias podiam ser auxiliadas a preservar suas crianças se houvesse disponibilização de serviços para elas (Sudia, 1981). Um documento de 1980 (*Adoption Assistance and Child Welfare**) determinava que esforços razoáveis devem ser feitos para manter famílias juntas. Enquanto isso, o *U.S. Children's Bureau*** estabeleceu o *National Resource Center**** para auxiliar as agências a estabelecer programas de preservação das famílias. Entre 1981 e 1993, 30 programas estaduais centrados na família e 27 associações para serviços centrados igualmente na família foram estabelecidos (Allen e Zalenski, 1993). A *The Family Preservation and Support Services Act*****, emitida em 1993, apoiava serviços que estimulassem o funcionamento parental. Assim, programas centrados na família estavam em ascensão no sistema de serviços sociais nos anos de 1990.

Em breve, porém, a importância de manter as famílias juntas foi colocada em questão. Fracassos amplamente divulgados na proteção de danos a crianças causaram uma crescente rejeição à preservação da família (Hartman, 1993). Ainda que os riscos de remover as crianças de suas famílias continuassem a preocupar muitos profissionais, histórias de crianças que foram espancadas ou morreram em casas perigosas causaram um clamor público (Lindsey, 1994).

Em 1997, o *Adoption and Safe Families Act****** culminou em uma mudança política distante do movimento de preservação da família. Essa lei enfatiza a segurança da criança e reflete a preocupação pública de que a filosofia de preservação da família estava indo longe demais na manutenção das crianças em suas casas e arriscando sua segurança. A nova lei elimina, em algumas situações, a requisição de que as agências de bem-estar façam "esforços razoáveis" para preservar as famílias antes de retirar a criança de sua casa. Desse modo, a ênfase mudou para o provimento de serviços para as próprias crianças, em vez do fornecimento de serviços para as famílias.

Lamentavelmente, o debate sobre políticas sociais é às vezes colocado em termos de uma escolha entre servir às famílias ou proteger as crianças. Esse pensamento "ou isso ou aquilo" foi reforçado na década de 1980, quando o objetivo dos serviços centrados na família foi definido de forma estreita, como o de prevenir a realocação (Jacobs, 2001). De fato, os objetivos dos serviços centrados na família devem incluir o incentivo ao desenvolvimento das crian-

---

* N de T. Ato de Assistência à Adoção e ao Bem-Estar Infantil.
** N de T. Departamento para a Infância dos EUA.
*** N de T. Centro Nacional de Recursos.
**** N de T. Lei para a Preservação das Famílias e dos Serviços de Apoio.
***** N de T. Ato sobre Adoção e Famílias Seguras.

ças, a melhoria do funcionamento familiar, a redução das despesas com as agências de assistência à infância e a ampliação da colaboração entre o sistema de serviços de assistência às pessoas. Uma abordagem sistêmica pode incluir, mas não se limita à terapia familiar.

A família trigeracional, que é tema do primeiro caso apresentado nessa seção, envolve o que veio a ser chamado de "cuidado por parentesco" no sistema de bem-estar social. O cuidado pelos parentes, um recurso de longa data na comunidade afro-americana, tornou-se proeminente no sistema de assistência à infância durante a epidemia de *crack** nos anos de 1980, como uma possível solução para as rupturas familiares. A crescente confiança nessa forma de cuidado reflete uma consciência da importância dos laços de família para as crianças, vista como uma maneira mais amigável às famílias na proteção contra abuso e negligência em relação às crianças.

Lamentavelmente, não há garantias de que afastar as crianças de seus pais irá melhorar, e não exacerbar, a situação da família. Pais que estavam, por uma razão ou outra, provendo cuidados inadequados aos seus filhos não necessariamente se tornarão melhores pais durante o período em que seus filhos viverem afastados deles. Além disso, nem todas as agências têm os recursos ou a orientação de trabalhar pela reunificação da família. Realocar as crianças aos cuidados de parentes pode expandir a definição da família, mas pode também ser simplesmente outra forma de colocar as crianças fora da casa de seus pais e dentro da casa de seus avós. Às vezes, isso é preciso, mas não necessariamente em caráter permanente. Em qualquer caso, como veremos, focar as necessidades das crianças, em vez do sistema criança/família, frequentemente torna a reunificação problemática.

* * *

Entre os problemas tratados pelos serviços sociais, poucos são tão persistentes quanto a dependência das drogas. O flagelo da dependência ultrapassa as barreiras das classes sociais, etnias, idade e gênero. Profissionais no tratamento residencial às drogas acreditam que os viciados precisam ter o foco em si mesmos e lidar com sua dependência antes de qualquer outra coisa, e que os clientes devem ser removidos de seu ambiente natural para um ambiente seguro e saudável onde a cura possa ocorrer (Minuchin, Colapinto e Minuchin, 1998). Estar em processo de reabilitação é um pouco como ir para um país estrangeiro, que tem sua própria cultura e comunidade, separado e isolado da volta para casa.

Os dois irmãos sobre os quais você irá ler no Capítulo 11 são ambos veteranos de comunidades terapêuticas – programas residenciais altamente estruturados que redefinem radicalmente a conduta, atitudes, valores e emo-

---

* N de T. Período de seis anos, entre 1984 e 1990, nos EUA, durante o qual houve uma enorme onda no uso de *crack* nas grandes cidades.

ções dos usuários de drogas, de modo a quebrar o jugo da dependência química (De Leon, 1986). No esforço de superar a dependência, há uma lógica forçada de manter a família afastada. A família de jovens dependentes já demonstrou seu fracasso em lidar com o abuso de drogas e o transtorno de comportamento. Mais do que isso, no processo de abstinência e fissura que remexe com as entranhas, é razoável argumentar que a última coisa que um dependente precisa é ter que lidar com o estresse da recriminação e amargura da família. Se há um momento em que alguém tão vulnerável como um dependente necessita de proteção das pressões familiares, seguramente é na adolescência, que é, afinal, a idade da separação da família e do estabelecimento da própria identidade.

Lamentavelmente, é difícil separar-se de algo que você não tenha experienciado. Dentre as descobertas consistentes sobre as famílias de jovens dependentes de drogas, constatamos que há a falta de supervisão parental e um vínculo fraco entre pais e filhos (Brook e Brook 1992). Como os McLaren, que você conhecerá nessa seção, as famílias de adolescentes dependentes de drogas frequentemente descrevem a vida familiar como desvitalizada (Reily, 1992): eles se sentem isolados e sem contato uns com os outros. A terapia familiar opera na pressuposição de que os adolescentes abusadores de drogas são parte de um contexto familiar e que as mudanças no indivíduo requerem uma mudança na relação entre o adolescente e sua família. Separar-se da própria família e estabelecer um *self* maduro não é algo alcançado por meio de uma fuga. Crescer significa aprender a lidar com os pais de forma direta e honesta.

Hoje, a efetividade da terapia familiar é tão extensamente estudada que não se precisa decidir por meio de um duelo de lógicas entre filosofias de tratamento concorrentes, se um caso deve receber tratamento em família. Os tratamentos baseados na família têm estado entre as abordagens mais efetivas para o tratamento de problemas de dependência de drogas em adolescentes (Stanton e Shadish, 1997; Williams e Chang, 2000).

Existe uma forte e consistente sustentação empírica para a eficácia da terapia baseada na família na redução do nível de uso de drogas por adolescentes e no aumento da função adaptativa, obtida em numerosos ensaios clínicos controlados (Liddle e Dakof, 1995; Stanton e Shadish, 1997). Intervenções baseadas na família têm mostrado efeito superior no tratamento do nível de uso de drogas por adolescentes, se comparadas com terapia individual (Henggeler et al., 1991; Liddle, 2002; Waldron et al., 2001), com terapia de grupo para adolescentes (Liddle et al., 2001) e aconselhamento psicoeducacional familiar sobre drogas (Joanning et al., 1992; Lewis et al.,1990; Liddle et al., 2001). Essas reduções no uso de drogas observadas nos tratamentos orientados à família têm demonstrado efeitos de longo prazo, de até 12 meses após seu término.

Ainda que as evidências tornem claro que a terapia familiar funciona, seria uma lástima se tais achados fossem usados para estimular uma mentalidade "nós-contra-eles". A abordagem sistêmica não defende uma forma de tratamento – terapia de família – sobre todas as outras; sugere que consideremos todo o contexto psicossocial ao lidar com problemas difíceis. O que esperamos que você veja no Capítulo 11 não é a superioridade de nossa abordagem, mas a profundidade e utilidade que a terapia familiar tem a desempenhar no complexo empreendimento de jovens usuários de drogas para superar o desenvolvimento da dependência.

REFERÊNCIAS

Allen, M., and Zalenski, J. 1993 (Spring). Making a difference for families: Family-based services in the nineties. *The Prevention Report,* 1-3.
Brook, D. W., & Brook, J. S. 1992. Family processes associated with alcohol and drug use and abuse. In *Family therapy of drug and alcohol abuse.* 2nd ed. E. Kaufman & P. Kaufmann (Eds.). Boston: Allyn & Bacon.
De Leon, G. 1986. The therapeutic community for substance abuse: Perspectives and approach. In B. S. McCrady & E. E. Epstein (Eds.), *Therapeutic communities for addictions: Readings in theory, research and practice.* New York: Oxford University Press.
Hartman, A. 1993. Family preservation under attack. *Social Work, 38:*509-512.
Henggeler, S. W., Borduin, C. M., Melton, G. B., Mann, B. J., Smith, L. A., Hall, J. A., Cone, L., & Fucci, B. R. 1991. Effects of multisystemic therapy on drug use and abuse in serious juvenile offenders: Aprogress report from two outcome studies. *Family Dynamics of Addiction Quarterly, l,* 40-51.
Jacobs, P. 2001. *What to make offamily preservation services evaluations.* Chicago: Chaplin Hall Center for Children at the University of Chicago.
Joanning, H., Quinn, Q., Thomas, R, & Mullen, R. 1992. Treating adolescent drug abuse: A comparison of family systems therapy, group therapy, and family drug education. *Journal of Marital and Family Therapy, 18,* 345-356.
Lewis, R. A., Piercy, F. R, Sprenkle, D. H., & Trepper, T. S. 1990. Family-based interventions for helping drug-abusing adolescents. *Journal of Adolescent Research, 5,* 82-95.
Liddle, H. A. 2002. Advances in family-based therapy for adolescent substance abuse: Findings from the Multidimensional Family Therapy research program. In L. S. Harris (Ed.), *Problems of Drug Dependence 2001: Proceedings of the 63rd Annual Scientific Meeting* (pp. 113-115), NIDA Research Monograph No. 182, NIH Publication 02-5097. Bethesda, MD: National Instituto on Drug Abuse.
Liddle, H. A., Bray, J. H., Levant, R. F., & Santisteban, D. A. 2001. Family psychology intervention science: An emerging área of science and practice. In H. A. Liddle, D. A. Santisteban, R. F. Levant, & J. H. Bray (Eds.), *Family psychology: Science-based interventions* (pp. 3-15). Washington, DC: American Psychological Association.
Liddle, H. A., & Dakof, G. A. 1995. Efficacy of family therapy for drug abuse: Promising but not definitive. *Journal of Marital and Family Therapy, 21,*511-544.
Lindsey, D. 1994. Family preservation and child protection: Striking a balance. *Children and Youth Services Review,* 16:279-294.

Minuchin, R, Colapinto, J., & Minuchin, S. 1998. *Working with families of the poor*. New York: Guilford Press.
Polsky, A. 1991. *The rise ofthe therapeutic state*. Princeton, NJ: Princeton University Press.
Reilly, D. M. 1992. Drug-abusing families: mtrafamilial dynanücs and brief triphasic treatment. In E. Kaufman & P. Kaufmann (Eds.), *Family therapy ofdrug and alcohol abuse* (2nd ed.). Boston: Allyn & Bacon.
Smith, T. E. 1985. Groupwork with adolescent drug abusers. *Social Work with Groups, 8:* 55-64. Stanton, M. D., & Shadish, W, R. 1997. Outcome, attrition, and family--couples treatment for drug abuse: A meta-analysis and review of the controiled, comparative studies. *Psychological Bulletin, 122(2),* 170-191.
Sudia, C. 1981. What services do abusive and neglectful families need? In L. H. Pelton (Ed.), *The social context of child abuse and neglect*. New York: Human Services Press.
Waldron, H. B., Slesnick, N., Brody, J. L., Tumer, C. W., & Peterson, T. R. 2001. Treatment outcomes for adolescent substance abuse at 4-and 7-month assessments. *Journal of Consulting and Clinical Psychology, 69(5),* 802-813.
Williams, R. J., & Chang, S. Y. 2000. A comprehensive and comparative review of adolescent substance abuse treatment outcome. *Clinical Psychology: Science and Practice, 7,* 138-166.

10 | Três gerações de mulheres

Quando acessamos famílias envolvidas com o Departamento de Serviços Sociais, entramos em um sistema complexo, e o processo precisa incluir os cuidadores. Ainda que o envolvimento do Departamento de Serviços Sociais ou do Departamento de Saúde Mental seja direcionado para o louvável objetivo de ajudar a criança e a família, os serviços resultantes com frequência são guiados por uma visão estreita e ideológica do que a família *deveria ser*.

A avó da família Wilson, com 52 anos, é a guardiã legal de sua neta Kamisha, com 15 anos. A mãe, Sheila, com 30 anos, foi considerada negligente pelo Departamento de Serviço Social, e três anos atrás Kamisha foi colocada sob a guarda legal da avó. Desde então, a menina vive com sua avó. O Departamento de Serviço Social insiste que a mãe deve ver a menina somente com a supervisão da avó e está contra a participação da mãe no processo de avaliação. Uma nova preocupação na família é que Kamisha está no sétimo mês de gestação, repetindo a história de gravidez adolescente da mãe e da avó. Com Kamisha grávida, o Departamento de Saúde Mental passou a prestar-lhe serviços por meio de um programa de grupo para adolescentes grávidas.

A crise que precipitou a avaliação dessa família foi o estresse causado pela gravidez de Kamisha em Sara, a avó, que se sente muito velha para cuidar do futuro bisneto, bem como o fato de Sheila, a mãe, ter começado há pouco em um novo emprego e por isso não poder ajudar sua filha. O Departamento de Serviços Sociais mantém a posição de que a mãe é inadequada e que a menina deve permanecer com sua avó.

Inicio o processo de acessar a família com um viés. Já vi muitas famílias com esse tipo de organização e constatei que a colaboração entre a mãe e a avó é muito útil nos cuidados parentais da criança. Assim, a sessão começa com uma polêmica. De um lado, estão o Departamento de Serviços Sociais e a família; opondo-se à visão deles, está o terapeuta, que viu a família três vezes, e eu, o consultor.

Estão presentes na sessão: Sara, a avó; Sheila, a mãe, e Kamisha, visivelmente grávida.

Etapa 1: ampliar a queixa apresentada

Dr. MINUCHIN: Por que vieram até a clínica? Qual é o problema?

AVÓ: No que me diz respeito, espero que isso vá ajudar minha filha, Sheila, a ver as coisas com um olhar diferente. Sabe, nem todo mundo jogou a toalha no que diz respeito a ela, que ela possa ter Kamisha de volta e ser mais positiva na sua vida. E para Kamisha ver que sua mãe se importa com ela. O papel que estou desempenhando é muito difícil. Causo ressentimento a minha filha porque esse é o papel dela. Quero dizer que não há nada de errado com ela. Ela não usa drogas, não é alcoólatra, não é doente mental. Ela criou essa menina. Deixe-me voltar para onde eu deveria estar.

Dr. MINUCHIN: Se você fosse capaz de fazer um quadro sobre como a família deve funcionar, seria de que Kamisha deveria estar com sua mãe?

AVÓ: Certo. E eu sempre teria um espaço para Kamisha na medida do possível. Sempre teria minha porta aberta se Kamisha quiser, e mesmo se minha filha quiser. Mas Sheila não percebe a inquietação e o impacto que essa situação está causando em mim. Às vezes, é demais para mim.

As afirmações iniciais da avó criam uma identificação entre ela e eu: concordo com ela. Sua posição é clara, e ela tem uma energia que eu gosto. Espero poder usar sua angústia e raiva em benefício de uma organização familiar mais complexa e útil. Ao mesmo tempo, dedico atenção ao modo como retratou sua filha: não há nuances em sua descrição. Sua filha tem problemas. Sinto que sua descrição é fruto de anos de desapontamento e está agora escrita em concreto.

AVÓ: Kamisha tomou essa decisão, de manter o bebê, e nós iremos lidar com isso. Mas, definitivamente, não era algo de que ela necessita. Kamisha não percebe que ela não é a mesma que era antes. Ela pensa: "Bem, não há nada errado, apenas estou grávida". Mas a sua vida inteira está prestes a mudar. Já passei por isso e já fiz isso, e é uma mudança tão abrupta em sua vida, e as coisas acontecem tão depressa que você nem mesmo consegue acompanhar. Você vai ter dias em que apenas vai pegar seu bebê e chorar. E espere só até algumas garotas dizerem "Jim me disse que não é filho dele". Espere até ouvir algo assim, e você vai ver que isso é como uma bofetada. Há muitas coisas que você vai ter que suportar.

Sinto que entendo Sara, uma mulher inteligente e forte que sobreviveu às ruas e obteve conhecimento de seus perigos e da exploração das mulheres pelos homens. Ela quer utilizar sua sabedoria para criar uma bolha protetora sobre a vida de sua neta – um impulso maravilhoso e perigoso.

Dr. MINUCHIN: Kamisha? Eu gostaria de saber o que você pensa sobre o que sua avó disse.

AVÓ: Ok, vá em frente, Kamisha.

Ainda que a avó queira desistir de seu papel de "mãe-de-segunda-viagem", ela está claramente habituada a ser quem dita as regras.

KAMISHA: Não é que eu não pense sobre isso, mas tento não pensar. Tudo que você e mamãe fazem é jogar isso na minha cara. Basicamente eu não devia ser tão ligada ao Jim, assim, eu não deveria esperar por uma vida boa com ele, porque ele vai fazer a mesma coisa que todos os outros caras fizeram, e isso me magoa.

AVÓ: Eu conheço a vida, Kamisha. Estou por aí há 52 anos. Conheço os homens. E temo que você espere demais disso e que você não saiba reagir se Jim decepcionar você.

Dr. MINUCHIN: Eu ouço sua dor e vejo que você está trabalhando 24 horas por dia. (*Viro para Sheila.*) Sheila, pode falar com Kamisha?

Neste ponto, tenho dois pacientes identificados: Sheila, a mãe irresponsável, e Kamisha, a adolescente grávida. Ao longo da sessão, tentarei expandir a definição de cada uma delas. Ao mesmo tempo, estou tentando aumentar a proximidade entre Kamisha e Sheila, sem alienar Sara.

SHEILA: Bem, já que você está dizendo que estou jogando na sua cara essas coisas sobre Jim, não se trata de que estamos jogando na sua cara. Isso é a realidade. E com respeito a como ele vai lidar com você quando ele vier para casa, eu realmente não sei.

Dr. MINUCHIN: Você o conhece?

SHEILA: Não. E para ser honesta com você, não acho que Kamisha o conheça realmente.

AVÓ: Kamisha o conhece, mas Kamisha não o *conhece*. Agora Kamisha está aprendendo sobre ele de uma forma séria, porque está grávida.

SHEILA (*para Kamisha*): Minha vida é você. Tenho só 15 anos a mais, ainda batalhando, tentando me refazer. E é isso o que mamãe está dizendo. O caminho que você decidiu seguir é realmente difícil de abandonar, especialmente com um cara sobre quem você não sabe muito, e de quem você não conhece as intenções.

Dr. MINUCHIN: Kamisha, você tem sua avó e sua mãe dizendo como as coisas deveriam ser. É demais? Elas compreendem?

KAMISHA: Não sinto que eu seja como minha mãe. Sou eu mesma. Somos parecidas, mas eu não sou ela. Vemos as coisas de forma diferente.

Dr. MINUCHIN: Gosto do modo como você falou. Ajude-a a entender, porque pais frequentemente veem seus filhos como uma continuação de si mesmos. Você é capaz de falar com sua mãe e dizer a ela de que forma você é você mesma?

KAMISHA: Não.

Dr. MINUCHIN: Você é capaz de falar com sua avó para ajudá-la a saber quem você é?

KAMISHA: Sim.

AVÓ: Falo para Kamisha sobre ser determinada, ser capaz de andar com suas próprias pernas e aceitar a responsabilidade do que ela fez. Não quero que aconteça com Kamisha a mesma coisa que aconteceu com a mãe dela. Não quero que em seis ou sete anos o DSS[1] venha dizer a Kamisha, basicamente, "você não é competente, você não consegue cuidar de seus próprios filhos".

> Apesar da narrativa concentrar-se na gravidez de Kamisha, outro subtema está aparecendo: a coalizão da avó e de Kamisha contra a mãe. Vejo isso como um subsistema destrutivo, porque bloqueia as possibilidades da mãe como cuidadora e curadora na família.

Etapa 2: destacar o problema – interações mantenedoras

Dr. MINUCHIN: Deixe-me perguntar a Sheila... Ouvi sua mãe. Ela parece uma pessoa extremamente responsável e toma em seus ombros o peso do mundo. Ela sempre foi assim?

SHEILA: Hum-hum.

Dr. MINUCHIN: Quando você era uma criança, ela era assim?

SHEILA: Sim.

Dr. MINUCHIN: Isso era algo proveitoso, ou se tornou um problema mais tarde?

SHEILA: Parece que se tornou um problema mais adiante.

AVÓ: Em certa medida, Sheila se perdeu. Ela era o bebê e coloquei muita responsabilidade em sua irmã. Mas quando Sheila teve Kamisha, ela tinha 16 anos. Sheila deixou a família. Naquele ponto, eu não podia fazer nada com Sheila, porque ela tinha seu bebê. O pai de seu filho e ela buscaram apoio na família dele. A mesma coisa que com Kamisha. Estou dizendo a Kamisha agora: se você quer ir à escola e fazer a coisa certa por você mesma, vou ajudar tanto quanto eu posso. Mas se você, assim que tiver esse bebê, vai ficar dormindo na casa do Jim, fazendo de conta que é adulta, só há um adulto em minha casa, e sou eu. Não vou perder um tempão para Kamisha decidir se quer seguir o caminho certo, porque sei que o meu caminho é o certo. Pode ser o meu caminho, mas é o certo.

> Tenho três opções nesse ponto: um, ficar em silêncio; dois, lidar com a sentença da avó do "caminho certo"; três, unir-me a ela e enfatizar o custo de sua postura protetora. A estratégia geral que guia os movimentos no processo de acessar as famílias é uma investigação de alternativas para a organização disfuncional: há espaço para a mãe como uma cuidadora? Opto, então, por apoiar a responsabilidade da avó (primeiro dando o afago), esperando para desafiar seu controle mais tarde (depois o pontapé).

Dr. MINUCHIN: Como é que você se tornou tão responsável? O que aconteceu em sua vida que fez com que você tome para si toda a preocupação do mundo?

AVÓ: Quando eu estava crescendo, minha mãe era muito irresponsável. Minha mãe era alcoólatra. Meu pai era basicamente um pai responsável. Disse isso a meu pai antes de ele morrer. "Se você tivesse deixado minha mãe há um bom tempo atrás, talvez isso tivesse tornado ela uma mulher melhor e ela tivesse andado com suas próprias pernas."

Dr. MINUCHIN: Então, na sua casa, quando criança, você tomava conta da família?

AVÓ: Ah, sim, tomava conta de mim mesma e de tudo.

Dr. MINUCHIN (*para Kamisha*): Sua avó e sua mãe sabem que os prazeres de ter um filho são acompanhados de muito trabalho. E você ainda não sabe disso. Você tem um namorado. Ele vive com os pais?

KAMISHA: Ele vive com a mãe.

Dr. MINUCHIN: Ela parece um pouco com sua avó? Ou ela é bem diferente?

KAMISHA: Ela é diferente de minha avó. Ninguém pode tomar o lugar de minha avó.

Dr. MINUCHIN: Você às vezes sente que ela é muito rígida nas suas visões?

KAMISHA: Não.

Dr. MINUCHIN: Por que você foi morar com sua avó? Quem lhe disse que precisava fazer isso?

KAMISHA: O DSS.

Dr. MINUCHIN: Por que eles acharam isso? Por que eles entraram na família e tomaram decisões?

KAMISHA: Porque minha mãe era uma pessoa muito sociável. E quando ela colocou seus amigos para fora de casa, eles fizeram uma denúncia* contra ela.

SHEILA: Eu havia colocado o pai dela na Justiça para conseguir uma pensão alimentícia. E quando fiz isso, ele e a família dele planejaram tirar Kamisha de mim. Uma vez, eu fui até a loja na esquina e, quando voltei, a Polícia estava em minha casa porque Kamisha havia atendido o telefone e eles haviam perguntado "Onde está sua mãe?". E eu estava vindo com o pão.

Eu era uma jovem mãe. Estava trabalhando. Então, às vezes, das 3h30min às 5h, quando eu ia para casa, Kamisha costumava ter que ficar em casa sozinha. O pai dela não me ajudava, então eu tinha que trabalhar por minha conta. O que aconteceu foi que, quando o Estado foi envolvido na questão, minha mãe quase ao natural assumiu a guarda dela.

Já que o Departamento de Serviços Sociais e a Justiça determinam qual é a forma correta de agir de uma família, há um decreto oficial que guia as

---

* N. do T.: No original: *"They filed a 51-A against her"*.

transações de seus membros. Há uma diluição do poder parental, e os cuidadores tomam o poder parental e ditam o que é certo². Sheila era rotulada como negligente, e três anos depois ela ainda carrega esse rótulo. Contra seu objetivo explícito, o Departamento de Serviço Social havia criado uma separação permanente entre a filha e sua mãe.

AVÓ: Mesmo que o DSS diga que ela não deve ficar em volta da filha, eu ainda a empurrei e disse: "Veja, não dou a mínima para o que o DSS diz, essa é sua filha. E você irá assumir sua responsabilidade".

Dr. MINUCHIN: Você é sábia.

AVÓ: Eu disse "Não me importo". E eu lutei com ela com unhas e dentes. Eu ia até sua casa. Eu expulsava seus amigos aos gritos. Porque eu dizia: "Essa é sua filha. Eu não me importo com o que essas pessoas lhe dizem". E você sabe, ao ponto em que ela finalmente aceitou. "Minha mãe não vai me liberar."

Dr. MINUCHIN: Sheila agora está chorando, e eu gostaria de saber por que ela está chorando.

SHEILA: Não é assim que sinto, mãe.

AVÓ: Mas é como você age. Sabe, você falhou com sua filha, ok? Lide com isso. Não é a pior coisa do mundo. Não é como se você tivesse matado sua filha. Você não colocou a menina numa banheira e queimou. Você não queimou a menina com cigarros. Você se atrapalhou. Acontece com todo mundo. Aceite. Traga sua filha de volta. Você deve isso à sua filha.

SHEILA: Você não pode dizer que eu nunca fiz isso.

AVÓ: Você deve continuar fazendo. Você deixa ela crescer longe de você. Eu lhe disse isso há três anos atrás. Você deixa que ela forme suas próprias opiniões. Você deixa que ela pense que você não se importa. Você quer seus amigos, você quer sua própria vida.

Os diálogos entre Sara e Sheila durante a sessão eram notavelmente consistentes. Sara disse à sua filha que ela havia fracassado na vida, que ela tinha decepcionado sua mãe e sua filha. Ela disse que Sheila precisava ser responsável, mas que sabia que ela falharia nesse esforço também. As respostas de Sheila são tentativas desamparadas e desesperançadas de agradar à mãe.

Dr. MINUCHIN: Sheila, você às vezes acha que sua mãe pensa que você é uma garotinha?

SHEILA: Às vezes.

Dr. MINUCHIN: E então isso é difícil porque ela fala com você como com uma garotinha.

SHEILA: Sim, às vezes.

Dr. MINUCHIN: Eu gostaria agora de parar por meia hora e depois encontrar com vocês três. Estou começando a entender, um pouco. Talvez possamos pensar juntos para encontrar alternativas.

Todos apertamos as mãos e saímos.

Quando a sessão termina, sinto-me confortável com a família. Eu me uni e apoiei as três mulheres e sinto-me especialmente conectado com Sara, com seu senso de responsabilidade e com sua dor. Ao mesmo tempo, estou desconfiado de minha habilidade de ajudá-la a aceitar Sheila como uma mulher adulta responsável.

SEGUNDA SESSÃO

Usualmente a terceira etapa explora a influência da infância dos pais nas suas transações rígidas com os filhos. Nesse caso, estou trabalhando com três, quase quatro gerações. Então, amplio o modelo e exploro o passado das três mulheres.

Etapa 3: investigar o passado com foco na estrutura

Dr. MINUCHIN (*para a avó*): Percebi que você é responsável, que você é forte e que está cansada. Uma das coisas que quero saber é algo sobre o seu crescimento. Porque, sabe, as crianças, enquanto crescem, recebem de seus pais óculos especiais. Algumas crianças, quando crescem se tornam atletas como Tiger Woods*. Algumas crianças se tornam demasiado responsáveis, como você. Quero saber como você desenvolveu esses óculos.

É mais fácil aceitar a metáfora de ver o mundo através de óculos especiais (ou lentes) do que dizer que seu caráter é de certo modo estreito ou limitado. Ademais, a sugestão de que alguém lhe deu esses óculos torna fácil pensar sobre quem o influenciou e como se era durante o crescimento.

AVÓ: Acho que é por causa do tipo de pessoa que minha mãe era que me tornei do jeito que sou. Penso que em alguns casos sou grata a ela por isso. Por causa do jeito que o mundo é atualmente; outras vezes, penso que realmente é um papel difícil que tenho a desempenhar porque ela não fez seu trabalho como mãe. Meu pai era músico de jazz. Ele fazia isso para viver. Quando ele morreu, possuía duas casas. Acho que ele fez o bem por si mesmo. E minha mãe era garçonete no clube.

Dr. MINUCHIN: Você disse que sua mãe costumava beber?

AVÓ: Sim, ela bebia muito. Não, ela era alcoólatra. Quero dizer que quando ela, no começo, ela bebia muito, e então com os anos ela se tornou uma alcoólatra. Uma dona-de-casa alcoólatra, isso é o que a minha mãe era.

Dr. MINUCHIN: Ela se metia em situações nas quais precisava ir para o hospital com sintomas de abstinência?

---

* N. de T. Tiger Woods é o maior jogador de golfe do mundo na atualidade, em 2008.

AVÓ: Oh, sim, certamente. Era muito traumático, porque meus irmãos meio que aceitavam – Bem, você sabe que mamãe bebe – mas eu nunca pude aceitar. Eu sempre senti, bem, você é um alcoólatra, mas você pode receber ajuda. Minha mãe teve uma infância difícil. Saiu de casa muito pequena. Foi colocada em uma família, como um tipo de babá. Penso que minha mãe passou por branca por um longo tempo, porque ela tinha a pele muito clara. Ela parecia ser branca.

Dr. MINUCHIN: Como sua mãe lhe tornou responsável pelos cuidados da casa?

AVÓ: Ela simplesmente não fazia as coisas, e então eu tinha que fazer.

Dr. MINUCHIN: Então, você cresceu numa caixa. Sem muita liberdade, hum?

AVÓ: Não.

Dr. MINUCHIN: Você ainda está na mesma caixa?

AVÓ: Sinto-me assim às vezes, sim.

Introduzo outra metáfora concreta – uma caixa – que irei repetir ao longo dessa sessão até que se torne parte da linguagem da família. Poderá então ser incorporada por qualquer membro da família e agir como uma descrição e um desafio às suas transações.

Dr. MINUCHIN: Quando você começou a se rebelar contra ela? Alguma vez você fez isso?

AVÓ: Não acho que eu tenha saído dessa caixa algum dia. Casei com 16 anos.

Dr. MINUCHIN: E você não sabia o que estava fazendo?

AVÓ: Não. Acho que tinha uma ideia do que queria fazer, mas não penso que meu marido tivesse alguma noção da responsabilidade de ser um marido e um pai, e todas essas coisas. Não.

Dr. MINUCHIN: Você o ensinou?

AVÓ: Ele não ficou por perto tempo suficiente. Porque depois de me casar, depois de ter Juno, logo depois, eu tive ela, fiquei grávida de novo e tive outro bebê. Então, quando eu tinha 17 anos, tinha dois bebês e estava na previdência social.

Dr. MINUCHIN: Que idade você tinha quando Sheila nasceu?

AVÓ: Estava chegando aos 20.

Dr. MINUCHIN: Vejo você em uma caixa muito apertada. E tenho a sensação de que é porque você sempre coloca os outros em primeiro lugar.

AVÓ: A família, eu faço isso.

Dr. MINUCHIN: E você nunca escapou?

AVÓ: Disso, não. Por isso é que continuo me esforçando e tolerando coisas que não deveria. Acho que de certo modo isso é bom, mas por outro lado não é saudável.

Dr. MINUCHIN: É cansativo, querida. Você é uma pessoa cansada. Posso falar com Sheila?

AVÓ: Hum-hum.

Dr. MINUCHIN: Sheila, você está observando como as pessoas crescem e como elas desenvolvem vendas nos olhos? Vejo sua mãe usando vendas. Sua mãe foi treinada para ver sua responsabilidade pelos outros, antes de sua responsabilidade para consigo mesma. Então, acho que está deprimida, ela está cansada. Às vezes, ela fica exausta e odeia isso, e mesmo assim sente que precisa cuidar. Como foi que você colocou em sua mãe a responsabilidade de ser a mãe de sua filha?

SHEILA: Bem, eu não sou essa pessoa. Quando era criança e estava crescendo, sei que minha mãe me amava, mas me sentia um pouco diferente de minha irmã e, por isso, muitas vezes, eu realmente não sabia como lidar com as coisas.

Dr. MINUCHIN: De que forma?

SHEILA: Eu parecia ser diferente de minha família, e era sempre discriminada. Eles costumavam caçoar de mim porque eu tinha a pele mais escura.

Dr. MINUCHIN: E isso tornava você feia?

AVÓ: Posso dizer algo?

Dr. MINUCHIN: Não, porque é importante para Sheila falar com sua voz e para você ouvir o que ela pensa.

SHEILA: Só ouvir coisas sobre mim, negra, feia e má, como que tomou conta de mim.

Dr. MINUCHIN: Como assim? Como tomou conta?

Olho para Sheila, que é uma mulher jovem e bonita, vestida com elegância, com um penteado bem feito, e penso sobre o poder dos preconceitos. De maneira fugaz, penso sobre minha infância como judeu em um ambiente antissemita, e seus efeitos em minha identidade. Como um homem branco, eu sei que não posso explorar essa área nesse momento. Sheila conta como seu pai era violento e abusava de Sara, e como ela sentia que sua mãe pensava que por ela ser filha dele, iria se tornar como ele.

SHEILA: Eu apenas me acostumei a fazer coisas más. Eu sofria muito.

Dr. MINUCHIN: Quem você tentava ferir? Sua irmã? Sua mãe?

SHEILA: Imagino que em certo sentido eu estava tentando ferir minha mãe. Mas provavelmente, no final das contas, acabava ferindo a mim mesma.

Dr. MINUCHIN (*para a avó*): O que você pensa sobre a necessidade dela de se rebelar contra o fato de ser a ovelha negra da família?

AVÓ: Para ser honesta com você, todos esses sentimentos que ela tinha, eu nunca tive consciência dessas coisas. Essa coisa de cor, de seu sentimento por ter a pele mais escura que sua irmã, isso é uma rivalidade entre irmãs. Não tinha nada a ver comigo.

SHEILA: Você sabe que minha avó costumava me tratar diferente. Quando eu costumava ir à casa dela, ela me chamava de assombração preta. Você sabe do que estou falando? Uma assombração preta. Até minha irmã me dizia isso. Eu começava a chorar na hora. Mãe, como você pode dizer que não sabia disso?

AVÓ: Eu não sabia dessas coisas, Sheila. Juro por Deus! Eu não sabia que você tinha uma questão com sua cor, e que você tinha qualquer pendência sobre sua cor.

Parece plausível que Sara soubesse que sua mãe rejeitava Sheila por causa da cor da pele, mas isso se tornou parte da história não falada da família.

Dr. MINUCHIN: Sheila, sua mãe é agora a mãe de sua filha. Ela falou algo sobre querer que você reassuma Kamisha. Você acha que ela a deixará voltar?

Estou desafiando a rotulação de Sheila rejeitar Kamisha, e introduzindo a ideia de que a avó mantém ativamente Kamisha amarrada a ela.

SHEILA: Eu não sei. Ela não confia em mim.

Dr. MINUCHIN: Kamisha, deixe-me passar para você agora.

KAMISHA: Estou escrevendo um livro sobre minha vida. Comecei escrevendo sobre quando eu estava no programa para gravidez adolescente, três meses atrás.

Dr. MINUCHIN: Você tem uma audiência aqui. Fale-nos sobre seu livro.

KAMISHA: Bem, o primeiro capítulo é sobre mim. Quando eu nasci. Quanto eu pesava. Encontrei a informação na casa de mamãe. Encontrei meu bracelete. E eu falo um pouco sobre meus pais. E então, o segundo capítulo é sobre como papai abusava de você (*para a mãe*). E como ele tratava você como um lixo, como se você fosse nada. E como ele tinha muitas outras garotas e como vocês costumavam brigar. Como ele costumava bater em você e tudo isso. Há uma cena, em um momento em que esperavam que eu estivesse arrumando meu cabelo, e vocês estavam na varanda, e eu subi as escadas para apanhar uma escova, e, quando olhei para a varanda, vocês estavam brigando, fiquei tão apavorada. E eu e minha prima corremos para o quarto de meu avô.

Eu odiava meu pai. E lembro de uma vez, quando ele bateu em você com o carrinho de bebê. E então escrevi um capítulo sobre você e sobre como sinto que nos afastamos porque você tem amigos demais, e eu não gosto de seus amigos. Não é porque eu não quero que você seja feliz, é apenas porque eu não gosto de seus amigos.

SHEILA: Bem, é por isso que parece que você me afasta cada vez que eu tento falar com você. Nós só nos confrontamos. BUTT HEADS.

KAMISHA: Acho que não posso confiar em você. Não pude contar para você que, quando comecei a ir para a casa de nosso avô, Isaiah costumava tocar em mim. Eu nunca soube como contar para alguém, porque nunca pensei que era algo errado, porque ele era meu tio, e nunca pensei que ele podia me magoar.

A história de Kamisha parece carregar o mesmo enredo da de sua avó e de sua mãe: três gerações de mulheres fortes que foram abusadas por homens irresponsáveis. Claramente, esse é um tema importante para nossa sociedade. Para mim, como um consultor desta família, a tarefa é simples: como ajudar estas mulheres, de quem aprendi a gostar, a usar umas às outras no desenvolvimento de uma organização familiar mais harmoniosa e saudável.

Dr. MINUCHIN: Você quer que sua mãe lhe diga como se sente sobre sua história?

SHEILA: Kamisha, eu me importo muito com você. Apenas não quero ver acontecer com você as mesmas coisas que aconteceram comigo. Mas muitas vezes você diz coisas que ferem meus sentimentos. Você me diz que eu não sou boa. E sendo assim, por que quero ficar em volta de você quando você me desrespeita totalmente? Eu gostaria que tentássemos trabalhar essas coisas. Tentar estar lá e ajudar você com o bebê. Mas, como eu disse, não vai funcionar se cada vez que eu tentar e ajudar, você vomitar isso em minha face, o que aconteceu. Isso não é justo.

Dr. MINUCHIN (*para a avó*): Eu estava ouvindo o diálogo entre sua filha e sua neta. Apenas quero lhe dizer como isso foi maravilhoso – o seu silêncio.

AVÓ: Entendo o que elas estão dizendo. Entendo como minha neta se sente em relação às coisas que a mãe dela faz. E também entendo como minha filha sente o desrespeito, o modo como minha neta fala com ela. Eu fico como que presa no meio. Não sei o que fazer a respeito disso.

Dr. MINUCHIN: Ok. Primeiro deixe-me dizer a todas vocês como é agradável estar com vocês. Vocês são pessoas muito interessantes. E penso (*para Sheila*) que sua conversa com sua filha foi importante. Porque acho que essa velha senhora precisa descansar. Estou com 83, então posso dizer que você é uma velha senhora, ok? Vocês duas precisam resolver seus problemas por si mesmas, sem envolver Kamisha.

AVÓ: Recuo o tempo todo, e então elas acabam em grandes brigas, e Kamisha volta correndo para mim. Recuo. Faço esse movimento. Mas veja, legalmente, eu tenho que intervir.

Dr. MINUCHIN: Legalmente é uma coisa, mas emocionalmente é algo diferente. Você não pode permitir que elas (*apontando para Kamisha e Sheila*) crucifiquem você. (*Abro meus braços indicando como cada uma está puxando ela.*)

AVÓ: E eu não quero ficar desse jeito.

Dr. MINUCHIN: Você não sabe como se proteger. Você não sabe como deixar de ser responsável.

Estabeleci uma coalizão com a avó contra Sheila e Kamisha.

AVÓ: Sinto que minha filha sabe disso e que é por isso que ela assume o papel em que ela está. É o papel que estive representando, é o papel em que as pessoas me colocaram.

Dr. MINUCHIN (*para a avó*): Mas você precisa de ajuda.

KAMISHA: Sinto que ela vai ter alguma responsabilidade sobre o meu bebê, mas não toda. Vou estar lá. Não vou fugir pelas ruas como costumava fazer.

Dr. MINUCHIN (*para Kamisha*): Penso que você é uma pessoa adorável. Mas você realmente não sabe como um bebê é difícil. Quando você se torna mãe, passa a ser mãe para toda a vida.

KAMISHA: Sei que vai ser difícil. Mas sei que não vai ficar tudo sob responsabilidade da minha vó.

AVÓ: Já disse para minha filha que não posso mais tomar conta disso, que esse é o meu maior problema com ela. Porque estou em uma situação de risco. E se algo der errado, se eu coloco a responsabilidade nela e as coisas não vão bem, estarei encrencada.

Dr. MINUCHIN: Há alguma forma de sair dessa caixa? Eu a vejo em uma caixa que é muito estressante. E acho que você não sabe como dizer "Eu estou exausta".

AVÓ: Eu disse isso. É que as pessoas ao meu redor não me ouvem.

Etapa 4: descobrir/cocriar formas alternativas das relações

Durante a hora anterior, os membros da família estiveram andando em círculos. Parecem estar de acordo de que precisam da ajuda umas das outras, mas então os padrões da família reafirmam a si mesmos. A avó insiste que Sheila é incompetente. Sheila diz que sua mãe não confia nela, e Kamisha exige que sua mãe cresça antes de aceitar sua ajuda.

É como se Sara e Sheila ainda estivessem presas na antiga batalha de dependência; enquanto sua proximidade disfuncional as mantiver repetindo um ciclo de recriminação mútua, Sheila não será capaz de explorar totalmente novas habilidades de competência. Kamisha está em uma coalizão com sua avó no seu desrespeito para com Sheila como um adulto e como sua mãe.

Dr. MINUCHIN: Como você gostaria que a situação fosse? Vou perguntar a vocês três. Se vocês precisassem definir a forma de uma família, como seria essa forma?

AVÓ: Eu levaria Kamisha de volta para a casa de sua mãe. E se Sheila precisasse de auxílio e eu pudesse ajudar, eu faria isso. Gostaria de estar lá financeiramente, o tipo de vó, sabe, "Mãe, eu preciso disso, você pode me ajudar com aquilo". Está bem, se eu posso, eu faço. Mas não quero ser a mãe de minha neta. Eu não quero ser isso.

Dr. MINUCHIN: Ok. Está bem. (*para Kamisha*) Como você desenharia essa família? É uma família que precisa adotar uma nova forma agora e terá uma nova forma porque seu bebê fará parte dela. Como ela seria?

KAMISHA: Eu gostaria de voltar a morar com minha mãe. Mas não quero me mudar agora. Quero que seja eu, minha mãe e meu bebê. Não quero que seja eu, minha mãe, meu bebê, seus amigos e seu namorado.

Dr. MINUCHIN (*para Sheila*): Na melhor das possibilidades, como você pensa que as coisas deveriam ser?

SHEILA: Eu gostaria de ter minha filha de volta em casa.

Dr. MINUCHIN: Então, vocês três veem o futuro da família mais ou menos da mesma forma. A situação ideal deveria ser ter a sua filha com você, Sheila, e você, Sara, como alguém que ajuda. Vocês acham que, nesse ponto, isso poderia acontecer?

> Ainda que Kamisha tente minar a prerrogativa adulta de sua mãe ter o namorado morando com ela se assim o quiser, destaco o aspecto de sua conversa que apoia o objetivo de uma organização familiar mais completa. Estou claramente impondo minhas prioridades, e os membros da família resistem às minhas posições.

AVÓ: Não.

Dr. MINUCHIN: O que iria interferir?

AVÓ: O estilo de vida de minha filha.

Dr. MINUCHIN: Então você acha que ela precisa mudar?

AVÓ: Só acho que ela deixa tanto tempo se perder, que Kamisha está totalmente prejudicada.

Dr. MINUCHIN: Mas você está criando uma caixa feita de cimento, você sabe disso? Você está criando uma situação em que você estará naquela caixa.

AVÓ: Não estou tentando prender minha neta. Você pediu minha opinião pessoal, e estou dando para você ver como eu vejo o quadro.

> Outra volta no mesmo círculo. Entretanto, estou introduzindo um novo elemento: desafio a vó em seu próprio benefício.

Dr. MINUCHIN: Mas eu quero ajudar você, porque acho que você não é cuidadosa consigo mesma. E a questão é que você sabe que está estressada e precisa de ajuda.

SHEILA: Bem, só acho que basicamente você (*para sua mãe*) colocou na cabeça de Kamisha que ela não deve voltar para casa.

> Sheila responde ao meu apoio desafiando sua mãe diretamente.

AVÓ: Não, acho que Kamisha tem as suas próprias ideias. Kamisha está sentada bem ali, Kamisha pode dizer para você, nunca coloquei na cabeça dela que não deve voltar para casa.

SHEILA: Eu nunca disse que você tentou colocar na cabeça dela. Eu só acho que é assim que as coisas funcionam. Penso que desde que o DSS afastou Kamisha de mim, você mesma chegou a me dizer: "Você nunca a terá de volta".

AVÓ: Porque você nunca tentou.

SHEILA: Eu nunca tentei, mãe? Isso não é verdade. A questão aqui é que você tinha seus pontos de vista sobre o que você achava que eu devia fazer. O Estado tinha seus pontos de vista sobre o que eu devia fazer. Fiz o que o Estado dizia.

AVÓ: Bem, Sheila, é por isso que eles a tomaram, ok?

Outra volta em torno do mesmo círculo, mas agora incluía o Departamento de Serviços Sociais. Milhares de crianças no sistema de lares substitutos são mantidas neste tipo de círculo destrutivo.

AVÓ: Não estou dizendo que ela não pode ficar com Kamisha. A questão é se Kamisha quer ir?

A avó está sugerindo para a neta que ela deveria se rebelar contra sua mãe e ficar com a avó.

Dr. MINUCHIN: Estou preocupado com você. Você não apenas é responsável, mas também é teimosa.

AVÓ: Não, não estou sendo teimosa. Continuo tentando dar Kamisha de volta para ela.

SHEILA: Você não está tentando. Você continua sem nem considerar que eu tenha feito algo para ter minha filha de volta. Foi isso que você colocou na cabeça dela. E é por isso que ela sente que eu nunca tentei tê-la de volta. E isso não é verdade.

AVÓ: Você nega a realidade.

SHEILA: Como nego, mãe? Nego o quê?

AVÓ: Quero dizer que seu estilo de vida é um lixo. Você precisa mudar, ok, e pegar sua filha de volta.

Outra volta no círculo. Fico de fora da dança delas, mas insisto várias vezes que a avó precisa de ajuda, que ela está cansada, que ela pode quebrar. Essa é uma intervenção que aumenta de intensidade pela repetição. Contudo, também leva o foco para longe da irresponsabilidade de Sheila, em direção das necessidades da avó.

SHEILA: A questão é, de novo, que até você achar que estou pronta, nunca terei Kamisha de volta.

Dr. MINUCHIN (*para o terapeuta*): Nós temos aqui uma família adorável mas muito destrutiva. E elas precisam de ajuda. Sheila está certa. (*para Sheila*) Penso que sua mãe se tornou muito a mãe da sua filha. E que isso é algo que ela fez porque ela se sente bem com isso. E ao mesmo tempo, isso fez sua filha se distanciar um pouco de você. Não penso que vai ser fácil você ter a sua filha de volta. Então, a pergunta é: como isso pode acontecer? Como isso poderia ser resolvido?

KAMISHA: Entendo o que você está dizendo, mas sinto que basicamente o que o DSS pediu para minha mãe foi que ela parasse de fumar maconha, conseguisse um emprego e tomasse conta de mim do ponto de vista financeiro. (*para a mãe*) Mas então você conseguiu um emprego e não me pegou de volta, você disse que eu não queria ficar com você.

Outra volta, mas dessa vez Kamisha e o DSS mantêm o padrão.

Dr. MINUCHIN: Pare, não há solução. Vocês estão paralisadas. (*para a avó*) Todo mundo sabe que elas podem tirar um pedaço do seu coração e que você estará lá. Elas sabem que você está disponível.

Sei a essas alturas que a família pode manter o mesmo padrão para sempre; então, insisto em focar as necessidades da avó.

AVÓ: Oh, eu sei disso. Todas elas se aproveitam de mim.

Dr. MINUCHIN: Você precisa de ajuda.

AVÓ: Sei que preciso de ajuda... Eu preciso de ajuda agora!

Dr. MINUCHIN: Certamente. (*para Sheila*) Ela não sabe que está esticada ao ponto de romper. Você deve ajudá-la. Sua vida familiar está uma bagunça. Ela está cuidando de sua filha. Ela precisa de ajuda.

AVÓ: Oh, eu sei. Eu rezo.

Dr. MINUCHIN: Eu também estou rezando. Rezo, Sheila, para que sua mãe aceite sua ajuda.

Estou repetindo meu mantra. A avó precisa de ajuda. Entretanto, agora adiciono um novo ingrediente: Sheila deveria e pode ser a curadora. Isso vai contra a ideologia da família, que insiste na incompetência e irresponsabilidade de Sheila.

AVÓ: Digo isso a ela o tempo todo.

Dr. MINUCHIN: Mas ela não acredita em você.

AVÓ: Ela não me viu deitada em uma cama ou em um hospital psiquiátrico, e então é isso que ela vai ver.

Dr. MINUCHIN: Ela pensa que você está dizendo a Kamisha que ela não vale nada.

AVÓ: Ela está mentindo. Sem chance.

Dr. MINUCHIN: É isso o que ela pensa.

AVÓ: Posso fazer uma pergunta?

Dr. MINUCHIN: Sim, querida.

AVÓ: Aos 52 anos, com a vida que tive, você me diz que eu quero passar o resto de minha vida tomando conta da filha de minha filha. Diga pra mim porque eu faria isso.

Dr. MINUCHIN: Porque você não é sábia. É por isso.

AVÓ: Isso não é assim. Eu quero que minha filha tenha sua filha de volta. Mas cada vez que eu fiz uma tentativa para que isso acontecesse – você deve saber, temos a justiça envolvida, temos o DSS envolvido...

Dr. MINUCHIN: A justiça e o DSS, eles não são bons.

AVÓ: Concordo totalmente com você quando diz que a única pessoa que pode me ajudar é a minha filha. Concordo totalmente com isso. Ela é a única pessoa que pode se apresentar e fazer o que se espera que ela faça na sua situação e me ajudar a sair desta caixa na qual estou.

Alguns leitores podem sentir que estou dirigindo os membros da família para um objetivo que escolhi sem lhes dar a chance de expressar suas reservas, e nisso estarão certos. O processo de acessar uma família (ao contrário de um diagnóstico) é uma exploração das possibilidades dessa família, das alternativas que membros seus podem ativar se as circunstâncias mudarem. Os últimos comentários da avó sugerem que um novo padrão pode emergir.

Dr. MINUCHIN: Maravilhoso! Temos um acordo. Agora, você vai deixar que ela lhe ajude? Sheila, ela precisa de você. Ela sempre tem mentido para você sobre poder fazer tudo. Isso não é verdade. Nesse ponto ela não pode. Ela precisa da sua ajuda.

AVÓ: Sim. Só quero que minha filha aceite seu conselho, e vou aceitar, porque acho que você está dizendo é verdade.

Todos apertam as mãos e saem.

CODA

Claro que a sessão não terminou da forma que parecia. Tivemos um breve acompanhamento. O terapeuta disse-me que a sessão seguinte explodiu com raiva em relação a ele. Contudo, na segunda semana, Kamisha mudou-se para a casa de Sheila, e um mês mais tarde elas estavam explorando como poderiam quebrar a caixa. Claro que esse acompanhamento é muito curto, mas com certeza o terapeuta fez bom uso das diretrizes da avaliação.

A caixa da qual essa família está tentando sair é algo complexo. Foi mantida pelos homens ocupando uma posição irresponsável em relação às mulheres na cultura da pobreza e pela intervenção míope dos profissionais cuidadores em favor das crianças. Eu tenho dúvidas sobre a sabedoria das forças políticas na reparação da espiral descendente dessa família.

ESTRUTURA TERAPÊUTICA

Organização da família

Nos Estados Unidos, a configuração trigeracional de famílias aparece com mais frequência na cultura da pobreza e tende a ser matriarcal. Muitas dessas famílias compõem-se de mulheres acostumadas com a intrusão e controle dos serviços de assistência social, enquanto seus homens estão em subempregos ou fogem das responsabilidades de criar os filhos que fizeram. Essa configuração familiar é, de fato, uma das formas mais comuns de organização familiar em todo o mundo. Ela aparece em culturas que desvalorizam as mulheres. A repressão às mulheres pode tomar a forma extrema do apedrejamento, ou simplesmente do ato de ignorar suas presenças por meio do uso obrigatório do *chador**. A organização de famílias matriarcais – famílias formadas pelas avós, suas filhas ou sobrinhas, e os filhos destas – é uma resposta econômica à necessidade de sobreviver com recursos financeiros insuficientes. É também o resultado de uma organização social que engendra mais responsabilidade e maiores habilidades de enfrentamento das dificuldades nas mulheres que nos homens.

Carência de habilidades, salários desmoralizantes, inconstância dos empregos urbanos, altas taxas de encarceramento, discriminação do empregador (quem atrai mais suspeitas que um jovem negro?) e, é claro, a armadilha da delinquência urbana, tudo isso conspira para tornar as famílias sem pai um artigo comum nas grandes cidades. Provavelmente, já lhe é familiar a evidência crescente de que filhos de famílias monoparentais encaram riscos agravados. As crianças podem superá-los e fazem isso o tempo todo, mas crescer na pobreza, tendo apenas um dos pais, duplica a desvantagem. Ainda que um pai forte e apoiador seja algo desejável, uma mãe e um pai juntos não são a única alternativa para uma família monoparental.

A família chefiada por três – ou quatro – gerações de mulheres pode ser um ambiente saudável, no qual as mulheres adultas constituem um recurso umas para as outras. Infelizmente, os trabalhadores dos serviços sociais tendem a ver essas famílias como disfuncionais, insistindo que o normal é a família nuclear, sem perceber que a tal família nuclear é um desenvolvimento relativamente novo na civilização ocidental.

Quando trabalha com famílias cujos membros foram enfraquecidos por sua longa relação com os serviços sociais, o terapeuta deve lembrar que eles devem ter sido restritos por definições limitadas do *self* e do *self* em relação, e ele ou ela deve explorar as possibilidades de formas alternativas de autodefinição e funcionamento com os outros. Com a família Wilson, desde o início, eu desafiei a visão do Departamento de Serviço Social sobre Sheila, que a definia como incompetente, e sua aliança com a avó na sua definição da filha.

Perspectivas individuais

Sheila, rotulada como negligente pelo sistema judiciário, teve uma história de discriminação pela própria família, por causa da pele mais escura. Por isso, sua rebeldia foi alimentada parcialmente pela sua amargura. É difícil conformar-se com a ordem estabelecida das coisas quando essa ordem lhe dá um chute no estômago. Em parte, ela rebelou-se pela mesma razão que a maioria do jovens o fazem – lutar contra a mãe. Contudo, sua transformação na ovelha negra da família também foi produto por busca de amor e

---

* N. de T. Manto que cobre o corpo inteiro das mulheres, prescrito nos países de domínio Taliban.

aceitação fora da família. Sheila gostaria de ter a sua filha de volta, mas para tanto deveria superar sua reputação junto ao Departamento de Serviços Sociais, a tendência de sua filha Kamisha de afastá-la e a falta de confiança da mãe nela. Ela precisaria de apoio.

Kamisha, aos 15 anos, via-se na iminência de se tornar uma mãe adolescente. Ela será presa em um conjunto conflitante de papéis, capaz de confundir praticamente qualquer pessoa. Ela será uma mãe, será uma filha, uma neta e, de algum modo, terá que desempenhar esses vários papéis sem permitir que um prejudique o outro. Como neta, ela terá de aprender como obter o apoio de Sara sem desrespeitar a mãe. Como filha, terá de aprender a confiar na mãe. Como mãe, precisará alcançar o equilíbrio entre obter apoio e não se esquivar de sua própria responsabilidade.

Sara, a avó, é vista por todo mundo como a fonte de nutrição e de tomada de decisões e ela não encontra alternativa para esse modo de ser. Queixa-se de estar sobrecarregada, mas tem problemas em deixar o controle. Você poderia dizer que sua filha Sheila deu-lhe boas razões para não confiar nela, mas a irresponsabilidade de Sheila e a perda de confiança de sua mãe são circulares. Pode ser difícil confiar em uma filha que é negligente para com a própria filha, mas é difícil agir de forma responsável quando as pessoas não confiam em você. De certa forma, as crianças nunca crescem realmente até que seus pais as apreciem e confiem nelas.

Estratégias de intervenção

O objetivo dessa consultoria era explorar a possibilidade de uma nova organização familiar, que incluiria Sheila como uma participante nos cuidados parentais de sua filha. Em vez de confrontar o controle matriarcal da avó, alinhei-me com ela e enfatizei o custo pessoal de reinar. O objetivo não era excluir a avó, mas estabelecer uma equipe. (O desafio estrutural para famílias monoparentais é o mesmo que para famílias biparentais: criar os filhos é uma tarefa de muita exigência para qualquer pessoa.) Para atingir esse fim, eu intervi apoiando Sheila e aquela parte da avó que desejava abandonar o papel de cuidadora. Como na peça de Pinter, ajudei a ampliar a capacidade de tomada de decisões de Sheila e aceitação da avó de seus próprios limites.

Técnicas

Na condição de um homem idoso, fui capaz de me aproximar e adotar uma postura protetora com Sara, tocando em seu braço, chamando-a de "minha querida", funcionando como um ancião para ela. Minha postura foi hierárquica, mas bondosa. Meus desafios eram envolvidos em humor e, como originados no senso comum, por isso, sábios. Utilizei muitas expressões de preocupação em relação à capacidade da avó continuar funcionando em excesso e, em muitas ocasiões, sugeri que ela precisava de ajuda. Essa repetição criou o tipo de intensidade necessária para ajudar famílias a quebrarem padrões de relacionamento de longa duração.

Um dos desafios neste caso – como em qualquer família com uma pessoa central poderosa – foi questionar o *status quo* sem alienar a pessoa que toma as decisões. Demonstrei respeito por Sara, a matriarca, mas sem ceder completamente a ela.

Frente a duas gerações em disputa entre si, como Sara e Sheila, um terapeuta pode ficar tentado a tomar partido, ou, temendo que isso aconteça, permanecer friamente não-comprometido. Neste caso, ajudei a vencer o impasse ao não aceitar o empate como era apresentado, mas, ao contrário, introduzindo novos elementos, ajudando as duas gerações a ver suas posições sob uma luz ligeiramente diferente que tornasse o acordo algo mais viável. Dessa forma, a avó não está apenas controlando, ela é "extremamente responsável" com "o peso do mundo sobre seus ombros". Ela não é apenas responsável, também é teimosa. Meu apoio para a filha adulta toma uma forma interessante: eu não a defendo, mas em vez disso dou a ela o espaço para defender a si mesma. Se ela não tivesse se defendido bem durante a sessão, mais apoio seria necessário. Aqui lhe concedo o respeito de deixá-la combater a sua própria batalha. Quando expus isso a ela, não era como um elogio paternalista, mas para dizer-lhe que sua mãe está cansada e precisa do seu apoio.

Sara e Sheila têm mais o que conversar. Muitas vezes, durante a sessão, o time atacante da avó e neta criticou o "estilo de vida" de Sheila. Algo do que elas referem pode de fato implicar irresponsabilidade, como fumar maconha excessivamente, mas outras coisas podem ser uma prerrogativa adulta, tal como escolher seus próprios amigos. Para Sheila e sua mãe estabelecerem uma relação de respeito mútuo, ambas terão que ter sua voz nesses e em muitos outros assuntos. O que se alcançou nesta sessão foi um início desse processo.

NOTAS

1 Departamento de Serviços Sociais.
2 Colapinto, J. 1995. Dilution of family process in Social Services: Implications for treatment of neglectful families. *Family Process*. 34: 59-74.

A família e o tratamento residencial da dependência de drogas | 11

Hesitei em incluir essas sessões com os McLaren porque acho que não fiz um bom trabalho com esta família, especialmente em meus desafios para a Sra. McLaren. Como muitos especialistas, eu queria apresentar meu melhor trabalho. Assim é a vaidade da velhice. Entretanto, depois pensei que talvez ver alguns enganos feitos por uma mão experiente pudesse ser algo útil para que estudantes e colegas não duvidem de sua própria quota de enganos.

Este capítulo e o anterior demonstram dois lados da dança terapêutica: (1) boa união *versus* união deficiente; (2) habilidade de trabalhar bem na proximidade *versus* perda de perspectiva e indução pela dinâmica da família.

Peter e David McLaren não eram exatamente o que você esperaria quando pensa em alguém que tem batalhado há anos contra a dependência de drogas. Concordei em encontrar ambos e seus pais, atendendo a um pedido do terapeuta que trata David na questão do abuso de substâncias. O terapeuta estava preocupado com a possível recaída do paciente, caso voltasse para casa – como já havia acontecido com ele e com o irmão muitas vezes –, embora David estivesse, atualmente, reagindo bem ao programa.

Estava me encontrando com a família em uma instituição para dependentes de drogas na Flórida, onde eu era consultor. Enquanto saudava a família na sala de espera, sabia que a audiência atrás do espelho era formada de terapeutas atuantes na questão de abuso de substâncias, os quais não se sentiam exatamente confortáveis em incluir a família nesse estágio da recuperação dos dependentes. Por outro lado, tanto David, nos seus 16 anos, quanto seu irmão Peter, que tinha 18 anos, pareciam perfeitamente tranquilos nessa situação. David veste uma camisa social azul e calças cáqui, e Peter usa um suéter cinza e calças de brim, e assemelham-se a uma dupla de estudantes apresentando-se para a entrevista de admissão à universidade. Seus pais, Mike e Allison, parecem um pouco menos confortáveis. Eles me saudaram formalmente e pareciam um pouco apreensivos sobre o que este encontro podia reservar.

Quando entramos na sala de consultas, o Sr. e a Sra. McLaren sentaram-se perto de mim. David sentou-se um pouco mais ao lado. Peter sentou-se no outro lado da sala.

Dr. MINUCHIN: Então, quem quer me falar sobre a família?
David e Peter trocaram olhares.
PETER: Eu imagino que David.

Etapa 1: ampliar a queixa apresentada

DAVID: Imagino que o princípio seja um bom lugar para começar. Desde que eu tinha 11 anos, Peter tem estado nesses programas. Meus pais trabalham muito. Eu ficava muito mais sozinho em casa, isolado por anos. Eu realmente não entendia o que estava acontecendo. Não era como se uma mudança radical tivesse acontecido, não tinha havido uma morte trágica na família, nenhum grande trauma. Era como se a maioria dos meus problemas viessem do que eu havia tramado na minha própria cabeça.

Dr. MINUCHIN: Seu diálogo interno?
DAVID: Sim.
PAI (*interrompendo*): Penso que você deve dizer ao doutor porque você precisa trabalhar... porque não sei se ele sabe.
DAVID: Sim, quando eu tinha mais ou menos 13 ou 14 anos me tornei dependente de drogas, e isso não ajudou em nada. Hum, eu comecei a usar drogas com Peter, e então começou um período em que ele ficava um pouco preso e um pouco em casa, dentro e fora.
Dr. MINUCHIN (*para Peter*): Você foi preso?
PETER: Ah, sim. Eu já estive em muitas cadeias e em muitos lugares.
Dr. MINUCHIN: Por quanto tempo você esteve preso?
PETER: Estive lá algumas vezes. Quando fiquei mais tempo foi por quatro meses e meio. Mas você se adapta bem rápido, sabe.
Dr. MINUCHIN: Eu não sei...
PETER: Eu me adaptei muito rápido àquilo... porque, sabe, é algo realmente estruturado. Tudo está agendado. Ter bastante tempo sozinho é bom para você, eu acho, e quando você está numa situação dessas, acho que você começa a usar sua mente de formas diferentes.

David e Peter apresentaram narrativas ensaiadas: claramente foram treinados na fábrica de monólogos que a terapia individual para dependentes de drogas produz. São discípulos intrapsíquicos: dois adultos jovens inteligentes utilizando uma linguagem New-Age para explicar uma vida que anda em círculos. Peter apresenta uma dureza que provavelmente lhe foi muito útil nas várias instituições em que esteve nos últimos quatro ou cinco anos. Ele me traz

à mente a imagem de Alex, o herói sociopata do filme Laranja Mecânica – o cara cheio de si e fanfarrão.
Dr. MINUCHIN (*para os pais*): Como foi isso para vocês?
PAI: Foi traumático.
MÃE: Foi traumático. A primeira vez, a segunda, a terceira vez...
PAI: E todas as outras vezes no meio. Foi muito traumático...
Dr. MINUCHIN: Eles falam como se fossem órfãos. Eles falam sobre si mesmos como se estivessem dentro das suas peles, por que eles fazem isso?
PAI: Tenho percebido isso nos últimos anos. Há um Eles e um Nós.
Dr. MINUCHIN: Eles estão vivendo com vocês, mas vocês não são parte deles. Como é que eles têm essa forma de ver a família? Para mim isso foi chocante.
MÃE: Bem, acho que é porque eles estão em recuperação, e parte do processo de recuperação é ir para dentro de si.

Esse é o meu primeiro desafio à doutrinação que essa família recebeu: que a dependência é um problema individual, a ser tratado individualmente, e que os pais não devem interferir. Ambos os pais apresentam uma visão confusa do fenômeno do estranhamento de seus filhos. Eles perceberam que ambos os filhos parecem desconectados deles, e esperam que o terapeuta explique por que as coisas são assim.

PETER: Surpreendi você porque estou me trabalhando?
Dr. MINUCHIN: Porque seus pais não fazem parte do processo de crescimento... na sua descrição.
PETER: Concordo com isso. Penso que desde bem pequeno, sabe, olhando para trás, tanto meu irmão quanto eu lidamos com nossas coisas. Quer fossem drogas, quer nos metêssemos em confusão, e naquela ocasião a família não estava funcionando bem, o que significa que, sabe, que dois garotos não permitiam a si mesmos ser cuidados pelos pais e não estavam aceitando a autoridade vinda das figuras parentais no seu processo de crescimento...
Dr. MINUCHIN: Pare, pare. Você fala como um psicólogo.

A linguagem de Peter mostra anos de doutrinação.

Dr. MINUCHIN (*para os pais*): Qual a sua resposta para a forma como Peter falou sobre vocês? Porque ele *está* falando de vocês.
PAI: Não pareceu algo incomum. Quero dizer que como ele refere... há um monte de "Eles e Nós". Tem sido desse jeito já há tempos.
Dr. MINUCHIN: "Eles e Nós" significa que vocês não têm poder.

Eu estava incomodado com o caráter despreocupado da resposta dos pais. Eu havia desafiado a família e as instituições que tratavam seus filhos como seres humanos descontextualizados. Eu achava que os pais haviam sido treinados para aceitar sua incapacidade de ajudar e pensava se po-

deria auxiliá-los a recuperar um senso de respeito próprio e competência. Talvez minha raiva com a instituição respingue no meu desafio aos pais.

PAI: Não estou certo de que seja algo ligado ao poder. Apenas quando eles falam sobre nós, eu noto que nós estamos "lá" – estamos fazendo nossas coisas e esses caras têm seu pequeno mundo girando. Não é surpreendente para nós, afinal.

Dr. MINUCHIN: Por que não é surpreendente?

PAI: Por causa de tudo que já passamos. Simplesmente com Peter estando fora de casa. Ele esteve fora por um ano em um programa quando tinha 14 anos, longe de nós, e David sem poder crescer junto com ele. Nós não queríamos que ele saísse de nossa casa. E aquilo realmente nos matou – ele era tão jovem... tão pequeno. Mas as circunstâncias eram tais que ele não podia permanecer em casa: ele era um perigo para David, não podíamos estar lá o tempo todo, e sentíamos que isso era a coisa responsável a fazer.

Dr. MINUCHIN: O que fez você sentir que não era um pai efetivo?

PAI: Eu diria que parei de ter influência provavelmente quando Peter tinha 13 anos – quando ele entrou no ensino médio. Eu ainda sentia que podia ser pai para David, mas que estava tendo muito pouco efeito em Peter. Na verdade, acho que tinha mais efeito em Peter que sua mãe tinha. Ele parecia excluir a mãe completamente.

Dr. MINUCHIN *(para a mãe)*: E quanto a você?

MÃE: Eu não sou efetiva. Peter era muito violento e tivemos muitos problemas de comportamento com ele. As drogas vieram mais tarde.

Dr. MINUCHIN: Que idade ele tinha quando se tornou violento?

MÃE: Eu diria que houve uma escalada de problemas de comportamento ao longo de sua infância – mas violento, eu diria que em torno dos 13 anos.

Dr. MINUCHIN: Com quem ele era violento?

Enquanto os pais falam sobre o comportamento de Peter como se fosse o produto de "demônios" internos, insisto em assinalar que seu comportamento era relacional: "com quem ele era violento".

MÃE: Seu irmão, comigo, a casa – fisicamente destrutivo em casa, quebrando coisas, chutando as coisas, atirando coisas.

PAI: Seus problemas de comportamento começaram, eu diria, nós notamos que havia algo errado talvez entre 5 e 6 anos, quando estávamos com muitos problemas para disciplina-lo em casa.

Dr. MINUCHIN: Quem tinha mais dificuldades?

As referências dos pais a si mesmos como uma equipe ("nós notamos", "nós estávamos com muitos problemas") usualmente mascaram diferenças. Questões sobre influência relativa ("quem tinha mais dificuldades") são um teste para conflitos sobre como responder aos filhos e disposição (ou não) para admiti-los. De novo, estou focalizando no comportamento como algo relacional.

PAI: Eu acho que era igual, porque, como ele ficava na escola em turno integral, nós dois o víamos pelo mesmo tempo. Eu trabalhava no turno da noite, então tomava conta deles na época em que Peter tinha seis semanas. Allison ia para o trabalho, e eu tomava conta deles durante o dia – eu era o principal cuidador.

Etapa 2: destacar o problema – interações mantenedoras

Dr. MINUCHIN (*para os pais*): O que eu gostaria de explorar com vocês... é sua falta de poder... para guiar, poder de amar, e de serem prestativos. Comecei ouvindo David, sua descrição de si mesmo como não sendo parte da família, e então Peter reforçou esse senso de não ser parte da família – e isso me chocou.

Ainda que sessões com famílias de dependentes usualmente focalizem o dependente, eu queria explorar o senso dos pais de que eles não têm qualquer função nos cuidados parentais destes dois meninos.

PETER: Por que isso chocou você?

Dr. MINUCHIN: Porque eu não consigo entender isso. (*para os pais*) A profissão encarregada de curar causou-lhe danos, porque estou olhando para você, e você me empurra de volta a olhar para a saúde de seus filhos. Eles lhe ajudaram a tornar-se um detetive dos problemas de Peter. Não de uma forma a dançar com ele, mas na sua dança solitária, como se ele fosse um *dervie**.

PAI: Apenas rodopiando no canto...

Dr. MINUCHIN: Estou tentando explorar um pouco sobre como é que essas duas crianças sentem que vocês não são uma parte deles – ou rejeitam que vocês sejam uma parte deles.

PAI: Essa é uma boa pergunta. Eu... Eu não sei. Eles são muito rudes e insensíveis, e falam muito sobre crime e muito sobre drogas, e Allison e eu apenas coçamos nossas cabeças, como "De onde veio isso?", e é isso que eu quero dizer por mundos diferentes – eles são estranhos para nós.

Dr. MINUCHIN: Parte disso vem de vocês.

Estamos iniciando uma polêmica terapêutica na qual insisto em ver a família como um sistema social no qual as pessoas afetam umas às outras, e os membros da família respondem com uma recitação das dinâmicas intrapsíquicas dos filhos. Penso que mais tarde essa polêmica tomou conta de mim e tornei-me um convencedor, e quando os membros da família não estavam suficientemente convencidos, eu insistia. Nesse ponto da sessão, eu não estava consciente desse processo. Pensava que estávamos apenas tendo uma conversa terapêutica.

---

* N. de T. Tipo de dançarino do sufismo (linhagem mística do Islã), que dança girando com ênfase sobre seu próprio eixo.

Dr. MINUCHIN: Parte disso provém da vida em abrigos. Eles são uma escola e lhe ensinam sobre a vida. Mas parte disso provém de vocês. E eu gostaria de ver se vocês podem aprender a ver a parte de vocês que eles não veem.

MÃE: Você está absolutamente certo.

Dr. MINUCHIN (*para a mãe*): Fale com eles sobre que sentimento você tem a respeito de ser completamente rejeitada por eles.

MÃE: Eu realmente não sei como.

Dr. MINUCHIN (*indicando o pai*): Fale com ele.

O "Eu não sei" da mãe é parte do comportamento aprendido de esperar que o terapeuta saiba a resposta. Minha resposta é pedir que a mãe busque apoio em seu marido.

PAI: Eu sei que você não... e eu também não... e nós já discutimos isso.

Dr. MINUCHIN: Se você diz que também não sabe, você não ajuda, e ela está pedindo ajuda.

MÃE: Mas é essa resposta que estamos buscando.

Dr. MINUCHIN: Mas vocês ainda não estão procurando. Vocês têm uma história juntos. Há quanto tempo estão casados?

PAI: Vinte anos. Estamos juntos há 27 anos.

Dr. MINUCHIN: Então vocês se conhecem. E se ela diz que não sabe o que aconteceu, você precisa ajudá-la. Olhe para ela e tente dizer-lhe como é que Peter acha que não pode falar com ela. Como é que ele não a vê como alguém com quem ele possa se relacionar, com quem possa falar, com quem possa partilhar piadas ou prazeres?

PAI (*para a mãe*): Eu acho que isso aconteceu com vocês foi porque nós não soubemos enfrentar o que estava vindo dele. Estava tão fora de nossas experiências que eu penso que nenhum de nós estava preparado para lidar com o que estava acontecendo. Então eu me atrapalhei do meu jeito, e você se atrapalhou do seu jeito. E eu acho que em termos do que aconteceu, nós lidamos da melhor forma que pudemos.

Sinto minhas intervenções se dissiparem sob uma barreira de análises benignas que rejeitam a possibilidade de olhar de uma forma nova o que está acontecendo na família.

Dr. MINUCHIN: Isso não ajuda. Pode ser uma descrição verdadeira, mas não ajuda.

Ainda que o marido na verdade responda à dúvida da esposa, há algo escorregadio e familiar na sua posição como um explanador distante, e estou buscando uma forma de deixá-lo desconfortável com sua recusa em assumir a responsabilidade por sua participação nos problemas de seus filhos. A segunda etapa lida com a questão "De que forma você participa da manutenção do comportamento do portador dos sintomas?", e eu me descubro sem sucesso nesse esforço.

PAI: Eu não sei como chegar mais fundo nisso. É difícil, eu não gosto de confrontação, e minha tendência é evitar isso.

Dr. MINUCHIN: Então você não é prestativo.

PAI: É uma capacidade que desenvolvi para enfrentar os problemas[*].

Dr. MINUCHIN: Não, isso não é estar disposto a ajudar. (*para a mãe*) Ele diz que não pode discordar, que não pode desafiar, então ele a deixa se debater em seu próprio mundo.

PAI: Isto realmente é verdade. Eu nunca discordei dela.

Dr. MINUCHIN: Por quê?

PAI: Porque acho que os pais devem ser uma frente unida em relação aos filhos.

Dr. MINUCHIN: Mas olhe para o que aconteceu.

DAVID: Então o que você está dizendo é que você nos ajuda a construir nossas próprias paredes, porque você tornou muito evidente essa parede que era impermeável.

David torna-se meu coterapeuta, desafiando seu pai a olhar para suas próprias ações como parte do comportamento de seus filhos. Isso começa um processo em que ambos os garotos focam no comportamento de seus pais. Isso é um contraste com as sessões usuais, as quais predominantemente focam em Peter e David.

PAI: Isso era uma reação ao que estava nos ferindo.

DAVID: Vocês, caras, encobrem seus sentimentos e ficam falando essas bobagens intelectuais enquanto eu boto para fora meus sentimentos. Como se todo mundo tivesse que ser intelectual, e literal, e gramatical, e... Eu sou o oposto.

Dr. MINUCHIN: Você descreve seu pai bastante bem, mas eu não sei – o que você disse sobre sua mãe?

DAVID: Eu disse que minha mãe é muito controladora. Como, por exemplo, ela sempre tem que dirigir. Ela tem esse tique nervoso, e ninguém pode dirigir o carro senão ela, e isso é como se fosse uma questão de controle para ela.

PETER: Ela é uma controladora fanática.

DAVID: É como "Eu estou no controle, e você tem que aceitar isso". Sabe, é como controlar na sua cara.

Dr. MINUCHIN: Peter, quando você era mais jovem, você começou a ter raiva e brigar com sua mãe... Você estava brigando com esse aspecto dela?

---

[*] N. de T. No original, *coping skill*.

PETER: Certamente. Porque acho que, de muitas formas, nós somos iguais. Então, se ela está tentando controlar algo, e eu estou tentando controlar algo... você sabe que causa uma colisão, eu acho.

Dr. MINUCHIN: Seu pai observava aquilo e não dizia nada?

DAVID: Eu acho que a resposta dele para isso era, como ele dizia, que ele concordava com minha mãe porque ele pensava que os pais têm que apresentar uma frente unida.

Dr. MINUCHIN: Então ele não ajudava.

PETER: Eu ouvi você dizer que algumas vezes...

Dr. MINUCHIN: Eu penso que tanto você quanto sua mãe precisavam de alguém para ajudá-los a ver que o que estavam fazendo era destrutivo.

PAI: Eu honestamente não achava que pudesse fazer isso. Qualquer tipo de crítica construtiva para ambos se perde por causa daquele aspecto controlador. Então, se eu tinha uma opinião diferente ou tentava indicar a um deles uma direção diferente, isso não era considerado.

Dr. MINUCHIN: Quando você via que Allison estava errada, como é que você concordava com ela, quando ela estava errada?

PAI: Eu não sei se ela estava errada.

Dr. MINUCHIN: Bem, ela *estava* errada... quando Peter tinha cinco anos e ela e ele entravam em uma disputa de poder. Ela estava errada porque ela era uma pessoa adulta e ele era uma criança. Ela estava errada, e você via isso. Como você podia dizer a ela que concordava com ela?

PAI: Imagino que a forma como lidei com isso foi apenas fazer do meu jeito. Muitas vezes ela me disse que eu enrolava porque agia como um dispersor.

Dr. MINUCHIN: Então Peter está na prisão e, hum, meu nariz está irritado, e vocês estão discutindo sobre faixas de preços no bairro e o mercado imobiliário.

PAI: A vida continua...

Dr. MINUCHIN (*para o pai*): Eu acho que você não o está ouvindo.

PAI: Eu quero saber o que é que vocês não ouviram de nós para dizerem que estávamos cheios. O que é isso? Por que vocês sentem como se não déssemos atenção a vocês?

DAVID: Vocês estavam lá, *fisicamente*... mas não estavam lá. Eu estava sentado no banco de trás o tempo todo.

MÃE: Nós reconhecemos que... que é verdade.

Dr. MINUCHIN: Vocês têm dois filhos que não são apenas inteligentes, mas também observadores, e eles são muito críticos, e vocês são o foco de sua atenção e críticas. Como é que funciona quando eles vêm com observações extremamente inteligentes? O que acontece?

MÃE: É exaustivo.

PETER: Eu não os desafiei. Eu acho que à medida que a intensidade aumentou, nessa sessão hoje, quando o Dr. Minuchin colocou o foco em meus pais e estava tentando fazer com que se comunicassem entre si e disse que meu pai não ajudava – eu vi isso lentamente ir quebrando certas paredes e formando mais desafios.

PAI: Para nós, ou para vocês?

PETER: Para você. Nós não tratamos de mim, ainda. Eu não sei como isso será. Eu vejo isso com vocês quando ele diz que você não ajudava. Acho que você pode racionalizar a situação e descrevê-la para fazer parecer bonita, mas daí você vem aqui e sai com uma resposta para algo do jeito que você pensa ou pensava sobre a situação, e ele diz "isso não ajuda".

PAI: Bem... esse é o trabalho dele.

PETER: Eu vejo você mais irritado. Eu vejo que você na verdade tem que pensar sobre uma resposta. Não sai de sua língua com tanta facilidade como de hábito, e talvez isso faça com que você se sinta um pouco mais fraco e você não pode apenas soltar as coisas.

Dr. MINUCHIN (*para o pai*): Você não tem ajudado. Se Allison é uma controladora fanática, e Peter é um controlador fanático... ambos precisam de você (*pai*) porque você não é um controlador fanático, porque você tem essa capacidade de dispersar.

Trabalhando com famílias que têm um membro em tratamento residencial, vejo a necessidade de desafiar a aliança das instituições com os pais no seu foco exclusivo nos residentes, e usualmente viro a mesa prestando atenção ao modo como os pais se relacionam com seus filhos e um com o outro. Peter notou isso quando comentou sobre a intensidade na sessão. Consegui isso ao comentar repetidamente, mas com suavidade, que o marido não tem ajudado quando sua esposa precisa de ajuda. Ao mesmo tempo, o comentário de Peter – "Eu não sei como isso será" – é uma novidade para ele, acostumado como é ser o centro das atenções.

Em retrospecto, o que eu não via era que havia me unido aos filhos nas suas críticas aos pais... e que os pais se sentiam acusados de ser a causa dos problemas de seus filhos.

PAI: Eu não a desafiaria. Eu não acho que isso é certo ou que seja meu papel.

Dr. MINUCHIN: Você via coisas nas quais ela estava se afogando e você não a ajudava. A questão é: "Vocês são uma equipe?". Ela precisa ter a sua habilidade em não responder emocionalmente.

MÃE: Eu sou muito dominadora. Sou uma controladora fanática... definitivamente.

Dr. MINUCHIN: Você diz "Eu sou dominadora" como se isso descrevesse alguma coisa... isso descreve rigidez. Ele deveria ajudar você a crescer, mas não faz isso porque você ensinou a ele que não podia.

Estou irritado com a "resistência" do casal e então insisto em tentar convencê-los do meu ponto de vista.

MÃE: Eu não concordo cem por cento com isso. Concordo que definitivamente sou uma controladora fanática, sem discussões. Mas nossa relação não é assim. O resultado pode ser esse, mas a relação não é. Nós temos bastante comunicação e troca de ideias. Mike lê bastante e faz muitas pesquisas sobre muitas coisas, e nós discutimos sobre essas coisas. Você não diria isso?

PAI: Sim, eu diria.

MÃE: Eu não diria que ele não ajuda. Eu devo ser a maior responsável por mudar a mim mesma. Mas o estímulo está lá... é isso o que estou tentando dizer.

Dr. MINUCHIN: Eu estou casado há muitos anos. Eu sei sobre marido e mulher. Eu sei que eles mudam um ao outro. Se vocês tinham um contrato de que não iriam mudar um ao outro quando se casaram, esse é um contrato errado. Você podia dizer "Eu sou dominadora, mas Mike é capaz de me influenciar".

MÃE: Isso é verdade.

Dr. MINUCHIN: E claramente Mike tem habilidades que você não tem. É nisso que estou dizendo que ele não ajuda.

PAI: Eu acho que, como uma equipe, nos complementamos um ao outro, já que ela tem esse lado forte e eu tenho esse lado difusor em mim, e há uma coisa boa acontecendo.

Sentindo-se desafiados, os pais se reagrupam, juntando forças contra minha intrusão. Claramente eu não me uni a eles, e eles respondiam aos meus desafios como se os estivesse culpando por cuidarem mal dos filhos. Em retrospecto, acho que não levei isso em conta e reconheço o tremendo trauma de anos por serem os pais desamparados de filhos dependentes de drogas. Eu devia ter me unido a eles em sua dor. Em vez de desafiar a coalizão deles e as instituições que cuidavam de seus filhos, eu me uni aos filhos contra eles.

DAVID: Como é que *isso* tem funcionado? Meu Deus, eu me sinto como que lendo um livro...

PAI: Bem, ela tem que me deixar ajudar... sabe, ela tem que me deixar ajudar.

Dr. MINUCHIN: Eu acho que é um bom momento para fazer um intervalo. O que eu quero fazer à tarde é continuar trabalhando com seus pais, e pedir a vocês dois que sentem como se fossem espectadores.

Enquanto finalizávamos a primeira sessão, eu sentia que havia me unido bem com os adolescentes e que começara um diálogo com o pai, mas que iria precisar me unir com a mãe. Eu estava irritado com a resistência dela em entrar em uma conversação significativa. O que eu não via, então, é que estava inserido no sistema familiar que definia a mãe como uma fortaleza inexpugnável e que eu havia involuntariamente me unido aos três homens em uma coalizão para evitar a mãe.

SEGUNDA SESSÃO

A família retornou após o almoço, parecendo-se muito com o modo como estavam pela manhã. Os garotos pareciam relaxados, e seus pais, se havia alguma mudança, pareciam ainda mais formais e polidos.

Etapa 3: investigar o passado com foco na estrutura

Dr. MINUCHIN: Allison, vou começar com você. Você descreve a si mesma como uma pessoa que tem uma forma particular de ser. Você é uma pessoa dominadora, uma fanática por controle – linguagem pesada para descrever a si mesma. Mas você também diz como se isso fosse quem você é. Só que isso não é verdade. Você é muito mais que isso.

MÃE: Isso é verdade.

Dr. MINUCHIN: É interessante que você foca naquela parte de si mesma. Então, o que eu gostaria de saber é como você desenvolveu esse tipo particular de lentes... Que tipo de criança você era e como sua família possibilitou essa forma específica de olhar para si mesma. Ok?

MÃE: Sim, eu entendo o que você está dizendo. Eu não acho que eu era desse jeito quando criança. Eu realmente tive uma infância comum. Eu era a mais jovem de dois filhos. Tive um irmão mais velho – dois anos e meio mais velho que eu. Meu pai ia trabalhar enquanto minha mãe ficava em casa, um casamento típico dos anos de 1950, nada incomum.

Dr. MINUCHIN: Vamos devagar. Fale-me um pouco mais sobre sua infância.

MÃE: Apenas era chata, sabe. Nada que se destacasse. Apenas tínhamos uma família comum de classe média.

Dr. MINUCHIN: O que é uma "fanática por controle"? O que significa isso?

MÃE: Eu gosto de decidir como as coisas devem ser.

Dr. MINUCHIN: Como isso acontece na sua relação com ele (*pai*)?

MÃE: Eu não sei especificamente... Por exemplo, eu controlo o dinheiro. E eu gosto que o dinheiro seja controlado.

Dr. MINUCHIN: Mas você está dizendo que gosta de controlar Mike.

A resposta de Allison não é incomum – "não há nada a relatar". Eu insisto, e ela parece confusa. Após algumas tentativas sem sucesso, retorno ao presente e à relação do casal.

MÃE: Eu não sei se eu gostaria de controlá-lo.

PAI: Eu não penso que ela queira me controlar, mas ela quer controlar o resultado das coisas. Por exemplo, se estamos tendo uma discussão, eu vejo que num bom número de vezes sua mente é muito bem articulada. Você não precisa necessariamente querer controlar o que eu penso, mas você quer controlar o resultado. Isso é uma pessoa controladora – alguém que quer controlar o resultado. É difícil mudar suas ideias sobre alguma coisa.

MÃE: Não, eu ouço o seu ponto de vista.

PAI: Mas ela não mudará (*de ideia*)...

Dr. MINUCHIN: Allison, já que havia um conflito importante na sua relação com Peter quando ele era criança, precisamos entender isso. Está claro que algo na área do controle e de como você estabelece controle fez dele um rebelde. Como passa a desafiar a sua forma de ser mãe?

MÃE: Eu realmente não sei, mas eu não acho que quando era criança... Não, eu podia dizer quase que definitivamente que não. Você (*pai*) acha que eu era controladora quando era criança?

PAI: A existência cotidiana de sua mãe é uma luta por controle. E eu sei porque comecei a ir à sua casa a partir dos 15 anos, e lá estava alguém, seu pai, que ia para a outra sala porque ele não gostava de que sua mãe fumasse, e ele não gostava de qualquer coisa. E sua mãe tinha a sua própria vida privada dela com você.

Dr. MINUCHIN: Eles tinham uma luta por controle um com o outro?

PAI: Um com o outro... Sim, não com os filhos, eu acho que não. Mas entre eles sempre houve uma luta por controle – quem tinha o controle da casa, quem ia ter...

MÃE (*interrompendo*): Eu não concordo com isso. Meus pais tinham papéis muito bem definidos. Meu pai era o provedor, mas, mais tarde, quando fui para o ensino médio, minha mãe foi trabalhar. Minha mãe tomava conta das coisas da casa.

Mike, de quem Allison era namorada quando adolescentes, descreve uma família que conflita com a forma como Allison lembra de sua própria família. Ela insiste em um quadro em que não há conflitos, mas essa "paz" era obtida por seus pais viverem em espaços separados.

Dr. MINUCHIN: Ele está descrevendo coisas importantes sobre sua família que você apaga. Então não é de estranhar que você não saiba coisas sobre si mesma.

PAI: Ela desconsidera. Estamos passando por essa questão clínica por muitos anos, e ela desconsidera seu impacto. "Quanto isso realmente importa? Estamos tão afastados disso na vida diária, que importa?"

Dr. MINUCHIN (*para a mãe*): Então você está em uma prisão. É uma prisão que você mesma construiu, mas é uma prisão. Mike tem uma chave da prisão em que você está, mas ele não a utiliza. Lamentavelmente, para Peter, ele aprendeu com você (*mãe*) a lutar, a brigar, a controlar, e então essa é a sua penitenciária particular.

Utilizo a metáfora da prisão frequentemente para descrever a rigidez de uma organização familiar.

Dr. MINUCHIN (para o pai): Quando você começou a olhar para essa ideia de que ela precisa controlar, e, decide, não fazer nada a respeito? Quando você começou a vê-la como uma pessoa que você não pode mudar?

Famílias e casais **223**

Continuo a desafiar Allison, buscando uma coalizão com Mike.
PAI: Eu realmente não me vejo como alguém poderoso o suficiente para fazer isso.
Dr. MINUCHIN: Por que você a vê como poderosa?
PAI: Porque vejo a mim mesmo como alguém não muito poderoso, e ela não me deixa ajudar. Quando ela está no processo de controlar um resultado, não vai importar se eu estou lá ou não. E o que eu tenho aprendido ao longo dos anos é que isto apenas não é importante. Eu me retiro.

A terceira etapa, investigar como o passado organiza a forma atual dos relacionamentos, foi colocada de lado pela relutância de Allison em aceitar mudanças; em vez disso, estamos no presente, onde Mike descreve como sua esposa tem "dirigido" sua evitação aos conflitos, e eu me sinto frustrado por sua rejeição ao meu desafio de buscar alternativas. Simultaneamente, sinto que a sessão está enviesada, e todos os homens – Mike, os meninos e eu – estamos em uma coalizão que mantém Allison em uma prisão que não foi construída por ela. Mudo os pontos de contato e me desloco para apoiá-la.

Dr. MINUCHIN: Allison, quanto tempo faz que Mike se divorciou de você?
MÃE: Desculpe?
Dr. MINUCHIN: Em certo ponto, ele disse "Eu abandonei qualquer possibilidade de entrar em um relacionamento emocional entre nós que a ajudaria a crescer."
PAI: Não sinto que a estou abandonando. Eu tento, mas na maior do tempo não adianta.
Dr. MINUCHIN: Você não vê que você não apenas está numa prisão, mas que ele não quer usar a chave? Você entende o que estou dizendo?
MÃE: Sim.
PAI: Acho que, quando rotulo a mim mesmo como fraco ou dispersador, fujo da responsabilidade – ou de ser culpado – e é ela quem a carrega, e isso é uma tremenda responsabilidade. Porque eu eventualmente cruzo os braços e digo: "Não vale a pena brigar por isso, então lide você com isso". E ao fazer isso, ela é colocada naquela prisão da qual você está falando.
Dr. MINUCHIN: Allison, você concorda com ele?
MÃE: Concordo que há certas coisas que têm que ser feitas, e se uma pessoa não faz, então você compensa e faz você mesmo.

Allison rejeita a oferta de Mike – de que a evitação dele era a causa do controle dela. Nesse ponto, sinto que não posso alcançá-la e me movo para explorar o papel de Mike.

Dr. MINUCHIN: Ok, Mike, vamos voltar para você. Como você se tornou esse cara que a fez carregar a responsabilidade?
PAI: Eu venho de uma família grande. Eu era o mais velho de sete irmãos. Meu pai era extremamente controlador, aprendi mais tarde, indo ao abrigo onde Peter esteve, e através de leituras, que meu pai é um filho "de

livro" de um alcoólatra, porque meu avô era alcoólatra, e ele não teve uma vida muito agradável. Era meu pai e sua irmã em uma vida doméstica realmente disfuncional. Penso que ele se tornou muito controlador porque tinha uma visão muito clara do que é certo, e a forma que se espera que as coisas tenham. Todos nós sete éramos surrados severamente às vezes. Nós éramos severamente punidos. Eu era considerado um rebelde. Era o mais velho, então era mais difícil para mim fugir das coisas, e eu tinha que lutar por tudo. Para meus irmãos e irmãs foi um pouco mais fácil.

Dr. MINUCHIN: O que há com Allison que você não pode brigar com ela?

PAI: Ela interrompe a comunicação se você for longe demais – se você passar do ponto. Ela tem claramente definido como os adultos devem se comportar, como as coisas devem acontecer, o que é parecido com o modo como meu pai olhava a vida. E se você se desviar disso ou a empurrar longe demais, a conversa acabou.

Dr. MINUCHIN: E quando você decidiu que não podia mudá-la?

PAI: Quando descobri que tentar faz sofrer demais.

MÃE: Eu acho que ele tem a capacidade de me fazer feliz, mas não faz isso.

PAI: Eu me lembro de ter dito a ela, há uns 15 anos, que eu percebia que a forma de mostrar a ela que você a ama é brigar com ela – você a empurra e ela o empurra de volta. E então, se você a ama de verdade, você vai empurrar de volta. Talvez porque eu seja um dispersor, ou qualquer coisa assim, ela está tentando obter uma reação minha.

Dr. MINUCHIN (para a mãe): Quando Mike desapareceu, Peter estava disponível?

MÃE: Não acho que você olhe para seus filhos para preencher esses vazios.

DAVID: Eu acho que o que ele está dizendo é que, quando papai parou de empurrar de volta, você se voltou para o Peter, para empurrar... porque você sabia que ele iria corresponder?

David exerce de novo o papel de co-terapeuta.

MÃE: Não, eu penso que essa situação tem existido por muitos anos.

Dr. MINUCHIN: *O que* tem existido?

MÃE: O desafio de Peter...

Dr. MINUCHIN: Eu apenas quero que você entenda que Peter começou a brigar com você, e que quando ele estava brigando, não estava apenas brigando, estava *combatendo você*.[*]

Ainda que eu pensasse estar apenas indicando que o comportamento é relacional, Allison ouve minha intervenção como uma acusação de que ela é uma mãe má e naturalmente se defende contra tal acusação.

---

[*] N. de T. No original, Minuchin utiliza três vezes consecutivas o verbo *to fight*, que significa brigar, mas também combater. Optamos por enfatizar na última repetição o combate, porque essa é a interpretação que a mãe parece fazer de suas palavras.

MÃE: Eu entendo isso, mas eu não acho que o envolvi na briga para preencher o vazio de Mike não brigar comigo.
Dr. MINUCHIN: Quando Peter se tornou o centro da vida?
MÃE: Talvez quando ele tinha por volta de 7 ou 9 anos.
Dr. MINUCHIN: E como foi que isso aconteceu?
MÃE: Peter tinha muitos problemas com desafios.
Dr. MINUCHIN: Desafio é um termo que significa que está dentro dele, e eu não acredito nisso. Eu creio que ele estava brigando com você.
MÃE: Ok.
Dr. MINUCHIN: Não é que ele fosse desafiador e por isso atacasse você. Ele estava lutando com você. É que ele e você estavam em uma luta.
MÃE: Então qual seria a forma mais correta de verbalizar isso?

Estávamos claramente em uma luta de poder. Ela desconsiderava a minha observação como mero palavrório, falação, e eu respondia ao seu sarcasmo com um aperto na barriga. Isso devia ter sido um sinal para eu dar um passo para trás, mas eu estava preso demais naquilo que tentava dizer.

Dr. MINUCHIN: Estou com dificuldades ao tentar ajudar. Estou pensando sobre sua posição nessa família como quem carrega a responsabilidade, talvez controladora mas também responsável. Você vê, estou falando sobre ser controladora, mas você também é responsável pela família. Estou certo?
MÃE: Sim.
Dr. MINUCHIN: E eu gosto mais da palavra "responsável" do que de "controladora". Ele diz que lhe deu a responsabilidade de cuidar dos filhos. Ele deu a você a responsabilidade sobre a família. Isso seria aceitável para você?

Supero minha irritação ao reenquadrar seu "controle" como algo "responsável", em uma família de membros irresponsáveis.

MÃE: É difícil tomar a sua vida inteira e tentar dissecar em termos disso ou daquilo. Nos cuidados com Peter, definitivamente eu era rígida demais.
PAI: Eu acho rígida a palavra errada. Penso que você chega mais perto quando diz que tinha que ganhar, porque sempre senti que você tinha uma forma muito claramente definida de perceber como eles devem se comportar, e ser, e agir, e responder – era muito importante para você dobrar os dois desde cedo, pois então não teria que lidar com isso mais tarde.
Dr. MINUCHIN: Estamos falando sobre o passado e quero olhar para o futuro. Vejam, eu acho que sua mãe precisa de ajuda.
PETER: Eu concordo.
Dr. MINUCHIN: Como essa família pode evoluir de modo que sua vida seja melhor, não apenas para você (*Peter*), mas para ela também? O que precisa acontecer (*para Peter e David*)? Agora vocês estão por cima. Agora os pais estão ouvindo. Eles são a audiência.

Ainda que os garotos tenham sido parte da conversação dos pais durante a terceira etapa, eu agora estou oficialmente abrindo nova etapa para uma conversa entre todos os quatro membros da família, com o objetivo de explorar novas formas de relacionamento.

Etapa 4: descobrir/cocriar formas alternativas das relações

PETER (*para a mãe*): Você nunca havia sido confrontada antes. Nunca lhe haviam perguntado sobre seu passado, e eu acho que você não percebe – não por culpa ou escolha sua – que a maneira como cresceu e a forma como sua família era afetaram diretamente sua personalidade atual, e o jeito de você fazer tudo.

DAVID: Sim, eu percebo muitos medos – em todos na nossa família.

PAI: Do que temos medo?

DAVID: Mudança. Você teme a mudança. Jogamos muitos jogos mentais uns com os outros, e sempre fizemos isso. E isso realmente começa a me incomodar.

MÃE: Ele está certo. Nós jogamos muito um jogo de xadrez mental em nossa casa. Esse é o jogo da família – e nós todos jogamos.

PAI: Sempre nos orgulhamos do fato de que sabemos muito uns sobre os outros. Mas a mudança de que você fala deve acontecer (*para o Dr. Minuchin*), você precisa ser mais específico.

Dr. MINUCHIN: Se eu pudesse ser mais específico, seria um mágico. Estou impressionado com David. Penso que ele escolheu palavras que podem ser muito curativas. A pergunta é... vocês podem mudar?

DAVID (*para a mãe*): Você levanta essas paredes que ninguém pode mudar. Eu acho que o que devemos fazer é conceber formas de mudar aquilo. Por exemplo, deixar o pai tomar conta do dinheiro.

David, sentindo meu apoio, torna-se o membro da família que porta minha voz.

DAVID: Deixe papai dirigir o carro na volta para casa.

MÃE (*balança a cabeça*): O que você está pensando!

PETER: Você está esperando por uma mudança drástica.

DAVID: Não estou esperando por uma mudança drástica. Estou esperando por progresso... E eu não o estou vendo.

Ele desafia a família utilizando um estilo similar ao meu.

Dr. MINUCHIN: O que David está dizendo é que uma exploração de alternativas pode ajudar, e que você (*mãe*) responde sobre dirigir como se você fosse competente e Mike não.

Expando a voz de David e me sinto grato por ele ter apresentado a ideia que podia mover a sessão para uma conclusão bem-sucedida.

MÃE: Não, ele é um bom motorista. Eu sou uma passageira neurótica.

Dr. MINUCHIN: Mas David está dizendo – comece a mudança agora. Mike, você poderia dirigir na volta para casa?
MÃE: Graças a Deus que viemos de trem.
Dr. MINUCHIN: O que David está perguntando é se vocês conseguem lidar com o desconforto?
MÃE: Não, eu entendo.
Dr. MINUCHIN: David está dizendo (*para Peter*): você consegue lidar com o fato de não ser o centro? Aceitar o desconforto, e no processo você começará a fazer outras coisas. Mike pode tomar responsabilidade pelas coisas, e isso será desconfortável. Allison pode escutar algumas das ideias de Mike sobre mudanças, e isso será desconfortável. Então, vou lhes deixar com uma situação experiencial. (*Apertando a mão de David*) Se você quiser aprender a ser um terapeuta, estarei disponível. Vocês têm perguntas?
PETER: Isso é um alívio. E eu acho que, em parte, terapia para a família nunca foi efetiva no passado porque, sempre que nós entrávamos em uma sala, o foco estava sempre em mim.

CODA

O terapeuta encarregado me ligou, na semana seguinte, para me contar que David havia deixado a instituição e que Mike insistia em ser o motorista de Allison. No início, eu havia considerado esse caso um sucesso, porque alguma mudança havia ocorrido logo após as duas sessões. Entretanto, eu estava incomodado com o meu fracasso em me conectar com a mãe. Para meu senso estético, eu devia ter conseguido dançar com ela de uma forma mais graciosa. Contudo, eu havia ficado preso à limitação de meu estilo, no qual me torno um convencedor quando encontro resistência ao meu objetivo terapêutico.

Uma das vantagens da terapia com continuidade é a possibilidade de dar um passo atrás e corrigir os mal-entendidos entre clientes e terapeutas. No entanto, o consultor tem que lidar com o fato de que pode não haver uma segunda chance.

ESTRUTURA TERAPÊUTICA

Organização da família

Quando trabalhamos com famílias que têm uma longa relação com sistemas de cuidados terapêuticos, deve-se incluir a instituição como parte da organização familiar, como um braço da família extensa. Desse modo, a família McLaren podia ser vista como um subsistema executivo do sistema paternal e terapêutico, em uma coalizão para controlar o subsistema dos adolescentes. Lamentavelmente, essa coalizão parental estava enfraquecida pelo fato de os pais terem desistido da possibilidade de serem efetivos na vida de seus filhos. Quando razão e amor pareciam não funcionar, e a paciência se esgotou, Mike e Allison entregaram sua influência ao sistema de saúde mental. Enquanto isso, o desligamento de Peter e David de seus pais privava-os de nutrição e controle, e da oportunidade de aprender a lidar com seus pais em bases mais adultas.

Outro aspecto da organização familiar a considerar era o fato de o pai e os garotos estarem em uma coalizão que mantinha a mãe em uma posição impossível de controladora e responsável, que precisava ser evitada, contornada, mas não desafiada diretamente. Finalmente, o subsistema do casal se caracterizava por uma complementaridade rígida na qual, ao concordar com o controle da esposa, Mike evitava o conflito, mas deixava Allison com toda a solidão e responsabilidade de quem a carrega.

Perspectivas individuais

A teimosia de Allison era parcialmente um papel que ela aprendera na sua família de origem. Sua tendência de transformar discordâncias em confrontações levava seu marido a evitar desafiá-la e a deixava no comando solitário da família. Como ela se tornara controladora e por que ela sentia a necessidade de agir desse modo permanece obscuro, por que ela tinha muito pouca percepção sobre a sua infância. Seu pai aparentemente era uma personalidade dominadora, e ambos os pais pareciam ter sido desengajados. Entretanto, como seus pais na verdade a tratavam e um ao outro, permanecia envolto na opacidade de sua memória.

Mike via sua tarefa como a de um assistente da esposa. Criado por um pai autoritário e dominador, ele projetava aquelas qualidades inexpugnáveis na sua esposa. Evitava conflitos e, dessa forma, evitava responsabilidades. Tendo aprendido quando criança que discutir podia levar a uma surra, ele preferia retirar-se em vez de desafiar Allison. Sua descrição dela como alguém com quem era impossível discutir podia ser parcialmente verdadeira, mas também refletia seu medo anacrônico de autoridade.

Peter tornou-se o que seu pai não era: um batalhador. Desde muito jovem combatia a mãe pelo direito de ser ele mesmo. Já que rejeitava a autoridade materna, Peter passou a rejeitar autoridade em geral. Esse tipo de pensamento o colocara em encrencas desde muito pequeno.

David era o membro introspectivo da família. Ele via a si mesmo como uma vítima da organização familiar, na qual seus pais estavam sempre ocupados com os problemas do irmão. Tendo aprendido, a partir das regras de moralidade das batalhas de Peter com sua mãe, a evitar combater abertamente, ele se retirara para seus próprios pensamentos. Como resultado, tornara-se reflexivo, mas isolado.

Tendo raspado a superfície do oferecimento de algumas explicações psicológicas sobre o sistema familiar para o comportamento desses dois meninos, não devemos esquecer que a dependência de drogas tem o seu conjunto próprio de consequências. O objetivo dessa consultoria não era algo impossível, como tentar descobrir a importância relativa da família, seus pares, e deles mesmos, para o fato de Peter e David terem se tornado dependentes; era ajudar os rapazes e seus pais a reconectarem de tal forma que seus pais pudessem lhes oferecer o amor e a orientação, de que ainda necessitavam – e dar-lhes a chance de aprender a se relacionar com as figuras primárias de autoridade em suas vidas, sem se rebelarem ou se afastarem.

Estratégias de intervenção

O Sr. e a Sra. McLaren haviam sido ensinados a aceitar a incapacidade de lidar com a dependência de seus filhos às drogas. Minha estratégia, assim, era desafiar seu desengajamento. Para fazer isso de forma efetiva, eu teria que primeiro tentar compreender e empatizar com tudo o que eles já haviam passado: as noites sem dormir, os telefonemas da delegacia de polícia no meio da noite, as viagens para atendimentos de emergência, a prolongada agonia da desintoxicação, as infindáveis horas sentados em salas de espera.

Lamentavelmente, entrei em uma luta de poder com os pais. Tornei-me um convencedor, insistindo que eles participassem na construção da vida de seus filhos, mas eles interpretaram isso como um julgamento por serem pais irresponsáveis. Minha postura de trabalhar em proximidade e minha inabilidade de desengajar-me quando os pais resistiram transformavam a sessão em uma disputa sem vencedor.

Técnicas

Seguindo nosso modelo de quatro etapas, as primeiras intervenções foram expandir o foco da drogadição dos filhos para as interações da família nas quais eles estavam incrustados. Comecei perguntando aos pais como havia sido para eles a queda dos garotos na dependência das drogas. Então, partindo de sua descrição como desengajados de seus pais, eu passei a explorar como tal padrão relacional havia surgido. Foi nesse ponto que a resistência se manifestou.

Todavia, seria um equívoco concluir, a partir deste caso, que um terapeuta deve evitar a confrontação em favor de ser um ouvinte apoiador. A arte de ser um terapeuta efetivo está em saber quando insistir e quando deixar estar. Assim como os pais de Peter e David podem ter deixado estar mais do que deviam, eu posso ter forçado demais, precocemente. Fui bem-sucedido em demonstrar a complementaridade entre Mike e Allison, e acho que fui capaz de ajudar Mike a ver as lamentáveis consequências de seu afastamento, em vez de contrabalançar suas disputas de poder com seu primogênito. Encontrei um coterapeuta em David e o ajudei a encontrar sua voz. Contudo, não tive sucesso em engajar Allison.

Epílogo

Atravessamos juntos as complexidades dos encontros com dez famílias. Começamos com um mapa, o nosso modelo em quatro etapas para acessar famílias, mas à medida que descrevemos o processo terapêutico, o mapa perdeu um pouco de sua atraente simplicidade. Caminhos que surgiram poderiam ter sido tomados, mas não foram. Em alguns casos, o encontro levou os membros da família e o terapeuta a direções previstas; em outros casos, apareceram encruzilhadas inesperadas, e, por vezes, passar repetidamente pelo mesmo terreno pareceu necessário mas tedioso. Em suma, vimos as tramas das lamentações, do medo das novidades e da esperança em uma jornada partilhada pelo consultor e por dez famílias em sofrimento.

Terapia é uma experiência construída de encontro humano, um tipo especial de arte com um conjunto de objetivos e formas de atingi-los. A diferença entre terapeutas experientes e inexperientes é que os primeiros são mais hábeis em descobrir dinâmicas relacionais nas famílias e tecê-las na confecção de um processo terapêutico, enquanto os mais novos têm maior tendência a moldar as famílias dentro de suas estruturas preconcebidas, como se fossem massa de biscoito colocada em formas. De qualquer forma, cada caso é um produto único com seus próprios pontos fortes e dificuldades a serem revisados, admirados e criticados, com base na experiência e sensibilidade do leitor.

Nesta seção final, gostaríamos de reconhecer que trabalhar com famílias nunca é algo linear, como qualquer modelo indica. O modelo pode prometer clareza, mas a realidade do processo terapêutico sempre nos coloca em situações de ambiguidade. Enquanto a maior parte dos treinamentos envolve a transmissão de um conjunto particular de habilidades, com pouco espaço para inovações, o treinamento em psicoterapia deve ocorrer em uma variedade de níveis, porque ele depende muito da comunicação metafórica e frequentemente joga com confusão, contradição, conflitos, mal-entendidos e até mesmo discussões. Terapia é um empreendimento peculiar no qual pessoas em dificuldade buscam aconselhar-se com um especialista cuja tarefa é questionar, analisar e mesmo redefinir até o próprio significado do problema para o qual se pede ajuda. Em essência, o que isso significa é que o terapeuta e a família constroem juntos uma realidade alternativa a partir daquela que trouxeram.

Terapia não diz respeito a verdades, mas a escolhas. Cada terapeuta terá que fazer escolhas quanto à direção que tomar, à linguagem a adotar, às metáforas selecionadas, aos sentidos oferecidos e às mudanças desejadas. E nenhuma formação terapêutica está completa até que o terapeuta aprenda a verdade da incerteza. Enquanto você está seguindo nosso mapa como orientação, gostaríamos de chamar sua atenção para nossa luta contínua na ambiciosa jornada com cada família. Ainda que tenhamos selecionado casos baseados no sucesso, achamos necessário partilhar com vocês o último caso como um exemplo de insucesso. Poderíamos dizer que somos como os artesãos persas que fazem em um ponto do tecido uma imperfeição, dentro de um tapete que de outro modo seria perfeito. A verdade é que originalmente consideramos ter sido um sucesso esse caso da família lutando com a dependência das drogas. Foi somente quando olhamos para trás que nosso senso clínico nos disse ser de outro modo. (Às vezes, concentrar-se na utilidade do que o terapeuta diz sobrepuja o fato de que a família não está aceitando o que foi dito.)

Ainda que sempre estejamos conscientes de que os membros da família são conectados por uma teia invisível, nem sempre percebemos que há filamentos invisíveis pelos quais os terapeutas, também, podem ser capturados no sistema da família. De todas as técnicas que nos ensinaram em treinamentos, a mais útil ainda é nossa habilidade de fazer perguntas. Assim, mesmo que nosso modelo de quatro etapas seja um mapa útil para nossa jornada terapêutica, ele oferece apenas um esquema geral para orientação. Se às vezes nossa descrição do processo terapêutico pareceu um pouco linear demais, gostaríamos de revisitar aquela descrição e expandir sua complexidade.

Tome o caso da "Adolescente que era uma mentirosa". Seria fácil demais para nós focalizarmos uma construção na qual as mentiras da adolescente eram transformadas em uma metáfora, ou poesia, sem ver as interações entre os três membros da família. Se você prestar atenção à evolução dos esforços do consultor para explorar a relação do casal, verá que ele principiou por perguntar qual deles era o melhor detetive, enquanto se relacionava com a adolescente de forma a permitir reenquadrar as mentiras dela como um produto de sua relação com seus pais. Como se tratava de uma família reconstituída, e a filha viera do casamento anterior da mãe, a estrutura da relação mãe/filha muito próxima foi explorada em relação ao subdesenvolvimento do subsistema do casal. O casal foi percebido como um recurso inexplorado na família, que seria necessário ativar para facilitar a mudança. Deve-se notar que a mudança sugerida neste caso não era no sentido do problema apresentado; ao contrário, por meio do reenquadramento do problema apresentado, no qual havia necessidade de mudar as relações e a estrutura da família. Como o marido começou a prover mais apoio para sua esposa ao lidar com sua filha, uma exploração do que cada um deles trazia do passado ajudou a consolidar sua compreensão sobre como as experiências anteriores definiam suas relações atuais.

Há dois processos terapêuticos ocorrendo simultaneamente, e cada um pode alternar a liderança, ou ambos se sobreporem. Um é o processo cujo foco está na ampliação de definições do problema de modo a liberar os membros da família das perspectivas limitantes que os levaram à terapia; o outro é o processo que empurra os membros da família para a renegociação de seus padrões relacionais em direção a transações mais saudáveis entre os subsistemas familiares. Esses dois processos são como instrumentos musicais tocando juntos em um dueto, engajados em um constante e mutável interlúdio. Às vezes, um acompanha o outro, e às vezes eles alternam a condução, e há ainda vezes em que eles estão envolvidos no mesmo tema.

Sob esse ponto de vista, há realmente duas linhas na história de todos esses casos. A primeira é como o terapeuta trata o conteúdo do problema apresentado; a segunda é como ele utiliza a primeira linha da história para explorar transações alternativas. Como ilustra a figura a seguir, essas duas linhas da história entretecem-se na direção do mapa de quatro etapas.

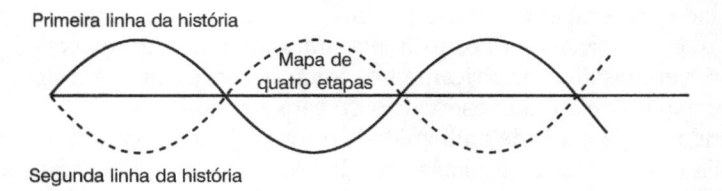

Desse modo, a misteriosa dor de estômago do jovem austríaco torna-se a dor da família inteira (primeira linha da história). Enquanto o terapeuta cumprimenta-o por sua sensibilidade em relação à sua família, ele estava de fato criando distância entre o filho e seus pais (segunda linha da história). Tomemos o caso da "Criança Parentalizada": o rótulo "deprimida com ideação suicida" dessa jovem mulher espanhola foi reinterpretado, passando a "responsável e prestativa" nas muitas posições que ela assumia para sua família (a primeira linha da história), mas o objetivo da exploração era tornar possível que ela desistisse de alguns desses papéis que a sobrecarregavam (a segunda linha da história). Com relação ao garoto hiperativo, ou à mãe cujas mãos estavam sempre sujas, sempre há dois níveis de intervenção acontecendo no encontro terapêutico. Enquanto o terapeuta parece estar curioso sobre o sintoma apresentado e sempre trabalha para criar um drama ao ponto do absurdo, sua intenção real reside em algum outro ponto. Ele está mais interessado em introduzir mudança na estrutura da família e nos padrões de relacionamento que mantêm o problema.

Desenvolver uma nova perspectiva (interpessoal) na queixa apresentada (linear) é uma etapa importante da terapia, mas não pode ser o fim. É apenas o início de um processo que leva do reexame de crenças rígidas até a introdução de novos padrões de interação e flexibiliza estruturas familiares rígidas. Assim, é bom relembrar que ainda que nossas quatro etapas sejam uma ferramenta para acessar a família, não se trata de simplesmente acessar o problema como ele é apresentado; ao contrário, é uma forma de acessar a necessidade de mudanças e alternativas para os padrões relacionais. Se tivermos sucesso ao atravessar as quatro etapas, atingiremos um ponto onde novas possibilidades parecem desejáveis e atingíveis.

Começamos com um tema, então adicionamos outro. No primeiro, o terapeuta transmuta o sintoma que é apresentado em algo totalmente diferente, algo significativo e interativo, como mentir é poesia, depressão são os braços de Shiva, intenções suicidas são buscas edipianas por identidade, e assim por diante. Aqui pode-se ser expansivo no uso de metáforas, como na história de *Il Postino*[1], na qual a vida mundana da existência cotidiana só é tornada significativa por meio da transformação metafórica. O outro tema é uma exploração dos padrões transacionais da estrutura familiar, o que requer observação. Neste domínio, a natureza da transformação não se baseia na criatividade do terapeuta, mas na validade da observação repetida. O paradoxo é que até mesmo o absurdo e a ambiguidade nas relações humanas podem ser embasados empiricamente, como se representassem lições aprendidas da experiência e da observação do caos na vida.

Sendo a vida cheia de ambiguidade e contradição, é natural que a terapia de família deva conter as mesmas qualidades. Entretanto, um terapeuta não é um dramaturgo orquestrando o drama da família em seus próprios termos ou um fabulista escrevendo histórias sobre famílias. Ele deve se tornar um participante na busca da família por sentido, de forma a ativar a energia interna para a mudança. Ainda que todos concordemos que cada família é única, a investigação de idiossincrasias em qualquer entrevista com a família inevitavelmente será comparada com o próprio senso de normas culturais do terapeuta. Tais enviesamentos são inerentes ao processo terapêutico, e pode-se dizer que treinar em qualquer abordagem é um processo de redefinir tais enviesamentos.

Em um seminário de treinamento no Minuchin Center em Nova York, uma assistente social sueca ficou irritada após assistir a uma entrevista na qual o terapeuta encorajava os pais a conter seu filho de 4 anos, que estava fora de controle. A assistente social aceitaria um diagnóstico psiquiátrico para a criança que tivesse tornado os pais desamparados e deixado o menor sem esperança, mas ela considerou abuso infantil o terapeuta dizer aos pais para conter a criança quando seus ataques fugiram do controle. O que determina nossas diferentes respostas? No topo de nossas próprias sensibilidades, as influências da cultura ampla e nossos treinamentos anteriores certamente representam uma parte na definição de nossas perspectivas. Assim, assumimos que nós, como terapeutas, temos nossos vieses, e qualquer um que reclame imunidade a isso está simplesmente fechando os olhos para a própria natureza da psicoterapia. Essa posição é particularmente crucial porque nossos exemplos de caso cobrem um amplo espectro de diversidade étnica e cultural. Nossa busca não é por encontrar uma cura mágica para todos os problemas da família, mas simplesmente desafiar o desamparo de famílias que vêm até nós buscando ajuda. Se a família sofre porque seus membros estão presos em sua estrutura rígida, o uso da pessoa do terapeuta inevitavelmente envolverá sua perspectiva única na visão do processo de mudança.

Assim, os dois temas que descrevemos no processo terapêutico são também sobre contradições. Um é sobre a riqueza de imaginar novas possibilidades, o outro é sobre reconhecer a realidade que as famílias levam ao palco da consultoria por um momento de aconselhamento. Como no jogo de xadrez, a terapia familiar é um processo humano interativo, com formas específicas de pensar e técnicas que visam produzir mudanças e formas de livrar o homem do sofrimento humano. Ainda que cada jogo seja diferente, com todas as suas possibilidades imprevisíveis, ambos se baseiam em um conjunto de regras simples que tendemos a esquecer quando somos capturados pela fascinação de fazer nossos movimentos e jogar nosso jogo.

Assim, como no final de um bom jogo de xadrez, após a conclusão de qualquer caso em tratamento, há mais perguntas a serem feitas: podíamos ter feito um movimento melhor em algum momento do jogo? Poderíamos ter abordado esse jogo com uma estratégia inteiramente diferente, sabendo que qualquer diferença em um movimento em particular poderia ter mudado todo o cenário?

Do modernismo ao pós-modernismo, para ainda outro retorno ao modelo biológico, temos nos encontrado continuamente em diálogo com as muitas vozes nos campos do desenvolvimento humano. Ainda que cada encontro tenha deixado seu impacto, permanecemos com fé e compromisso com a ciência dos relacionamentos, que afirma que a experiência humana sempre envolve mais de uma pessoa, e que a chave para a felicidade reside em nossa habilidade de nos libertarmos das limitações de padrões relacionais problemáticos. Ao final do dia, o que realmente importa é a relação com as pessoas com quem partilhamos a jornada.

NOTA

1 "O Carteiro e o Poeta", livro de Antonio Skármeta.

Índice

A
Acetoacidose, 54, 66
Ackerman Institute, 143
Ackerman, N., 35
Acomodação, 71
Adler, A., 33-34
Adolescentes
  e abuso de drogas, 186-189
  e mentir, 88-89, 232-233
  em famílias reconstituídas, 76
  participação na terapia familiar, 125
Adoption Assistance and Child Welfare Act, 187
Agressor como vítima, 56
Allen, M., 187
Anderson, H., 17
Anorexia nervosa, 19, 164
Assimetria, 46

B
Baird, M., 143
Baker, L., 144
Bateson, G., 17, 29, 59
Becker, G., 71
Booth, A., 71
Boscolo, L., 20
Bowen, M., 17, 163
Bowlby, J., 35
Bramlett, M.D., 71
Bray, J.H., 73
Brook, D.W., 189
Brook, J.S., 189

C
Carter, B., 72
Casal como subsistema familiar, 130
Cecchin, G., 20
Chang, S.Y., 189
Clingempeel, W.G., 73
Colapinto, J., 185-186, 189
Colemam, M., 73
Colaboração, 143
Complementaridade
  como uma estratégia primária na terapia de casais, 140-141
  desafiando o padrão de, 130-131
  descrição do uso na terapia com casais, 109-112
  descrita ao cliente durante a terapia, 129-130
  papel do passado dos clientes no padrão de, 139
Complexo de Édipo, 163
Conflito, 108
Contágio emocional, 158, 163
Cortar-se, 90
Cox, M.J., 71
Crianças
  anoréxicas, 19
  descritas como uma unidade, 47
  percepção evolutiva das, 33
Cultura
  chinesa, 170, 180-181
  da pobreza, 207-208

e crianças parentalizadas, 51-52
e famílias na área rural da Espanha, 52
e o uso de desafiá-la em terapia, 184
e valores masculinos espanhóis, 48
efeito sobre a terapia, 24-25
similaridades entre famílias de diferentes, 43

D
Dakof, G.A., 189
DeLeon, G., 189
Demo, D.H., 71
Dependência às drogas
  como um problema na família, 213
  e adolescentes,187-189
  e o papel da família, 186
  e os serviços sociais, 187-188
  e tratamento residencial, 211
Desequilíbrio, 89, 124
Depressão, 114
Diádica, exploração, 141
Doherty, W., 143
Donovan, J.M., 111

E
Edwards, N.J., 71
Ego, massa indiferenciada de, 17-18, 163
Emoção expressa, 145-146
Epilepsia, 90
Erótico
  como componente na relação mãe/filho, 159
Espelhamento, 150

F
Família
  casal como um subsistema na, 130
  chinesa, 165
  coalizão entre membros da, 112-113
  contexto da, 50-51
  estresse na, 144
  histórias de, 68-69
  modelos psicossomáticos de, 144-145
  monoparental, 210
  nuclear, 208
  oposição ao crescimento na, 16
  organização da, 15-19

pobre, 186
preservação da, 187
processo de assessar a, 24-29, 51
reconstituída, 71-73, 76
  conflito de lealdade em, 105-107
  triangulação na, *ver* Triangulação
Families and family therapy, 17-18
Families of the Slums, 18-20
Family Preservation and Supportive Services Act, 186
Family Systems and Health, 143
Family Systems Medicine, 143
Family Systems Theory, 15, 186
Freud, S., 33
Fromm-Reichmann, F., 34

G
Ganong, L., 73
Gênero, 51-52
Gestos não-verbais, 116
Glick, P.C., 71
Goolishian, H., 17
Greenson, R.R., 145
Grolnick, L., 144
Gurman, A.S., 111

H
Haggerty, R.J., 144
Haley, J., 125
Hartman, A., 187
Healy, W., 34
Henggeler, S.W., 189
Hepworth, J., 143
Hetherington, E.M., 73
Hierarquia da influência, 72
Holmes, T.H., 144
Homens e pobreza, 207-208

I
Individual
  psicologia, 33-34
Indução, 125

J
Jackson, D., 110
Jacobs, F., 187

Jacobson, N.S., 111
Joanning, H., 189
Jogos sujos, 17-18
Judge Baker Guidance Center, 34
Juvenile Psychopatic Institute, 34

K
Kelly, J., 73

L
Laing, R.D., 17
Lederer, W., 110
Lee, W.Y., 31
Levy, D.,
Lewis, R.A., 189
Liddle, H.A., 189

M
Mães, 17-18
　esquizofrenogênicas, 34
Martin, C., 73
McDaniel, S., 143
McGoldrick, M., 72
Metáfora
　discussão de seu uso em terapia, 22-24
　não-verbal, 96-97
　uso com adolescentes, 232-234
　uso com alcoólatras, 102-103
　uso com crianças pequenas, 56
　uso com famílias, 80-82, 108, 175-176, 198-200
　uso de lentes como, 198
　uso de espaço como, 118
Meyer, R.J., 144
Minuchin, P., 185-186, 189
Minuchin, S., 31, 109, 111-112, 144, 185, 189
Mosak, H.H., 33
Mosher, W.D., 71
Mulher
　como centro da vida da família, 51-52
　e a pobreza, 208
　relações transgeracionais e a, 209

N
National Resource Center, 187

Nichols, M.P., 109, 111
Norwood, P.K., 73

P
Pais
　aliança institucional com os, 218-219
　como subsistema, 129-130
　como uma equipe, 68
　conflito entre os, 68
　polarizados, 68
Papernow, P., 73
Parental
　culto da atuação, 105-106
　resposta, 19
Pasley, K., 72,73
Philadelfia Child Guidance Clinic, 144
Pobreza
　cultura da, 207-208
Polski, A., 185
Primazia do apego, 72-73
Psicossomáticas
　crianças, 165
　famílias, 19, 161-162, 165, 183-184
　doenças, 143
　modelo de famílias, 144
　sintomatologias, 145, 148
Psiquiátrica
　decifrando a linguagem, 61-62

R
Rahe, R.H., 144
Recasamento, 71-72, 87-88
Reenquadramento, 89
Reilly,D.M., 189
Ritalina, 54, 66
Rosman, B.L., 144-145
Rotulando, 122
Rótulos, 39-40

S
Schwartz, R.C., 111-112
Selvini Palazzoli, N., 20-21
Selye, H., 143
Serviço Social, 185
　resultados contrários ao objetivo explícito, 196

visto como membro do círculo de tratamento da família, 204-206
Shadish, W.R., 189
Sintomas
 portador dos, 55
Sistemas
 teoria dos, 59-60
Sobel, E., 35-36
Somatização, 144-145, 183
Stanton, M.D., 189
Stress of Life, The, 143-144
Subsistema, 129-130
 mãe-filha, 88
Sudia, C., 186, 187
Superproteção Maternal, 34, 72

T

Tavistock Clinic 34, 35
Teoria dos sistemas, 59-60
Terapeuta
 como detetive, 67
 como membro do sistema da família, 120-121
 como participante do drama familiar, 117
 definição de, 29-30
 e o respeito pelo cliente, 69
 estilo do, 20-21
 idéias do, 20-21
 indução nos padrões familiares, 130
Terapia
 afetada pela cultura, 24-25
 cliente como co-terapeuta em, 79-80, 85-86, 123-124, 216-217, 224
 como um empreendimento colaborativo, 130-131
 descrição da, 231-232
 estrutural, 111-112
 estudantes de, 27, 28

narrativas ensaiadas pelo clientes em, 212
transformando de ativa em passiva, 47
uso da metáfora em, 108
vantagens da continuidade em, 227
vieses em, 234-235
Terapia Estrutural, *ver Terapia*
Terapia familiar, 234-235
 abordagem narrativa em, 16
 corrente anti-família subjacente na, 16
 estrutural, 16
 história da, 15-18
 modelo de, 231
Family Therapy and Family Medicine, 143
Triangulação, 123, 170, 173, 179
 em famílias reconstituídas, 81, 95-96
 entre filhos e pais, 179, 123
 transgeracional, 173

U

U.S. Childrens Bureau, 186

V

Vaughn, C.E., 145-146
Visher, E.B., 71, 73
Visher, J.S., 71, 73
Vítima como curadora, 104-105

W

Waldron, H.B., 189
Watzlawick, P., 26
Weakland, J., 144
Williams, R.J., 189
Wingender, T., 73
Wood, B., 144

Z

Zalenski, J., 187